“十三五”国家重点图书出版规划项目

西方古典学研究

柏拉图早期对话中的探究结构

The Structure of Enquiry in Plato's Early Dialogues

Vasilis Politis

[英] 瓦西里·珀力提 著

苏峻 葛天勤 译

北京大学出版社
PEKING UNIVERSITY PRESS

著作权合同登记 图字：01-2016-1048

图书在版编目(CIP)数据

柏拉图早期对话中的探究结构／(英) 瓦西里·珀力提著；苏峻，葛天勤译．—北京：北京大学出版社，2020.3

(西方古典学研究)

ISBN 978-7-301-30303-0

Ⅰ.①柏…　Ⅱ.①瓦…②苏…③葛…　Ⅲ.①古希腊罗马哲学—研究　Ⅳ.①B502.232

中国版本图书馆CIP数据核字(2019)第034392号

The Structure of Enquiry in Plato's Early Dialogues First Edition (ISBN 978-0-107-06811-7) by Vasilis Politis first published by Cambridge University Press 2015.

书　　名	柏拉图早期对话中的探究结构 BOLATU ZAOQI DUIHUA ZHONG DE TANJIU JIEGOU
著作责任者	[英]瓦西里·珀力提　著　苏　峻　葛天勤　译
责任编辑	王晨玉
标准书号	ISBN 978-7-301-30303-0
出版发行	北京大学出版社
地　　址	北京市海淀区成府路205号　100871
网　　址	http://www.pup.cn　新浪微博:@北京大学出版社
电子信箱	pkuwsz@126.com
电　　话	邮购部 010-62752015　发行部 010-62750672 编辑部 010-62752025
印 刷 者	北京中科印刷有限公司
经 销 者	新华书店
	650毫米×980毫米　16开本　24.5印张　300千字 2020年3月第1版　2020年3月第1次印刷
定　　价	68.00元

“西方古典学研究”总序

古典学是西方一门具有悠久传统的学问，初时是以学习和通晓古希腊文和拉丁文为基础，研读和整理古代希腊拉丁文献，阐发其大意。18世纪中后期以来，古典教育成为西方人文教育的核心，古典学逐渐发展成为以多学科的视野和方法全面而深入研究希腊罗马文明的一个现代学科，也是西方知识体系中必不可少的基础人文学科。

在我国，明末即有士人与来华传教士陆续译介希腊拉丁文献，传播西方古典知识。进入20世纪，梁启超、周作人等不遗余力地介绍希腊文明，希冀以希腊之精神改造我们的国民性。鲁迅亦曾撰《斯巴达之魂》，以此呼唤中国的武士精神。20世纪40年代，陈康开创了我国的希腊哲学研究，发出欲使欧美学者不通汉语为憾的豪言壮语。晚年周作人专事希腊文学译介，罗念生一生献身希腊文学翻译。更晚近，张竹明和王焕生亦致力于希腊和拉丁文学译介。就国内学科分化来看，古典知识基本被分割在文学、历史、哲学这些传统学科之中。20世纪80年代初，我国世界古代史学科的开创者日知（林志纯）先生始倡建立古典学学科。时至今日，古典学作为一门学问已渐为学界所识，其在西学和人文研究中的地位日益凸显。在此背景之下，我们编辑出版这套“西方古典学研究”丛书，希冀它成为古典学学习者和研究者的一个知识与精神的园地。“古典学”一词在西文中固无歧义，但在中文中可包含多重意思。丛书取“西方古典学”之名，是为避免中文语境中的歧义。

收入本丛书的著述大体包括以下几类：一是我国学者的研究成果。近年来国内开始出现一批严肃的西方古典学研究者，尤其是立志于从事西方古典学研究的青年学子。他们具有国际学术视野，其研究往往大胆而独具见解,代表了我国西方古典学研究的前沿水平和发展方向。二是国外学者的研究论著。我们选择翻译出版在一些重要领域或是重要问题上反映国外最新研究取向的论著,希望为国内研究者和学习者提供一定的指引。三是西方古典学研习者亟需的书籍,包括一些工具书和部分不常见的英译西方古典文献汇编。对这类书,我们采取影印原著的方式予以出版。四是关系到西方古典学学科基础建设的著述,尤其是西方古典文献的汉文译注。收入这类的著述要求直接从古希腊文和拉丁文原文译出,且译者要有研究基础,在翻译的同时做研究性评注。这是一项长远的事业,非经几代人的努力不能见成效,但又是亟需的学术积累。我们希望能从细小处着手,为这一项事业添砖加瓦。无论哪一类著述,我们在收入时都将以学术品质为要,倡导严谨、踏实、审慎的学风。

我们希望,这套丛书能够引领读者走进古希腊罗马文明的世界,也盼望西方古典学研习者共同关心、浇灌这片精神的园地,使之呈现常绿的景色。

“西方古典学研究”编委会

2013年7月

译者序言

本书的作者为爱尔兰都柏林大学圣三一学院哲学系瓦西里·珀力提(Vasilis Politis)教授,也是苏峻、葛天勤两位译者博士论文的指导老师。鉴于我们之间密切的师生关系,译者想借序言,为读者介绍本书背后的写作背景、问题意识及其哲学意义。

本书的构思开始于2000年左右,最初的写作动机受惠于著名古典学者伯恩耶特(Burnyeat)教授于1977年发表的影响深远的论文(《苏格拉底式的助产术,柏拉图式的灵感》["Socratic Midwifery, Platonic Inspiration"])。在该文章中,伯恩耶特认为在柏拉图对话中(特别是其早期对话),*aporia*(难题)的地位和功能仅仅是负面的,即只是用来表明探究陷入了僵局,表示探究的结束,而并没有任何正面理论建构的作用。作者认为这种解读非常可疑。通过研读柏拉图对话中(特别是其早期对话)*aporia* 的地位和功能,作者认为,*aporia* 并不仅仅表示探究陷入僵局或失败,也不仅仅表示这只是对话者无法回答柏拉图在文中提出的特定问题。*Aporia*

还有一个正面的功能，即表述难题的功能，而且这一功能位于探究开始之时，并推动了探究的展开。作者认为，伯恩耶特的解读代表了典型的柏拉图学界对*aporia*地位和功能的认识，而这是需要质疑的。

第二点涉及本书的结构。本书分为两个部分。仅仅在第二部分，作者才引入了促发和推动探究的*aporia*；而在第一部分中，作者追问"是什么"(*ti esti*)问题的背景，即究竟是何种原因促使柏拉图赋予"是什么"问题如此重要的地位。具体来说，在第一部分中，作者为读者呈现了其他研究者对"是什么"问题在柏拉图哲学中的重要地位的论述，并阐明了他们的解读并未充分地证成柏拉图对"是什么"问题的重视。在第二部分中，作者引入了*aporia*，并论证了柏拉图之所以如此追问"是什么"问题的根本原因(在第8章中，作者给出了自己的答案)。可以说，作者并不仅仅对*aporia*问题本身感兴趣，更主要地是对"是什么"问题以及更广义的本质主义(Essentialism)感兴趣，并尝试解释二者背后的理由。在此意义上，该书可谓是对本质主义的根源的分析。

第三点涉及对本书论题常见的反驳。有人可能会认为，哲学中到处充满了*aporiai*：正如我们通常所见，不同的哲学家以及不同的哲学立场之间总免不了冲突。比如，在讨论共相的时候，有我们熟知的"唯名论"与"实在论"之争，于是我们便有了一个*aporia*，即，"究竟共相是不是实在的"？特别需要注意的是，作者认为这种*aporia*并非他所要论述的*aporia*。可以说，他所要论述的*aporia*是我们在哲学立场之前所表述的难题。作者认为，正是通过深入*aporia*，我们最终可能会提出不同的哲学立场和理论，而非相反。所以，作者所谓的*aporia*并非简单地是哲学立场之间的冲突。作者认为，对哲学问题的探究，不应该简单地由对立的哲学观点出发，因为这样的探究预设了很多哲学观点作为前提，只对经过哲学训练的人有意义。但是好的哲学家应该可以追溯哲学问题的起源。比如，在思考“唯名论”与“实在论”之争时，我们可以进一步追问，为何我们需要“共相”(universal)？当我们追问“何谓红色”的时候，我们可以指着一个具体的红色物体来回答说，“这就是红色”。我们可以询问，在这个例子中，这个具体的红色事物是“共相”(universal)，还是一个“个体事物”(particular)呢？答案可能是，两者皆是。诚然，当我们指着一个红色事物时，该事物是一个个体。但是，当我们把它用作一个标准来衡量其他事物是否是红色时，我们又是在“共相”的意义上使用它(它作为一个普遍的标准)。所以，一个更为根本的问题是，为何指出一个具体的红色事物不足以解释“何谓红色”？这一问题便触及哲学问题的根本，也是本书讨论的主题。从这一例子我们可以看出，哲学理论中的概念(例如，“唯名论”和“实在论”之争)，并不应该先于具体的问题。

对作者来说，这涉及一个根本的哲学方法论问题。作者曾向译者提到，他于20世纪80年代在牛津求学时，当时的哲学家几乎一致认为，哲学探究的主要目的是概念(concepts)而不是问题(problems)。换言之，该传统认为，在哲学方法上,概念先于问题。作者认为现在的分析哲学也在很大程度上从事相同的哲学研究。但是本书所要论述的哲学方法论则与之相反。作者认为,恰恰是我们在理解问题的过程中,引入了相关的概念区分,而非相反。这些问题就是本书中所谓的*aporia*。根据作者的论述,在我们开始探究*aporia*时,我们应该满足于概念的灵活性,只是在深入探究*aporia*时,我们才逐渐需要使概念变得精确。

需要提及的是,*aporia*开始所处的环境并不与专业哲学相关,毋宁说,*aporia*发轫于人类的处境,即与对人类来说至关重要的问题密切相关,就像柏拉图笔下的苏格拉底所追问的话题(何谓正义、何谓美等等)。

最后,作者提到,研究*aporia*在哲学论证的中的地位和功能,可以作为建构他自己对哲学的理解,以及哲学理论的重要部分,而不仅仅是进行纯粹学术性的研究。这一点在作者刚刚开始这项研究时已经有预感。其中,最重要的话题便是确立*aporia*在哲学探究中的核心地位。作者也在不同的场合向译者提到,他现在对柏拉图哲学的解读是进一步建立一种哲学方法论的准备工作。

在介绍完本书的写作背景、问题意识及其哲学意义之后,译者期待读者能带着这一大致了解,去研读这本充满哲学洞见的著作。我们相信,在阅读本书时,读者不仅会领略到柏拉图哲学的魅力,也能从作者极为清晰的写作风格中,感受到思考所能带来的巨大愉悦。

最后,译者想提一下本书的写作风格。本书的文体极具分析性，由此带来的好处是其论证思路极为清晰；但与此同时，却为本书的中文翻译提出了挑战。鉴于译者水平有限，时间仓促，其中的纰漏还请方家指正。

本书第1—4章及索引由葛天勤翻译，第5—8章及导论由苏峻翻译，最后由苏峻统一译名并做了最终的修订。

本译著系中国政法大学青年教师学术创新团队支持计划资助项目“中西伦理思想比较研究”(19CXTD06)阶段性成果。

苏峻、葛天勤

2018年岁末

目　录

viii 致　谢

我要感谢很多人和机构,是他/它们可以让我心无旁骛地长时间投身到这个课题当中。首先,我要感谢的是2007—2008学年的爱尔兰政府学术基金给予我的帮助;其次,我要感谢都柏林圣三一学院人文社会科学资助基金的多次资助;再次,特别感谢弗兰斯·德·哈斯(Frans de Haas)的支持,让我在2008年春季到莱顿大学担任客座教授;最后,我要向柏林高等研究所致以诚挚的谢意,他们在2009—2010学年给予的资助让我完成了本书的初稿。

我要感谢下面这些人,他们在不同时候以不同的方式参与了这个课题:考杜拉·博金(Cordula Böcking)、丹尼尔·瓦茨(Daniel Watts)、约翰·纽贞特(John Nugent)、彼得·拉尔森(Peter Larsen)、葆琳·萨布利耶(Pauline Sabrier)、潘塔西斯·策拉玛希斯(Pantazis Tselemanis)、菲利普·斯泰因克鲁格(Philipp Steinkrüger)、奥纳·哈拉里(Orna Harari)、彼得·克尔南(Peter Kiernan)、迈克尔·卡洛尔(Michael Carroll)、曼弗里德·维尔特克(Manfred Weltecke)、欧文·伯奈特(Owen Bennett);最后特别要提到的是约翰·狄龙(John Dillon)。

最后，我还要感谢以下诸位以不同方式对这个课题的帮助：大卫·博曼（David Berman）、彼得·西门思（Peter Simons）、吉姆·列文（Jim Levine）、莉丽安·艾尔维斯（Lilian Alweiss）、格温·墨菲（Gwen Murphy）、理查德·金（Richard King）、凯斯·贝格利（Keith Begley）、弗里兹－格雷戈尔·赫尔曼（Fritz-Gregor Herrmann）、瓦塞利斯·卡拉斯曼尼斯（Vassilis Karasmanis）、克里斯托弗·罗（Christopher Rowe）、苏峻、莱斯莉·布朗（Lesley Brown）、大卫·霍兰（David Horan）、伯特·范登伯格（Bert van den Berg）、李丹·达根（Liadain Duggan）、克里斯托弗·巴克尔斯（Christopher Buckels）、特里·埃尔文（Terry Irwin）、贝努瓦·卡斯特内拉（Benoît Castelnérac）、布兰丹·奥伯恩（Brendan O’Byrne）、皮耶特·舒尔德·哈斯佩尔（Pieter Sjoerd Hasper）、韦里蒂·哈特（Verity Harte）、玛丽·玛格丽特·迈卡布（Mary Margaret McCabe）、帕尔·安东森（Paal Antonsen）、克劳斯·克尔西留斯（Klaus Corcilius）、弗兰斯·德·哈斯（Frans de Haas）、大卫·查尔斯（David Charles）、弗里斯比·谢菲尔德（Frisbee Sheffield）、埃里克·奥斯滕费尔德（Erik Ostenfeld）、克里斯托弗·希尔兹（Christopher Shields）、保罗·法特（Paolo Fait）、尼古拉斯·克莱门特（Nicholas Clairmont）、迈克尔·埃勒尔（Michael Erler）、埃莱尼·卡克拉马努（Eleni Kaklamanou）、葆丽纳·雷梅斯（Pauliina Remes）、奥洛夫·彼得森（Olof Petersson）、格斯塔·格伦罗斯（Gösta Grönroos）、詹姆斯·威尔伯丁（James Wilberding）、乔治·卡拉马洛里斯（George Karamanolis）、埃里克·施利瑟（Eric

Schliesser)、彼得·亚当森(Peter Adamson)、马修·奥多德(Matthew O'Dowd)、科里·斯威策(Corey Switzer)、乔治·伯艾斯–斯通斯(George Boys-Stones)、凯瑟琳·罗伊特(Catherine Rowett)、特里·潘纳(Terry Penner)、多米尼克·贝雷(Dominic Bailey)、格哈德·希尔(Gerhard Seel)、雅各布·雷斯·芬克(Jakob Leth Fink)、本杰明·莫里森(Benjamin Morrison)、乔布·冯·埃克(Job van Eck)、莱恩哈特·迈耶–卡尔库斯(Reinhart Meyer-Kalkus)、盖尔·芬恩(Gail Fine)、帕诺斯·迪玛斯(Panos Dimas)、卡琳·弗莱斯特(Karin Verelst)、大卫·塞德利(David Sedley)、克里斯托弗·吉尔(Christopher Gill)、克里斯托夫·拉普(Christof Rapp)、简·奥普索姆(Jan Opsomer)。

此外,我还要向圣三一学院柏拉图中心、哲学系和学院致以由衷的感谢,是他们让我的研究工作成为可能,并为我提供了优良的环境。

导　论

1. 本研究的目的及核心论题

根据流行的对柏拉图早期对话的论述，这些对话的特点如下：它们从“是什么”(*ti esti*)的问题开始，从而导致对定义的需求，最后以*aporia*(难题)结尾。[①]这一论述非常流行，人们根本不加质疑。按照该论述，构成早期对话的探究是由“是什么”这一问题驱动。而*aporia*便是最终的困惑，并且，像经常发生的，当苏格拉底和他的对话者无法给出令人满意的答案，而且无法发现所要求的定义时，*aporia*也是这些探究

① 至于这些对话到底是不是早期的并不重要。我将考察的对话有(并非特意排序)：《卡尔米德》《游叙弗伦》《普罗泰戈拉》《高尔吉亚》《拉克斯》《吕希斯》《美诺》《大希庇亚》《欧绪德谟》。我也会考察《理想国》第一卷，但并不意味着我认为该卷为独立的对话。只根据文风来断定这些对话是早期的论述，参看卡恩(Kahn)2002。至于这些对话是否有内在的统一性，以及如果有，这种统一性是主题性的还是方法性的，以及这种统一性将采用何种形式：这些问题我都不预先做判断，我认为它们是有待进一步考察的问题。我也会引用《斐多》，特别是在最后一章的结尾处。一般认为《斐多》并非早期对话，但是卡恩根据其文风认为它属于早期。

2 的终点。[①]

本研究旨在考察在柏拉图早期对话中的论证方法,试图表明,传统上基于定义来理解这些对话中的探究是错误的。

---

① 我觉得可以肯定,这种以基于定义的对柏拉图早期对话的论述是传统的、为人所熟悉的观点。在英语文献中,这一论述和理查德·罗宾逊(Richard Robinson)1953年的经典研究有关。他写道:"大体上,这些主要问题[即,柏拉图早期对话中的主要问题]有两种形式:或者是'X是Y吗?'或者是'X是什么?',**在这两种形式中,'X是什么?'尤其突出,为柏拉图的读者所关注**(罗宾逊 1953, p. 49,黑体字是引者所改,下同)。"事实上,在比罗宾逊更早的一代人中,泰勒(A. E. Taylor)已经较为明确地提出了这种观点:"这足够解释早期'苏格拉底式'对话的一般特点。程序一般为如下形式:在日常熟悉的语境中,一些关涉生活的伦理概念为人所熟悉,但是其准确的含义则未经考察,比如说,'勇敢''自制',甚至'德性'本身,我们追问我们是否能说出它们的准确含义。通过考察一些答案,我们发现,所有的答案都经不起深究。通常情况下,我们得到的是否定性的结论。我们为未能知晓这些熟悉的伦理概念的含义而感到羞愧"(1937,p. 28,第一版是1926年)。格鲁贝(Grube)也持有相同的观点(1935,pp. 1ff.)。这个传统的一个很好的例子是艾伦(R. E. Allen)于1970年出版的书。这些基于定义的对这些对话的论述被广泛接受,以至于查尔斯(Charles 2010,导论)在他总结性的陈述中认为这是理所当然的。最近出现的这种解释路线的一个很好的例子是丹西(Dancy 2004)的著作,他更明显地意识到基于定义对这些对话的解释可能会受到挑战,但仍然支持这种解释。对于我来说,基于定义的论述中最令人难忘的陈述可以追溯到策勒(Zeller),他明确地声称对定义和寻找本质的需求是"苏格拉底哲学的**原理**":"在此已经标识出我们必须找寻的**苏格拉底哲学的原理**。真正的知识乃是苏格拉底侍奉德尔菲神所致力于发现的,即关于事物本质的知识"(1922,最初发表于1888年,p. 105)。阿佩尔特(Apelt 1912, p. 33)将苏格拉底的"生活任务"(Lebensaufgabe)归结为捍卫"哲学概念"(Begriffshilosophie)。[感谢程炜博士将本书中出现的四段德文翻译为中文。**——译者注**]那托尔普(Natorp 1903/1921)也是如此。据我所知,关于早期对话方法的研究文献并不多,我的印象是,基于定义的对这些对话的论述在英语和德语的研究文献中同样流行。在最近的一项研究中,迪克索(Dixsaut 2001,特别参看pp. 28-32)提到了罗宾逊的"是什么"的问题及其在知识上的优先性。这里值得注意的是(在罗宾逊之前的)戈尔德施密特(Goldschmidt 1947b, p. 28),他区分了"最初的问题"(la *question initiale*),例如希波泰勒斯(Hippothales)在《吕希斯》中的问题:如何成为吕希斯的朋友,或者在《游叙弗伦》中的问题:起诉行为是否是一种虔敬的行为;另一方面是"在先的问题"(la *question préalable*),即与之相关的"是什么"的问题。戈尔德施密特说,**为了**回答其他这些最初的问题,需要提出这个"是什么"的问题。福斯特(Forster 2006)的论文《苏格拉底对定义的需求》是基于定义的论述的另一个例子,而无论他对苏格拉底的怀疑论式的解读多么与众不同,他将这种观点读进《申辩》之中,却没有顾及《申辩》中丝毫没有对定义的需求或寻找定义性知识的迹象。对于认为这些对话中的核心问题并不是"是什么"的问题以及对定义的需求,而采取了一种更加细致的观点,我推荐肖里(Shorey 1933,例如p. 69)的著作。

本研究力图为一种不同的论述进行辩护。根据本研究的论述，这些探究是由*aporia*（*aporia*指的是一种特定的问题）所驱动，并且，正是因为无法回答*aporia*，而推动和证成了对定义的需求。[①]

从哲学义理和文本的角度来看，我们都有理由质疑传统上基于定义的对这些对话的论述。从哲学义理的角度来看，如果柏拉图以对定义的需求开始他的探究，那么，这将相当令人困惑。特别是一旦我们意识到，对定义的这一需求是多么有分量，以及多么需要证成。因为这不仅仅是对特定的"是什么"问题的答案，而是这种需求不通过诉诸个别的例子和范例（example and examplar）来回答（如希庇亚回答苏格拉底的问题"什么是美"时诉诸一个具体的美女）。与之相反，要回答这一需求，我们必须寻求普遍、统一和解释性的答案。本研究的一个主要目的就是论证，对全面成熟定义的需求亟待证成。而且，假定这一需求在这些探究中是首要的话，我们便不可能在这些对话中找到这种证成。

3

我主要关心的话题是柏拉图所谓的"定义的优先性"。当柏拉图在这些对话的许多地方说，除非我们知道某一事物的定义，我们就不可能知道关于该事物的普遍命题（比如，德性这一个概念和命题：德性可以或者不可以被教）。再次，基于对定义的需求在探究中是首要的假说（我认为我们应该质疑这一假说），人们可能会认为，这一假说——明显需要证

① 对这一论证的简练论述，参看珀力提（2012b），该论文是对本书观点精炼的表达。

成——在对话中不可能得以证成。

从文本的角度来看，传统上基于定义的对柏拉图早期对话的论述也是值得质疑的。因为，这一论述与多篇对话不符，比如说《普罗泰戈拉》。这篇对话（如我已经在《〈普罗泰戈拉〉中的论证意味着什么？》一文中论述的[1]）并不是以“什么是德性？”这一问题和对德性的定义开始。它是以德性是否可以被教开始。仅仅在这篇对话的结尾处，当苏格拉底和普罗泰戈拉分别在这一问题上达成广泛的共识，并且在这个意义上，这一问题才以 *aporia* 的形式出现，即对德性定义的需求才出现。而这一要求恰恰是作为解答 *aporia* 的前提和方法才出现的。同样的情况出现在其他许多对话中，包括那些我们认为直接支持传统假说的对话。因此，《游叙弗伦》，究其实质，并不是以“什么是虔敬？”开始，与之相反，它以对某一行为的困惑开始，比如说，游叙弗伦基于一定的理由在一定的情景中控告其父。这一困惑在于：我们似乎有同样好的理由认为这一行为是虔敬的，也可以认为这一行为不是虔敬的。在本研究中，我将提供系统和全面的对柏拉图早期对话探究结构的逐一论述。我认为，在探究中首要的并非是“是什么”的问题，而是一个具有双边结构（two-sided）的“是 4 否”（whether-or-not）问题。[2]在对话中，这一问题表达了一个 *aporia*：似乎看起来，我们能找到支持每一边的理由，而且不

---

[1] 珀力提（2012b）；关于《卡尔米德》，我论述了类似的观点，参看珀力提（2008）。

[2] 希腊语中的“*poteron ... ē ...*”问题。它们包括如下两种形式：“**是否p**”和“**是**p**还是**q”（p和q为两个不相容的命题）。

清楚这些理由之间的冲突如何能够得以化解。[1]通过考察*aporia*在四篇对话中的地位和功能,我更详细地辩护了相同的结论。这四篇对话分别是:《游叙弗伦》《卡尔米德》《普罗泰戈拉》和《美诺》。

我认为,这为我们提供了基础来确认在这些对话中,驱动和证成对普遍、统一和解释性的定义的需求是什么,以及,是什么证成了定义的优先性这一论题。根据对这一论题的描述,知道普遍、统一和解释性的定义是知道关于该事物的一般正确描述的唯一方法和途径。这一论证说起来并不难,但是需要很多努力才能从义理上和文本上为此辩护。概言之,需要我们做如下的努力。首先,让我们设定驱动这些探究的并不是"是什么"这一问题,而是表述一个*aporia*的、具有双边结构的"是否"问题,而且"是什么"这一问题的提出,恰恰是用以回答这个*aporia*。进一步,让我们假定,这些*aporia*在一种特别的意义上是"彻底的"(radical)。即是说,它们导致通常被认作例子和范例的某一事物究竟是不是一个例子和范例变得可疑。按照这些假设,可以证明如下命题:只有要求一种普遍的、统一的和解释性的关于某一事物(譬如,德性)的定义,*aporia*才能被解答。而且,这样的定义恰恰是解答*aporia*的办法。

总而言之,在本研究中,我所要论证的是如下命题,该命题是本研究的核心论题:

---

① 具有"问题"和"困境"含义的*aporia*在早期对话中已经出现,参看珀力提(2006)对这一观点的辩护,以及对流行的相反观点的驳斥。

柏拉图对定义需求的证成

能够证成提出“什么是Φ?”这一问题,而且需要对该事物Φ定义的是:

如果(1)存在这样一种一般的问题:Φ是否是Ψ;[①]并且(2)对这一问题的表述为一个*aporia*(在如下意义上:在通常的“是否”问题中,对于同一个人来说,两边都有很好的理由,并且此人完全不知道如何解决这些理由之间的冲突);并且(3)这一*aporia*是彻底的(在如下意义上:它导致通常被认作一个事物例子和范例的事物变得可疑),

那么,提出了“什么是Φ?”,并且用普遍的、统一的和解释性的定义来回答它,这也是回答“Φ是否是Ψ”并且解答它所表述的*aporia*的唯一方法。

2. “彻底的*aporia*”概念及其意义

本研究的一个核心论点可表述如下:柏拉图没有断定或者暗示,对Φ是否是Ψ的知识需要,而且是建基于一种普遍、统一和解释性的对该事物的定义。他所断言的是,如果这一*aporia*在一种特定的意义上对于Φ来说是彻底的,那么,对Φ是否是Ψ的知识,需要而且建基于一种普遍、统一和解释性的

① Φ和Ψ这两个希腊大写字母在本书中表示概念,例如:美丽、虔敬。为了简便,本书中这两个字母还表示对属性的例示,例如:“是美的”、“是虔敬的”。这一点在文本语境中是显然的。因此,当我说“O是Φ”时(以“卡尔米德是美的”为例),O表示一个个体,Φ表示一个属性。

对该事物的定义。当然,“彻底”这一术语,指的是这一*aporia*指向事物的根本(the roots of things)。但是,就我现在所使用的这一术语而言,它指的是:一个通过“Φ是否是Ψ”的形式表述的*aporia*,这一难题致使通常被认为是例子和范例的某一事物究竟是不是一个例子和范例变得可疑。我在上面的意义上使用这个短语,是因为我认为在这些早期对话中所表述的*aporiai*,如果它们和“是什么”的问题以及与对定义的需求相关联,那么这些难题就被柏拉图认为在此意义上是彻底的。

需要强调的是:很明显,并非所有以“Φ是否是Ψ”的形式所表述的*aporiai*都是以上意义上“彻底的*aporiai*”。我认为,我们有很好的理由相信柏拉图意识到了这一点。在《欧绪德谟》中(275d2-278c1;我将在讨论《欧绪德谟》的这一论证中,即第8章的第2节中,论证这一点),柏拉图让两个智者表述关于学习的*aporia*:是智慧的人还是无知的人能够学习。但是,引人注目的是,他并不认为对这一*aporia*的解答需要一个定义,或者对定义的寻求。解答这一难题所要求的仅是对“学习”(*to manthanein*)一词的两种用法做出区分。这一区分唾手可得,并不需要费力去研究和探索。我认为,这表明柏拉图并不认为所有的*aporia*的解答都需要一个定义。而且,如果我们补充认为他所说的“彻底的*aporia*”的解答的确需要定义来解决(将在第8章中论证),于是我们就获得了如下命题:他并不认为所有的*aporiai*都是“彻底的”(我们将看到,它们确实不都是)。 6

3. 本研究第一部分和第二部分的主要论点

第一部分的目的是为了表明,传统上基于定义的对柏拉图早期对话的论述,面临诸多困难。它基于自身的特点面临这些困难。我提炼出三个主要困难。

首先,它无法充分地意识到,柏拉图提出的“是什么”这一问题——作为对普遍的、统一的和解释性的定义的需求,并且作为回答一些特定问题的唯一途径(按照定义优先性的论题)——是需要证成的。我认为,它之所以无法意识到这一点,是因为在这一传统中的评论者默认,柏拉图所提出的“是什么”的问题并不是一个日常问题,而是一个柏拉图特有的、技术性的问题。与之相反,我将详细论证,柏拉图提出的“是什么”的问题是一个日常问题,而且,即便柏拉图基于特定理由反对通过以日常的诉诸例子和范例的方式来回答这一问题,这一问题本身仍然具有日常的意味。

其次,在这一传统的、以定义为基础的传统中,评论者往往将柏拉图所提出的“是什么”的问题与他特有的知识理论相联系。我将论述,在这些对话中是否有任何意义上的知识理论是可疑的。但是,尤其重要的是,我将论述,即便我们假定在这些对话中有一种知识理论,这一假设并不能解释或者证成柏拉图所提出的“是什么”的问题——作为对普遍的、统一的和解释性定义的需求,而且如他所寄予厚望的,这是回答某些其他问题的唯一方法(按照定义优先性的论题)。

最后,浸染于传统的基于定义的对柏拉图早期对话的论述,特别是,浸染于传统的预设,那些认为“是什么”的问题和对定义的需求是驱动这些对话探究的评论者,根本没有解答如下基本问题:柏拉图为何提出,而且如此重视“是什么”的问题?他为何要寻求定义?如怀特(White 2009,注释14)敏锐观察到的:“令人惊讶的是,理查德·罗宾逊在其《柏拉图早期辩证法》一书中(该书非常有助于当前对所有这些问题的 7 讨论)忽视了(就我所发现的)讨论为何要寻求定义这一问题,由此给下定义确立了一个地位,好像哲学家就是必须要做这件事。”但是,我认为这一问题的确需要被提起、被处理,而且要相当重视。

第二部分的目的是为了提出并辩护一种对这些对话的不同的论述——我们可以把它称为“基于*aporia*的论述”。这种论述的优点之一是它处理并解决了传统的、基于定义的论述所面临的问题。这一论述主要是说,驱动柏拉图早期对话探究的并非“是什么”的问题,而是“是否”的问题,而且,如果当这一问题在探究中表现为一个*aporia*时[我认为必须补充(不过为了简便,我不会总这样做),这一问题并不是随便的一个*aporia*,而是一个彻底的*aporia*],提出“是什么”的问题恰恰是为了回答“是否”的问题。

要重新思考并辩护对柏拉图早期对话的论述,我们需要全面系统地考察文本。特别是如下两个文本问题:第一,在这些对话的探究中,“是什么”的问题和“是否”的问题这两种主要的提问方式，究竟占有怎样的位置和地位？[①]第二，在这些对话中，究竟何时提出了“定义的优先性”？通过全面研究这些对话，尤其是深入研究其中的几篇(《游叙弗伦》《卡尔米德》《普罗泰戈拉》和《美诺》)，我将详细考察这两个问题。

通过该研究，我们将发现，首先，在柏拉图早期对话中，以 *aporia* 为基础的论证大量出现：这些论证处理双边的“是否”问题，而且它们也是由“是否”问题所驱动，并且与围绕“是否”问题的探究相联系。对于同一人来说，这些问题在“是”与“否”两边都有很好的理由，致使他不知道如何处理这些理由之间的冲突。我们将看到，柏拉图仔细地区别了以 *aporia* 为基础的论证和如下论证，即不同人和派别关于双边的“是否”问题中相反的两边存在分歧和争议。我们很容易混淆这个区别，但是柏拉图认为，这是两类非常不同的论证。大体上，这两种论证的区别是“个人之内”(intra-personal)理由的冲突与“人际”(inter-personal)理由的冲突：是跟自己辩驳和与他人辩驳之间的区别。

通过阅读、学习和熟悉柏拉图早期对话，我们大多数人有如下印象：柏拉图笔下的苏格拉底是真正在寻求知识，而且，旨在发现这些知识——而不管他认为这有多困难。本研究的一个重要目的便是为这一印象辩护，并且反驳那些质疑

① 对在柏拉图早期对话中这些不同种类的，或者说不同形式的问题的出色研究，参看隆戈(Longo，2000)。

该印象的评论者。[1]而且，如同莱恩(Lane，2011，p. 247)认为的，我们需要如此解读，通过将这一解读置于这些对话之中，莱恩将它描述为“根据一种对这些对话的解读，苏格拉底表现为一个具有怀疑倾向的探究者，他通过辩驳的考察和合作的探究真正地在寻找知识”。这种解读“在这些对话的全局性的解读框架内”。尽管如此，为了辩护这样一种相当具有探究色彩的对早期对话的解读，我们需要追问如下问题：在柏拉图看来，以 *aporia* 为基础的探究究竟如何能获得知识？而且，如果探究由旨在获得知识的 *aporia* 驱动，柏拉图必须怎样思考这些理由——表述 *aporia* 的“是否”问题的双边理由(或者说是“彻底的 *aporia*”，我将不再重复这一点)？我们要非常认真地思考这一问题。我将论证，在以 *aporia* 为基础旨在获得知识的背景中，柏拉图需要区分以下各种理由，他事实上也确实做了区分：(1)不确定的理由与确凿的理由；(2)看起来的好理由与真正的好理由；(3)主观理由(相对于特定的人的理由)与客观理由(不是相对于特定的人的理由)。

现在我来说明问题的症结：以上这些讨论对我们最终的目标有什么贡献？我们的目标是：第一，查明并且确立为何，以及基于何种理由，柏拉图首先需要普遍的、统一的和解释性的定义？第二，他为何认为这是回答另外一些问题的唯一

---

① 例如：福斯特(Forster，2006)认为：柏拉图之所以让苏格拉底无一例外地无法找到所要求的定义性知识(福斯特深受传统的、以定义为基础的论述的影响)，是因为人类不可能获得这类知识，只有神才可以。

办法(如定义的优先性论题所示)？回答这一关键问题需要很多思考以及准备工作。首先,它需要我们清晰明白地意识到,首先需要做的事以及我们必然期待柏拉图所做的事是：在“是否”问题(即便这一问题表述了一个*aporia*)和“是什么”问题以及对定义的需求之间建立一种连接——一种关联,一种桥梁,一种关联性的原则。因为,正如当今很多哲学家意识到的,我认为在古代皮浪式的怀疑论者也意识到了,并非只要我们认为存在*aporia*,就必须寻求定义来解答它。这里说到的“当今的哲学家”,部分指的是在哲学论证中主张所谓“反思均衡”(reflective equilibrium)的哲学家,部分指的是主张将哲学论证自然化、实验化的哲学家(正如在自然科学中所做的那样)。

9

我认为柏拉图的确在“是否”的问题(即便这一问题表述了一个*aporia*)、“是什么”的问题,以及对定义的需求之间建立了一种联系或者连接。他并没有预设这一联系。我认为,柏拉图的连接是如下假定：关于“Φ是否是Ψ”的*aporia*并非是任意的,而是关于Φ的“彻底的*aporia*”。在这个意义上,它使得通常被认作是Φ的例子和范例到底是不是Φ变得可疑。夸张一点地说,我认为这一联系就是所有事情的关键。[①]因为,正如我们在本研究的最后一章中将会看到的,一旦意识到了这一点,要辩护,或者更确切地说要证明柏拉图对定义

① 认识不到这一连接的重要性,以及“彻底的*aporia*”这一概念,在我看来,这可能会导致对本研究的核心议题的怀疑,即**柏拉图对定义需求的证成**这一论题。德尼尔(Denyer,2014)在回应我2012b一文时,就表达了这样的怀疑。

需求的证成(如前所述)就不再困难。并且,因此我们就可以完成我们最终的任务,那就是考察并确定:首先,柏拉图为何以及基于何种理由,需要普遍的、统一的以及解释性的定义;其次,他认为,知道这类定义是回答某些别的问题的唯一方法。

4. 预设——什么预设?

基于定义的对这些对话的传统论述当中有一个基本预设:对定义的需求在这些对话中是首要的;不仅仅是在知识的顺序上是首要的(这种优先性我们必须承认),而且在探究的顺序上也是首要的。本研究的一个主要目的便是质疑这一假设,而且为一种不同的论述辩护:到底是什么驱动、导向并指明了这些探究的目的。尽管如此,仍有如下潜在的忧虑:我的论述本身也预设了可疑的前提。我并不想轻视这一担忧。因为,如第4章的题目(柏拉图早期对话是关于什么的?)所示,我将刨根究底地处理这一问题。 10

关于论证的结构和构成这些对话的探究,在我捍卫的那种对柏拉图早期对话的论述中,确实有一个预设,事实上是一对预设。第一个预设是:柏拉图认为,知道Φ的定义(不仅是在回答“什么是Φ?”的意义上,而且是在给出普遍的、统一的和解释性的回答的意义上)是知道一些相关事物,或者是知道如何运用Φ概念的唯一方式。(这是知识问题上的定义优先性论题。)第二个预设是:柏拉图确实是在寻求“什么是Φ?”

的知识；他是在寻求人们熟悉的，尤其是伦理学中的事物的知识，而且他的目的是为了找到这种知识，虽然如我们所知，他并不认为自己成功了。

接受以上这些预设合理吗？它们恰恰就是传统上基于定义的对于柏拉图早期对话的论述所认同的。为了批评这一论述，接受这些预设是合理的。但是，这两个预设近来却遭到了质疑。福斯特（2006）质疑第二个预设。①他认为，柏拉图之所以让苏格拉底寻找"什么是Φ？"，并不是要找到关于这些事物的知识；恰恰相反，他是想表明这些知识——关于伦理事物的，也是最重要事物的知识——对于人类来说是不可获得的，只有神才可以。福斯特认为，这就是为何柏拉图笔下的苏格拉底无一例外地没能找到定义性知识的原因。在福斯特看来，早期对话中的柏拉图或许可以被称为"怀疑论者柏拉图"（Plato-the-Sceptic）。凯瑟琳·罗伊特（曾用名是凯瑟琳·奥斯本）质疑第一个预设。②她认为，柏拉图笔下的苏格拉底之所以毫无例外地没能发现所要的知识，是因为他 11 想表明我们不需要获得，也不应该寻求这些知识——这些"什么是Φ？"的知识构成了认知，而且能够表述一个普遍的、统一的和解释性的关于某一事物的定义。值得注意的是，她

---

① 此外，更早的麦克菲兰（McPherran，1985）也有类似的论述。

② 奥斯本（Osborne，1999）；罗伊特（Rowett，2015）。同时参看奈廷格尔（Nightingale，2004），第2到4章；格尔森（Gerson，2004，2009），第3章。对这一争论的精彩论述，即作为要求定义的柏拉图和作为视力超凡的柏拉图之间的争论，参看克罗斯（Cross，1954）和布拉克（Bluck，1956）之间的争论。有人可能会猜测，特别是随着罗宾逊（1953）所著《柏拉图的早期辩证法》一书强化这一观点，作为视力超凡的柏拉图这一解释在很大程度上已经无人提及。事实上，这一观点一直被忽略，直到最近才被提及。

的结论并不是说我们不应该追求关于某一事物的知识,或者说我们无法获得这些知识;而是认为我们应该以不同的方式追问“什么是Φ?”的知识,而且我们应该追寻一种关于“什么是Φ?”的不同的知识,即通过直接把握某一物是什么,并且在一定意义上不涉及可以表达出来的论述。根据罗伊特/奥斯本的解读,可以说,早期对话中的柏拉图是“视力超凡的柏拉图”(Plato-the-Visonary)。

要为我的这两个预设辩护,不管是就它们本身,还是为了反驳福斯特和罗伊特/奥斯本的解读,都超出了本研究的范围。尽管如此,我仍要说一点。正如我在第一部分论证的,传统基于定义的对柏拉图早期对话的论述会带来一个后果,即柏拉图并没有证成对定义的需求。而且,无论如何,在我们的印象中,在这一传统中的研究者尚未认真追问柏拉图为何,以及如何证成了他对定义的需求。[1]除非我们知道柏拉图为何,以及如何证成了他对定义的需求(在普遍意义上就是以“逻各斯”表述的定义),那么,如同福斯特和罗伊特/奥斯本,我们就确实不禁要问:柏拉图是否真的坚信这一需求;似乎有理由认为他并没有。尽管如此,正如我将在第二部分中论证的,在这些对话中,柏拉图认为根本上,而且有充

① 正如怀特(White,2009,脚注14)敏锐观察到的(前引)。同样,丹西(Dancy,2004)也意识到了这一点,但是他并没有沿着这条路继续探究,而是依然受限于以定义为基础的论述:“苏格拉底也不仅仅是为了抽象的思考而追问定义。他期待定义能够解答一些问题。**所以,我们必须考量这些问题以及苏格拉底何以认为需要定义来解答这些问题**”(p. 23)。我认为第三个有类似观点的评论者是赖尔(Ryle,1965)。他明确意识到(我们将看到),在柏拉图早期对话中“是否”问题——他称为“困境”——的功能和地位,并且他认为它们的基本功能和意义就是陈述*aporiai*。

足的理由来要求这样的定义，即，这些定义是解答某些“彻底的 *aporia*”的唯一方法。对于这些 *aporiai*，一旦我们与之相遇，就不能漠视或回避，恰恰相反，我们想要解答它们。

最后，还有第三个预设，即，在这些对话中，确实有一种论证和探究的方法。柏拉图早期对话的特点并不仅仅是它们实质性的内容和大体上的伦理关怀，而且也是哲学论证和探究的一种方法。传统基于定义的论述为这一预设辩护，因为它认为驱动、导向并且指示这些探究目的的，是某一特定的问题，即“是什么”的问题。我提出的论述同样为这一预设辩护，我要论证，驱动、导向并且指示这些探究目的的是另外一种形式的问题，即双边的、“是否”的问题：同一个人在问题的两方都能发现好的理由，并且不知如何解决这些理由之间的冲突——这个意义上的 *aporia*。当然，这绝不意味着质疑实质性内容和整体的伦理关怀在这些对话中占据核心位置，也不意味着要挑战那些主要关注内容而非形式的研究者。[①]

12

5. 关于柏拉图的怀疑主义的重新思考

在柏拉图早期对话中是否有一种怀疑论的维度？如果有，又是何种形式的怀疑论？这是非常有趣且重要的问题。

---

① 关于这一问题的经典研究，参看埃尔文（Irwin，1998）、罗（Rowe，2007）和瓦西利乌（Vasiliou，2008）；当然，还有弗拉斯托斯（Vlastos，1991）。之前的黑尔（Hare，1982，p. 16）——自身就是优秀的道德哲学家——恰当地写道：“虽然柏拉图肯定有哲学气质，而且对哲学问题本身感兴趣，但是道德哲学推动了他的探索，这种探究始于教育哲学。”对柏拉图哲学本身，以及其方法论的全面解读，参看纳托尔普（Natorp，1903/1921）。

特别是，正如我们从西塞罗那里了解到的，自从阿尔凯西劳(Arcesilaus)在柏拉图去世后不久掌管学园后，学园就出现了怀疑论的转向。现代研究者，特别是在过去的三十年左右，尤其是自从安纳斯(Annas)在1992年发表《怀疑论者柏拉图》一文之后，对这一问题已经有诸多讨论。尽管如此，西塞罗认为是否在这些对话中发现了怀疑论的要素，必须要和这些对话中是否有以*aporia*为基础的论证相联系；而受安纳斯影响的现代研究者认为，在这些对话中，没有基于*aporia*的论证（参看安纳斯[1992]，pp. 65-66）。伯恩耶特(Burnyeat, 1977a)首先为这一观点提供了辩护。[①]在第7章中，我将处理这些对话中柏拉图的怀疑主义。首先，我将论证，在这些对话中存在大量的怀疑主义，而且，这恰恰是由于这些对话中存在以*aporia*为基础的论证。其次，与这一怀疑论要素相应的是同样显著的"反怀疑论"的要素，因为对定义的需求旨在解答这些*aporiai*。

6. *Aporia*，阿波罗和《申辩》：事后的想法

13

我在本研究中不会处理的一篇柏拉图早期作品是《申辩》。当然它并非对话。《申辩》和在其中苏格拉底神圣的使命，与我们的发现一致吗？或者说能相互呼应吗？诚然，根据苏格拉底对那个神谕（在他看来是一个谜）的解读，阿波罗

① 近来持有相同观点的研究，参看福格特(Vogt, 2012)。

命令苏格拉底就他们知识的特点、范围和局限来考察自己和别人。但是,苏格拉底认为这是在命令他去寻找定义和定义性的知识吗? 根本不是。对定义的需求,或者说对定义的提及,或者"是什么"的问题并未出现在《申辩》中。苏格拉底如何解读神谕? 显然,神谕恰恰是一个*aporia*:有很好的理由相信两个明显相反的命题:(1)"我知道我毫无智慧"和(2)"神认为我最有智慧,并且神不会骗我"。苏格拉底回应这个*aporia*的方式恰恰是开始进行某种探究,而且,如他所说,还"花了很大的精力"(*mogis panu*)。他的探究是为了解答这个*aporia*。因为苏格拉底说:"很长一段时间,我为神的话感到困惑(*ēporoun tí pote legei*),然后,我花了很大的精力以如下方式去探寻"(21b7-9)。我在2006年发表的论文中(pp. 97-99)对《申辩》著名段落的这一解释做了辩护。此外,约翰·狄龙后来跟我提到,杨布利柯很早以前也做了相同的辩护。①

① 参看狄龙(Dillon)和波莱希那(Polleichtner,2009,pp. 14-15):《第五封信,致德克西珀斯,论辩证法》。本导论的最终版本受惠于葆琳·萨布利耶(Pauline Sabrier)的协助。

第一章 “是什么”问题的提出

1.1 “是什么”问题的基本含义

人们通常认识和熟悉的是，在这些对话中，“什么是Φ?”的问题是让某事物成为Φ的标准（standard）。“标准”这个词意味着通过参照它，我们就可以确定某事物是否是Φ。柏拉图经常提到这个问题的对象，它显然就是*paradeigma*意义上的标准。[①] 柏拉图时常会把讨论的*paradeigma*描述为“通过盯

---

① 我们会立刻注意到，*paradeigma*这个词具有多种含义，尤其是以下三种：1.“例子”（example，也就是一个事例）；2.“范例”（exemplar，也就是或许可以或者实际上被用来当作标准的事例）；3.“标准/模型”（standard / model，也就是用来确定某事物是不是Φ的事物）。我认为这不是一种简单的语义含糊，而是主张三种含义之间有着一种可理解的联系。如果本书（尤其是在第一章和第二章中）的论证是正确的，那么我们认为这个联系就是这样的：如果一方面，我们主张*paradeigma*的首要含义是“标准/模型”，那么这就可以直接扩展到“例子”和“范例”上，因为指出或者一般来说诉诸个别的例子，可以提供一个标准，在这一情况下，这个例子不仅仅是一个例子和事例，而是一个范例——一个“例子和范例”。另一方面，如果我们主张*paradeigma*的首要含义是“例子”，那么基于同样的理由，这也可以直接扩展到“标准/模型”上，这是由于指出或者一般来说诉诸个别的例子可以提供一个标准，在这一情况下，这个例子同样不仅仅是一个例子，而是一个范例。如果这一论述正确的话，那么柏拉图在《政治家》277d以下关于*paradeigma*本质和重要性的著名论述，也就可以理解了，在那里，柏拉图说*paradeigma*是**一个单一的概念**（a single notion），它同时包含了“例子”（正如在《政治家》中明确提到的那样）和“标准/模型”的含义。当然，我们也可以质疑这个推论，从《政治家》中*paradeigma*这个词的意思是“例子”，并不能推出在同一篇对话中，这个词同时也可以表示“标准/模型”。对于这个推论的明确接受（这在我看来是有问题的），参看卡恩（Kahn，1995，p. 53，注释9）。关于《政治家》中*paradeigma*这个概念的经典研究（同样认为在这篇对话中这个词是在一种有限的意义上被使用），参见戈尔德施密特（Goldschmidt，1947a）。

住它"(by looking to which, *eis/pros ho apoblepōn*),我们能够确定某事物是不是Φ。[①]"什么是Φ?"的问题和这个意义的标准直接相连,可以从《游叙弗伦》一段著名的文本中得到很好的阐释。在这段文本中,苏格拉底向游叙弗伦解释了,他在询问虔敬和虔敬的行为是什么的时候,他问的究竟是什么:

18

> 那么,你能向我展现这个特征(character, *idea*),并且告诉我它是什么吗(*tis pote estin*)? 这样,通过盯住它(*eis ekeinēn apoblepōn*),并且把它作为一个标准(*kai chrōmenos autēi paradeigmati*),对于像这样的事(*ho men an toiouton ēi*,也就是这个标准所指明的那样),我就可以肯定它们是虔敬的;对于不是像这样的事(*ho d' an mē toiouton*),我就可以肯定它们不是虔敬的,就任何你或者其他人可能会做的行动而言。(《游叙弗伦》6e4-7)

在这里,我们有了对于"什么是Φ?"的问题作为标准究竟在问什么的概要,通过运用它(也就是盯住它),一个人可以确定某物是不是Φ。

我们应当更广泛和更细致地来考察这个概念,一个让某

① 这几乎出现在所有对话之中,比如《高尔吉亚》503e1,504d5;《美诺》72c8;《克拉底鲁》389a-b;《蒂迈欧》28a6-7:"所以每当那工匠看向那永远不变的事物(*pros to kata tauta echon blepōn aei*),并且将那种事物用作他的模型(*proschrōmenos paradeigmati*),制造出它的形式和特征的时候,那么……";《巴门尼德》135b5-8;《斐德若》237c6-d3:"既然出现在你我面前的问题(*logos*)是一个人是应该爱情人还是非情人,那么就让我们给出一个普遍接受的爱的界定(*horos*),它是什么样的事物,它拥有什么样的能力,并且在我们探究它带来的是好处还是坏处的时候盯住它,将它作为我们的参照(*eis touto apoblepontes kai anapherontes*)";《礼法》965bc。也参见藤泽(Fujisawa,1974)。

事物成为Φ的标准，并且要考虑在这些对话当中，这个概念经由柏拉图之手所呈现出的迥异特征。不过，我想从下面这个问题开始：柏拉图将“是什么”的问题作为一种对于标准的要求时，他想要阐明的究竟**是什么**问题（*what* question）。他是想要用同样的措辞来阐述一个日常很熟悉的问题？还是相反，他想要阐述一个多少有些新颖的问题［说它新颖，是因为它具有特殊的理论性（theoretical）和技术性（technical）］？我们会看到，这个问题意义重大。还有两个重要的问题取决于对这个问题的回答。第一个问题是，如果“是什么”的问题被看作是理论性的、技术性的、柏拉图特有的，那么我们就不容易认识到下面这个明显的事实：（由于一些理由，与柏拉图提出这个问题的方式、他给这个问题赋予的位置和功能有关，我很快会提到它们）柏拉图需要为自己提出这个问题给出证成（justification）。第二个问题是，我们都知道在这些对话中，苏格拉底和对话者们通常都无法用令苏格拉底满意的方式回答“什么是Φ?”的问题，这也正是这些对话为什么经常被称作是“疑难性的”（aporetic）。如果柏拉图认为“是什么”的问题是日常熟悉的问题，尤其是某事物是Φ的日常标准，那么我们就很难理解，对话者们对于没有成功回答某个“是什么”的问题的反应为什么会那么强烈（他们经常感到尴尬和恼怒，更不用说被自己的失败震惊），以及苏格拉底为什么会坚信这种失败意味着严重的心智缺陷（mental deficiency）。另一方面，如果柏拉图认为“是什么”的问题是一种新颖的、理论性的和技术性的问题，那么我们就不清楚，不能令人满意地

19

回答它为什么会让人立刻(或者非常)担心。

如果柏拉图意在解释一个日常熟悉的问题,那么典型的希腊年轻人就能够很容易地理解,比如老师(或者*paidagōgos*)问他*ti esti potamos*("什么是河流?")。他能够很恰如其分地给出回答,也不会认为这有什么困难,比如指着他和老师在当下能看到的河流[例如伊利索斯河(Ilissus)],或者老师和周围的人很容易就能认出的真正的(*bona fide*)、甚或是范例式的河流:*tode potamos esti*("在那里的那个事物就是一条河流",可能还会加上"与之相对,在这里的只是一条小溪")。在这个例子中,伊利索斯河就被当作是一个事物成为河流的标准,这个标准是通过指出一个河流的例子和明显的范例给出的。无疑,尽管这种方式(我们可以称它是"基于例子的方式")不是一个事物成为Φ的标准的唯一方式,它肯定是最容易和最不苛刻的方式。因此,这种方式也完全是柏拉图所要阐释的问题的一部分。[①]

我们可以将基于例子的方式和普罗泰戈拉引人注目的关于教育的论述相对比,普罗泰戈拉论述了我们的教育从童年早期开始直到生命的终结(*ek paidōn smikrōn arxamenoi, mechri houper an zōsi*),基本上都是由我们身边的人构成的,

---

① 基于例子的定义经常,**但未必**是指向一个例子的定义[直指定义(ostensive definitions)、指示定义(demonstrative definitions)、直证定义(deictic definitions)]。因此,在《大希庇亚》中,尽管希庇亚所倾向的定义或许是基于例子的,但是严格来说它们不是直指定义。因为它没有指向个别的美丽女孩、美丽的马或者美丽的里拉琴;而是让苏格拉底和读者去想象某个美丽的女孩作为美的范例。接下来,我不会总是区分一般的基于例子的定义和具体的直指定义,并且会用"指向"一个例子来表示仅仅需要通过以某种方式提出例子的情况。

从保姆、母亲、教师和父亲开始，他们都力求让我们变得尽可能好，要做到这个：

> 要在每一个语词和行动中，教育我们和向我们指出[①]一个是正确的，另一个是错误的；这件事（*tode men*[②]）是高贵的，那件事（*tode de*）是卑劣的；这件事是虔敬的，那件事是不虔敬的；并且［总而言之，通过教育我们］：做这些事情，不要做那些事情。（325d2-5）

20

这个引人注目的基于例子的关于如何教授德性的论述产生了下面这个结论：一旦我们越过童年、少年和这些阶段的教师，“城邦（*hē polis*）取而代之，并且迫使（*anankazein*）［我们］学习它的风俗（*nomoi*），而且依照它们、以它们为例来生活”（*kata toutous zēn kata paradeigma*；326c6-8）。[③]

另一方面，如果当柏拉图借苏格拉底之口提出“是什么”

---

① *didaskontes kai endeiknumenoi*；动词*deiknumi*的词根“指出”“通过指出来展现”和名词*paradeigma*是一样的。

② 注意指示代词*tode*的重复运用。

③ 我保留了 *kata paradeigma* ［根据标准］这个出现在所有抄本上的短语。19世纪尚茨（Schanz）删去了这个短语，亚当夫妇（James Adam和Adele Marion Adam）在1893年也做了同样的选择，这是因为*kata*的介词重复看上去是不可接受的（*kata toutous zēn kata paradeigma*）。伯奈特（Burnet）保留了这个短语，大多数译本也保留了它。很明显，*zēn kata paradeigma*这个短语是构成这段文本（也就是326c6-8）意义的必要部分；同样，它也是整个更长的关于*didaskalia kai nouthesia*［教育和训诫］特征论述的必要部分（325c4-326c6），它还强调了一般教学活动基于例子的特征。介词的重复尽管是不理想的，但并非不可能的（对照326c3-4 *malista*的重复）。如果想要一个更加符合语言习惯的文本，我们也可以不删除它，比如像拉姆（Lamb）在洛布版中所做的那样，接受海因多夫（Heindorf）的修订，也就是把第二个*kata*换成*kathaper*［就如］。《普罗泰戈拉》这里的整段文本（亦即325c4-326c8）提供了直接的证据，反对一种依然通行的观点，桑塔斯（Santas，1972，p. 139）颇久以前阐释了这种观点。他认为：“柏拉图或苏格拉底并不关注典范式的（paradigmatic）学习情景”，这就是说，通过诉诸（按照桑塔斯的话来说）（转下页）

的问题时，他意在说明一个多少有些新颖的问题（新颖性是因为它特有的理论性和技术性），那么引入这个问题就是柏拉图的责任所在了，当然这需要一些独特的人物的帮助，比如苏格拉底本人，或者像很多人认为的，希波克拉底那种具有科学头脑的人。[1]在这种情况下，柏拉图"是什么"的问题在很大程度上对于说希腊语的一般人而言是陌生的，当然，除非那人误解了柏拉图的意思，并且混淆了柏拉图的问题和同样措辞的日常问题。这样就意味着我们可以说柏拉图的阐释具有规定性（the status of stipulations）。作为柏拉图的读者，如果我们想要弄清楚在这些对话中"是什么"的问题是对标准的要求，我们就不要去探究这样的措辞在日常的希腊语中如何运用，而是要去关注柏拉图怎么运用，尤其是它的技术性和理论性显得毋庸置疑的时候；就像在一些看起来晚于我们所考察的对话（例如《斐多》和《理想国》）中，"是什么"的问题明确和理念论（Theory of Forms）联系起来的时候，我们就可以说这个问题所要求的正是柏拉图式的理念。

21

以这样一种僵硬的方式来提出这个问题（这些对话中"是什么"的问题是日常的还是柏拉图式的？）可能会显得没

（接上页）"典范实例"（paradigm cases）进行学习。恰当理解了《普罗泰戈拉》这段文本的重要意义，也让我们考虑以下面这种方式来解读《大希庇亚》：通过与希庇亚的辩论，它提供了一种更详细、更有力的辩护，去支持通过诉诸一个是Φ的事物的典范实例来回答"什么是Φ?"的问题；或者，我更倾向于认为是通过诉诸一个是Φ的事物的范例（exemplar意义上的*paradeigma*）来回答"什么是Φ?"的问题。我在适当的时候会采取这种解读。如果我没有弄错的话，还没有人做过这种解读，即使是没有让希庇亚误解"是什么"的问题，而是试图公正地对待希庇亚的解读者也没有尝试过［比如参看李（Lee，2010），这个观点最初是尼哈马斯（Nehamas，1975a）提出的］。

① 泰勒（Taylor，1911）首先提出了这个论证。

有必要。实际上，我要主张的结论认为两者皆有、同时存在。首先，我要论证这些对话中“什么是Φ?”的问题具有，并且柏拉图也会认为具有一种基本的日常含义，也就是说，它要求给某物是Φ提供标准。其次，在这个问题的日常用法中，提出问题的人常常认为有多种不同的方式为某物是Φ提供标准（我们之后会区分它们），其中一些要求更高也不容易被了解。柏拉图出于一些我们理应认为重要的和规定性的理由，认为只有一种充分的方式能给出某物是Φ的标准，这种方式人们完全不熟悉，而且要求很高、很难达到。

然而，评论者普遍认为这些对话中“是什么”的问题都是柏拉图式的技术性问题，而不是典型的日常问题。[1]他们坚持，柏拉图的“是什么”的问题（相对于它的日常版本）是一种对真正定义（real definition）的要求，而不是对名义定义（nominal definition）的要求；或者坚持，这是一种对于科学定　22

---

① 认为柏拉图的标准（*paradeigma*）概念，以及类似的他对于“是什么”、定义、本质的理解从一开始就充满了理论性的评论者包括：格鲁贝（Grube，1935，p. 9）；艾伦（Allen，1970，例如 p. 29）；潘纳（Penner，1973）；桑塔斯（Santas，1979，第 4 章）；克劳特（Kraut，1984，pp. 279-283）；埃尔文（Irwin，1977，pp. 61-64）；埃尔文（1995，pp. 25-27）；丹西（Dancy，2004，尤其是第 5 章）；斯科特（Scott，2006）。近来上述共识的唯一例外是福斯特（Forster，2006），他主张苏格拉底所寻求的定义是“平常的”（mundane），也就是说，是当我们想要解释一个语词的时候就会给出的那种定义（pp. 22 以下）。尽管我的观点在一定程度上更接近于福斯特，而非学界的共识，但是我的观点和福斯特的在两个重要方面不尽相同。首先，福斯特认为在他所主张的早期对话中（他排除了《高尔吉亚》和《美诺》），定义是“平常的”**而不是**理论性的；但是我认为**两种**定义都贯穿在早期对话中，并且二者可以被归结为单一的论述，这个论述就是“是什么”的问题所要追寻的。其次，让人惊讶的是，福斯特（pp. 22-23）引证的苏格拉底给出的“平常的”定义（他可能主要是为了举例子）的实例都是**普遍性**的定义；**没有一个是通过例子**给出的定义。然而，它们毫无例外的普遍性很好地否认了这些定义是“平常的”。这是因为，正如我们将要看到的，回答“是什么”的问题最容易得到的和最不苛刻的方式（这恰恰能突显出“平常”和“日常”这一点）就是通过例子。我们会看到，柏拉图明确意识到了这一点。

义(scientific definition)的要求,而非一种对于非科学定义的要求;[①]抑或主张,这是一种对于出现在不可错的知识中的定义,而不是出现在潜在地可被证成、但却可错的信念中的定义。

之后,我们要更细致地考察不同的陈述,根据这些陈述,柏拉图在寻求的一种新颖的、理论性的和专门性的问题。不过我们也可以谈谈在研究文献中通行的观点,也就是说柏拉图的"是什么"的问题是一种对于真实定义(而不是名义定义)的要求,并且柏拉图的"是什么"的问题不是用了相同措辞的日常问题。[②]当然,毫无疑问,柏拉图的"是什么"的问题不但是对于名义定义的要求,而且也是对于真实定义的要求。因为柏拉图的问题是一个对于"什么是Φ?"(例如德性)的要求,而不仅仅是一个对于用什么词来指称(signify)Φ(例如德性)的意思的要求。但是这并不意味着(同时这样的主张也是有问题的)柏拉图的问题是一个对于真实定义而不是名义定义的要求。因为这也可能是一种二者同时皆有的要求。"是什么"的问题将既是一个对于真实定义、又是一个对

---

① 就如弗拉斯托斯(Vlastos,1972)和潘纳(Penner,1973)之间的争论显示的那样,前者主张柏拉图式的定义是关于概念的,后者则认为柏拉图是在寻求一种的科学定义,而不是概念定义(conceptual definition)。后一种观点现在被普遍接受,它在芬恩(Fine,1993)中得到了很好的辩护。

② 比如参看艾伦(Allen,1970,pp. 79-83,100,110-113,120):"当然,这里考虑的这种定义是真实定义,不是名义定义"(79)。克罗斯(Cross,1954,pp. 448-449)已经说过这一点。这一点最近又被查尔斯(Charles,2010)重申。不过也参看黑尔(Hare,1982,p. 28):"问柏拉图'你是在定义语词还是事物'这个问题是完全没有益处的,因为他不会理解我们在问什么。总之,即使对于当今的哲学家来说,形而上学、逻辑学和语言学是否是不同的学科这一点还不是很清楚,而且很有争议"。

于名义定义的要求,如果柏拉图是下面这样主张的话:确定Φ是什么意味着要确定是什么词指称了Φ的意思,反过来说,确定是什么词指称了Φ的意思蕴涵着确定Φ是什么。[1]我们可以注意到,这样一种推论不一定是理论性的和专门性的,更不用是柏拉图式的,并且与之类似的事物看上去和日常对于让某事物成为Φ的标准的要求相关联。因为一种检测某人是否知道是什么词指称了Φ的意思的独特方式就是通过确定他/她是否能够区分真的是Φ的那些事物和其他事物,以及他/她是否具有一种可靠的方式来做到这一点,这就是说,是否有一种让某物成为Φ的标准。这个推论也不必和一种一般的理论性观点相联系,这就是一个指称了Φ的语词的意义正是Φ所表示的事物[运用“‘Fido’-Fido意义理论”,或纯粹基于指涉(reference-based)的意义理论][2]。因为下面这种主张明显是符合逻辑的:当(《大希庇亚》中的)希庇亚通过引入个别的一位美丽女孩来回答苏格拉底的“什么是美”的问题的时候,他想要展现他对于什么是美的理解就像“美”这个词所意味着的一样多,故而我们就不用主张希庇亚怪异地甚至是愚蠢地将美或者是“美”这个词的意义等同于一位美丽的女孩。在柏拉图之后的“是什么”问题的漫长历史中的某个时候,也有一些人想要把名义定义从真实定义中分离出来,这种说法或许也是对的。洛克(Locke)就是一个很有名的例子,尽管有人会怀疑这种倾向还可以进一步回溯。但是这种分离不

23

① 关于这一点,参见芬恩(Fine,1994)。

② 反对黑尔(Hare,1982,p. 33)和福斯特(Forster,2006,p. 30,注释73)。

应该被内置于真实定义和名义定义的区分之间。

认为柏拉图的“是什么”的问题是一种专门问题的评论者当中，这种倾向是显而易见的：在很重要的、具有影响力的、占据主流的以及时常满怀着方法论上的自觉的解读路径上，它们想要从一些明显是稍晚一点的对话（比如《斐多》和《理想国》）的角度来考察早期对话中的“是什么”问题的含义。在这些稍晚的对话中，“是什么”的问题明确与成熟的理念论相关联。按照这种观点，说“什么是Φ?”这个问题是一个对于让某物成为Φ的标准的要求就不是在说任何什么确定的或是完全的东西，并且这也不是说其意义可以通过加入一种日常的标准的概念来理解的什么东西。而是说，如果有人这样说的话，那么那人就马上会补充说，柏拉图有着一种非常特殊的标准概念，也就是说首先，在这些稍晚的对话中，一种*paradeigma*是与我们在经验中可以直接熟悉的事物相分离的真实的本质，也就是一种柏拉图式的理念；其次，这种与理念论相联系的标准的概念，按照柏拉图的观点来看在早期对话中就已经可以预料到，这就是说一种*paradeigma*指示着真实本质（real essence），而不是名义本质（nominal essence）。辩护这种解释路径的学者常常还会补充：在早期对话中，真实本质是分离的还是内在的这个问题可能还是开放的；或者说分离和内在之间的问题还没有被提出，故而这个问题还是悬而未决的。

探究这种对于早期对话中“是什么”问题的含义的解释路径的起源是很有意思的，因为它也会自然地让人想起这种路径具有亚里士多德的特点。我们可能要回到亚里士多德的著名陈述,也就是说,苏格拉底是第一个在一些事情上(*en toutois*)——亦即在伦理的事情上(*ta ēthika*,“关于品性的事情”)——寻求普遍(*to katholou*)的人,并且是第一个让他理智上的关注点朝向定义(*horismoi*)的人;亚里士多德的陈述还说,柏拉图接受了苏格拉底的立场,但是主张定义可感事物是不可能的,因为柏拉图认为它们都一直在变化,故而只可能定义某些其他事物,这些事物与可感的事物不同(*hetera*)、超越并在可感事物之上(*para*),这就是不变的理念 24 或相(这是对于《形而上学》A. 6,987b1-9的一个转述)。我们只需要主张,在这个地方,对于亚里士多德来说,苏格拉底意味着包括了我们在早期对话中找到的苏格拉底,并且我们拥有,或者看上去似乎拥有这种对于早期对话中“是什么”问题的含义的解读路径的元素。这样的观点就是说,首先,寻求定义不是一项日常活动,而是一项由一位思想家所开创的事业;其次,在柏拉图手中,这项事业变得和理念论以及存在着分离的理念的主张相联系,这可能从一开始就这样,也可能在他思想发展的过程中才变得如此。因此,对于主张上述这样的解读路径的这些评论者有时会引入亚里士多德以及上面这段文本来支持他们的观点的做法,我们不必感到惊讶。①

---

① 参见卡普(Kapp,1942,p. 30):“根据我们的希腊文材料[卡普想到的尤其是来自于亚里士多德《形而上学》的这段文本,参看第31页],或许是苏格拉底,或许是柏拉图,带着导向概念和定义理论的特别强调而开始询问‘这个或那个是什么’的问题。”也参看艾伦(Allen,1970,p. 24)。伯恩耶特(Burnyeat,1984,p. 246):“当然,苏格拉底对于定义性知识的优先性的坚持变成了柏拉图的以下这个论题,除非你知道了由定义所具体说明的理念,否则你就不能够知道任何事物。”罗宾逊(Robinson,1953);丹西(Dancy,2004,2006);福斯特(Forster,2006)。

我认为，忽略亚里士多德的证言，把它当作是很大程度上不可信的证据是不合适的。相反，我们应该考察来自于《形而上学》的这个陈述是否意味着对于定义（“定义”是在广义上对于“是什么”的问题所要求的东西）的追寻不是一种日常活动，而是一项由思想家苏格拉底所开创的事业。因为除非当它意味着亚里士多德的证言是和我们的论题（也就是说柏拉图早期对话中“什么是Φ?”的问题拥有着，并且柏拉图也认为拥有着一个基本的日常含义，这就是一种对于让某事物成为Φ的标准的要求）不相容时才会这样。不过我们可以论证亚里士多德的陈述没有这个理论后果。亚里士多德在这里主张的是，苏格拉底是第一个在某些事物当中追寻普遍（*to katholou*）的人，并没有说他是第一个要求这些事物“是什么”的人。并且尽管对于亚里士多德来说，在某些事物中寻求普遍蕴涵着对于那个事物“是什么”的要求这一点是可以得到论证的，但是对于下面这一点，我们就会保持怀疑：我们是否可以反过来主张在他看来，对于一个事物“是什么”的要求必然总是蕴涵着对于其中的普遍事物的追寻。我们从《论题篇》当中可以知道，亚里士多德区分了在广义和一般的意义上理解某事物“是什么”的概念，以及一种更加狭窄和严格的某事物“是什么”的概念，他将后者和严格意义上理解的定义（*horismos*）概念相联系。[①]尽管我们都熟知亚里士多德认

① 比如参看亚里士多德的《论题篇》中第一次出现“是什么”（*ti esti*）问题的地方（A.5，102a34）；很明显，这个出处不能和前面紧接着的“是什么”（*ti esti*）的出处相混淆，在那里，这个语词是一个专门的短语（technical phrase）*en tō*（*i*） *ti esti katēgoroumenon*/*katēgoreisthai*［谓述“是什么”］的一部分（102a32-3）。实际上，这个短语是为了准备引入定义（*horismos*）这一专门概念。

为定义必然是一般的和普遍的，故而定义必定明确说明了它们所定义的事物当中的普遍者(*to katholou*)；这个观点关于严格意义上理解的定义，以及关于狭窄和严格的某事物“是什么”的概念。因此，亚里士多德的论述与下面这种观点是相容的：这一观点认为对于某物的“是什么”的要求不是苏格拉底或早期柏拉图的发明，抑或是与此有关的其他什么思想家，而是一种日常熟悉的要求；并且如果这里有什么对于苏格拉底或早期柏拉图来说是独特的地方，那就是一种充分的对于某物“是什么”的追寻，就要求我们去寻求一种一般的和普遍的定义，这样的话，这种定义才能正确说明它所定义的事物当中的普遍的事物。

就如通常能在这些对话中所得出的那样，“是什么”的问题由疑问短语 *ti esti...?*［什么是……？］构成，后面或者跟随着一个抽象名词(比如说 *kallos*［美］或 *hosiotēs*［虔敬］)，或者跟随着一个由中性形容词和定冠词组成的名词性短语(比如说 *to kalon*［美的事物］或 *to hosion*［虔敬的事物］)。一个这样措辞的问题在希腊语中有着十分日常的用法，也就正是一种对于让某物成为这样的标准的要求。[1]我们依然可以反对前面这种观点，首先，柏拉图或许采用了日常的措辞，但是并不是在日常的意义上使用它；其次，尽管一个这样措辞的问题在希腊语中有日常的用法这一点是对的，但是这种用法不是一种对于让某事物成为Φ的标准的要求，而仅仅是对一个

---

① 比如见埃斯库罗斯：《奠酒人》(*Choephoroe*)，885：*ti esti chrēma*［什么情况］。

是Φ的事物的要求。要回应第一点,一个人就会想知道一位哲学家(或任何什么人)如何能够在使用日常措辞的短语的情况下,故意不让它有日常的意义;至少说如果这个人想要交流,并且要让周围的人理解的话,就不会是这样。当然,一个人需要一些手法,通过运用它,就能让日常的短语,或看上去似乎像日常的短语在一种不寻常的和专门的意义上被使用。那么柏拉图用了某种这样的手法来限定"是什么"的问题吗? 当然,我们能够想到的是"其本身"(itself)这个限定,尤其是当它被用来限定指示着被定义的事物的短语的时候[就如 *to kalon auto* (美的事物本身)或 *hē hosiotēs autē* (虔敬的事物本身)那样]。我们可能会认为,这是柏拉图的程式化的手法,用来表明他想要"什么是Φ?"的问题意味着一种完全对于Φ的本质的要求,依照着一种人们不熟悉的、专门的本质概念。然而,即使是以这样一种方式被使用的时候,下面这
26
一点也是不清楚的:"其本身"这个限定指示着这个疑问短语在一种不寻常的和专门的意义上被使用,而不是这一限定依然是在一种日常的、甚至是口语交流的方式上被运用。不管怎样,这一限定在这些对话中并不是以这样一种全然一致的方式被使用。当这样的限定自身被用在"是什么"的问题上时,尤其是被用在 *ti pot' esti touto*...("这个事物究竟是什么……")和 *ti pot' estin auto*...("这个事物本身是什么……")这样的问题上时,这样的限定就会更加常见。正如我们将会看到的那样,我们可以认为这些限定在这里以一种日常的方式被使用,并且它们实现了一种日常中耳熟能详的功能。

一种反对我们的观点可能会回应说这是论辩的语境(dialectical context),而不是什么程式化的语言表述(linguistic devices),决定了“是什么”的问题要被如何理解:作为日常的、柏拉图式特有的,抑或是二者皆有。我们这个研究的主要任务就是要说明,按照正确的理解来看,这些对话中的论辩语境(也就是论证和探究的语境)不是要求我们主张“是什么”的问题是独特柏拉图式的,恰恰相反,我们要主张柏拉图是在一种这个问题的日常的意义和用法当中运用它们。即便是在下面这种情况下,柏拉图也是这样做的:由于一些个别的原因,他认为在某些论辩语境中,对于如何回答问题的自由的、日常的要求是不充分的,并且这些要求需要被严格地限制。正如我们在整个研究过程中能看到的那样,“是什么”的问题首先不是处在构成这些对话的探究的序列当中,而是被某些“是否”的问题(whether-or-not questions),以及被这些问题在其中显露和提出的论辩语境所推动。对于这些“是什么”的问题,我们完全没有理由认为它们是独特柏拉图式的,抑或是完全被柏拉图所指定的;恰恰相反,这些问题所处的论辩语境反而确证了它们应当被看作是观点迥异的思想家们和普通大众的共同所有物(common property)。正如我们会看到的那样,如果(或当)我们(也就是提出这样的“是否”的问题的任何人)为了回答这些“是否”的问题而遇到了持续不断的困难,那么以下两种情况会被证明是必要的:首先,去提出相关的“是什么”的问题;其次,要求以一种特别的和难度很高的方式去回答它。

另外一个更重要的对于“是什么”问题所处位置的论述的反驳是这样的:尽管这样措辞的一个问题在希腊语当中具有一种日常的用法这一点是对的,但是根据这种用法,这个问题并不是一种对于让某物成为Φ的标准的要求,而仅仅是对于一个是Φ的事物的要求。这种反驳,以及在它背后的观点,在研究文献中处于很醒目的位置,尽管它并不总是以一种一般性的语言被明确概括出来。在这种通行的观点背后,有人似乎会认为正如经常发生的那样,如果一位对话者以一个是Φ的事物作为例子而回答了苏格拉底对于Φ“是什么”的要求,那么这就能说明这位对话者混淆了柏拉图想要的“是什么”的问题(也就是对于Φ的本质的要求),和同样措辞但却只是一种对于是Φ的事物的要求的日常问题。比如说,在《大希庇亚》中,希庇亚持续不断地通过引入一个具体的美的事物来回答苏格拉底 *ti esti to kalon*(“什么是美”)的问题,以及 *ti esti touto, to kalon*(这个美的事物究竟是什么)的问题:先是一位美丽女孩,再是一匹骏马,然后是一架美的里拉琴。这样评论者们很快就看到希庇亚的回答完全没有理解苏格拉底的问题,并且评论者们也认识到,正如苏格拉底所想的那样,这个问题是一种对于美的事物的本质的要求,但是按照希庇亚的理解,这个问题仅仅是对于一个美的事物的要求,这看来是由于希庇亚依赖同样措辞的疑问短语的日常用

27

法造成的。[①]

如果一名对话者没有认识到“是什么”的问题是一种对于Φ的本质的要求,而不是仅仅对于一种是Φ的事物的例子的要求,那么他就完全误解了苏格拉底的问题,这一点肯定是正确的。而正如我们会看到的那样,下面这一点也会是正确的:如果一名对话者通过指出一个是Φ的事物的例子来回答“什么是Φ?”的问题,那么他完全没有理解苏格拉底如何思考“是什么”的问题必须要怎么来回答,我们甚至也可以说,他完全没有理解苏格拉底是如何提出问题的。这是因为苏格拉底认为“什么是Φ?”的问题必须要以一种普遍的方式,即通过一个普遍定义来回答,而不可以仅仅通过诉诸一个是Φ的事物的例子和范例来回答[我们称其为“普遍性要求”(the generality requirement),更多讨论见下文]。但是下面这种说法是正确的吗? 如果一名对话者通过指出一个是Φ的事物的例子来回答“什么是Φ?”的问题,那么他必然认为这个问题仅仅是一个对于是Φ的事物的例子的要求,从而必然也没有理解那个问题,也同样没有理解苏格拉底是如何提出它的。这种说法是不正确的。正如我们能看到的,首先,这些对话中

---

① 故而见阿佩尔特(Apelt,1912,p. 207):“那么什么是美? 这里是说‘美’,而不是说美的事物。这一区分对智者而言就像波西米亚村庄一样陌生……(苏格拉底)探究的是美的本质、概念”。泰勒(Taylor,1937,p. 30;强调为原来所有):“希庇亚就像柏拉图的很多对话者那样,低估了这个问题的困难性[也就是‘什么是好/美本身(*auto to kalon*)’这个问题],因为他混淆了这个语词的**意义**和这个语词的具体**实例**。”肖里(Shorey,1933,pp. 92-93)认为:“他(也就是希庇亚)不能区分美和美本身(the beautiful)……苏格拉底一再解释说他不想要一个具体例子,而是想要一个定义。”对于《大希庇亚》的这种传统观点的一个经典的分析和批评,参见尼哈马斯(Nehamas,1975a);也参见李(Lee,2010)。

“什么是Φ?”的问题具有,而且柏拉图也认为具有一种基本的
28 日常含义,也就是说,这是一种对于让某事物成为Φ的标准的要求;其次,在这个问题的日常用法中,提出这个问题的人经常持有这样一种观点,亦即有着多种不同的方式来提供让某物成为Φ的标准,包括一种最容易得到、难度最低的方式,这就是指出一个范例式的例子,而不是指出一个会被认为是古怪的是Φ的事物的例子或实例。这样一种范例式的例子(或者说范例),也就是一个显而易见毫无疑问是Φ的事物,并且被普遍认为是这样,或者说,指出这个例子,它就可以被用来作为一个事物成为Φ的标准。

我们很难怀疑下面这一点:苏格拉底的对话者们并不会把“是什么”的问题当作一种专门性问题(其意义对他们来说是陌生的)来回答,除非(或直到)在苏格拉底解释了他的意思是什么之后才会这样;恰恰相反,对话者们把这个问题当作一种他们很熟悉的问题来回答,并且他们也只是太急切而不能给出一个回答。[①]同样,下面这一点也是清楚的:如果对话者们把“是什么”的问题作为一种熟悉的问题来回答,他们并不是由于之前已经听过了三个德拉科马(drachma)或是三百个德拉科马的关于苏格拉底式或柏拉图式的询问这样的问题的技艺(technique)的课程[柏拉图之后会把这样的技艺称作“辩证法”(dialectic)]才这样做。对话者们并没有给人以这样一种印象:他们已经接受过用特别的和不熟悉的方式

① 对于这一点及其重要性,不久前克罗斯(Cross,1954,pp. 439-442)已清楚地认识到了。

提出这样问题的训练，他们呈现出已经熟悉了"是什么"的问题，这些问题无关乎他们的背景、训练（如果有的话）和理论观点（如果有的话）。的确，柏拉图非常努力地想要展示出苏格拉底的对话者们来自于广泛的不同背景，让他们有着迥异的技艺（或是没有任何具体的技艺），并且让他们有着很不同的理论观点（或是没有某种具体的理论观点）。这些对话者们唯一的共同特征就是，对于苏格拉底和他对于定义的独特要求而言，他们都是新手。

那么在很多下面那样的文本中，情况又会是什么样的呢？在这些文本中，苏格拉底明确澄清了他所想要的不是任何对于"是什么"问题的古怪回答，而是想要一个普遍的（或者既普遍又统一的，又或是既普遍又统一，并且还是解释性的）回答；并且有时候苏格拉底还会澄清这一点，告诉他的对话者说，当他之前提出具体的一个"是什么"的问题的时候，这个羽翼丰满的、普遍的、统一的、解释性的定义就是他想要的回答。这些澄清，尤其是对于它们的阐述，是不是就意味着苏格拉底想要让"是什么"的问题在一种独特的方式和意义上被提出呢？并且这些澄清和阐释的功能是不是就在于指出一种"是什么"的问题在意义上受到更严格的限制呢？ 29
当然，在这里我们主张苏格拉底和柏拉图意味着想要以一种独特的方式提出"是什么"的问题（也就是说，苏格拉底和柏拉图想要让这个问题以一种更严格受限的方式，而不是自由的方式被回答）并没有什么害处。但是如我们能看到的那样，下面这样的主张可能就会有很多害处：这样的话，苏格拉底或柏拉图就是在说明他想要在一种独特受限的意义上提出“是什么”,这个意义不同于它的日常含义和用法。一方面,这个推论完全是有问题的,而且它并不比下面这个明显的推论谬误高明多少:如果一个问题可以通过多种不同的方式来回答,那么就肯定存在着很多不同的问题,它们每一个都只能以一种方式来回答。

1.2 为何“是什么”的问题需要得到证成

在这个研究中,以下这个主张对于我的目的来说是很基本的:柏拉图提出“是什么”的问题需要得到证成。无论其他什么可以用来赞成或反对这个主张的说法可能都会遇到下面这种回应。这可能会使人认为柏拉图提出“是什么”的问题需要得到证成是不合适的;根据不同的情况,在它所产生的探究中,或通过它所产生的探究(这些探究组成了这些对话的相当一部分内容),提出这个问题的值(value)会浮现或不会浮现出来。“是什么”的问题的值应当在具体的探究中得以显露,而不是通过我们坚持对于一种一般的和抽象的证成,以及似乎想要在问题所产生的具体探究之前确定它的值。故而,这可能会促使我们认为,比如倘若我们想知道为什么“什么是虔敬”的问题会在《游叙弗伦》中被提出,并且通过什么样的证成才能如此,那么我们就不应该通过一种一般的对于柏拉图提出“什么是Φ?”的问题的动机和合理性的论述(通过它我们就能把值“虔敬”放入变量Φ)来寻找它,而是要在这种探求(search)的具体特性中寻找它,这种探求就是对于这个具体事物虔敬的本质的探求。进一步说,这可能还会使人认为我们就要以这种方式分辨出在这个“是什么”的问题背后的恰当的动机,如果我们像下面这样来考察这类事情的话:[①]总的来说,什么事物是虔敬的这个问题看上去是很有争议的;无论在什么情况下,这都将会是一个很有争议的问题,如果就像游叙弗伦的具体事例一样,德性或按照虔敬来行动的义务(duty)看上去会造成两种不自洽的和对立的行动(亦即通过检举谋杀或过失杀人的犯罪者来赎罪、从罪中得以净化,相对于通过不检举来遵循子女的虔敬)的话;在这 30 种观点下,游叙弗伦对于他检举他父亲谋杀或过失杀人的具体行动是虔敬的而不是不虔敬的信心,以及他能够明确清晰地区分虔敬的行动和其他行动的信心,就都是有待证成的和可以被反驳的;苏格拉底所做的以这种方式提出“是什么”的问题是一种恰当的指向这种批评的方式;还有一些类似的事情等等。[②]

我同意这个回应的一般主旨和前提。我们的确应该允许对于在这些对话中被提出的多种多样“是什么”的问题的回答的寻求的值从这些寻求中显露出来。我并不打算在有助于产生问题的具体的探究之前,也不打算独立于这些探究来确定提出“是什么”的问题的值。并且我对于需要得到证成的坚持不是由于一个一般性观点,也就是一位哲学家应当要证成他/她所提出的基本问题。然而,像那样指出了我们会

---

① 对于《游叙弗伦》的这种解读方式,参见埃尔文(Irwin,1998)。

② 参见《游叙弗伦》4b7-e3,尤其是d5-e1。我之后在第6章第2节会考察这个段落。

称其为在具体探究当中的"是什么"的问题的"根本性"(rootedness),也认识到这个探究中的根本性是很重要的,并且当我们考察柏拉图提出"是什么"的问题的证成的时候,这个根本性也应该被铭记在心。由于某些重要的理由(我不久后就会提到它们,并且这将会占据下文的很大篇幅,这些理由与柏拉图提出这个问题的方式相关,也和柏拉图分派给它的位置和功能相关),我认为非常需要证成柏拉图提出"是什么"的问题。

我们应该要注意到,在对需要证成这一论点的反驳背后,存在着一种假定。我想要特别关注这一假定,因为本研究的一个主要目标就是要质疑该假定包含的观点。这个观点就是,"是什么"的问题在这些对话中是一个基本的问题,它是在下面这种意义上是基本的:在对话中没有其他问题能够用来推动和证成对于"是什么"问题的提出。如果"是什么"的问题在这种意义上是基本的,那么显然这对于指出以下这一点来说会是充分的,甚至是决定性的:为了回应证成的需要,一位哲学家的基本问题在其本性上不能够被证成,除了通过审查和评估这些问题产生的具体的探究的值和关联(interest)这种方式之外。然而,如果在这些对话中"是什么"的问题不是基本的,那会怎么样?如果在对话中存在着可以被用来推动和证成对于问题的提出的不同问题的话,那又会怎么样?[预告一下:我将要论证,在这些对话中"是什么"问题不是首要的问题。而是存在着一种不同的问题的形式,它可以和"是什么"的问题清楚地区分开来,亦即"是否"

31

的问题，而似乎对于这种问题的两种回答都存在着很好的理由。而且我还将论证，“是否”的问题在探究的序列上（in the order of enquiry）优先于“是什么”的问题。］诚然，在这种情况下，认识到“是什么”的问题根植于一种非常特殊的探究这一点就将会很重要。这种探究由另一种类的问题所产生；在这些对话中，依照它们的观点，这种问题在探究的序列上优先于“是什么”的问题。因此，下面这一点也将是对的：为了最终的全面和恰当的分析，这两种问题的值和关联，根据情况的不同，在它们产生于这些对话中的探究中，抑或是通过这些探究而显现或不显现，这一点必须被呈现出来。不过，柏拉图对于“是什么”的问题的提出需要证成这一主张就不再是不合适的，而是恰当的和必需的了。

柏拉图对于“是什么”的问题的提出需要证成，这是因为（1）他在探究中分派给这个问题的位置；（2）他认为这个问题必须要被这样回答的方式；（3）他认为的这个问题所具有的功能和它所提供的哲学上的收获（philosophical gains）。这些就很好地超出了由于这个问题的基本的、日常的意义和用法所准许的范围。这样，似乎柏拉图提出“是什么”的问题的独特方式就与某些重要的观点相联系，这些观点关于探究中这个问题的位置，这个问题如何被回答，以及知道某物“是什么”具有什么功能，这个问题提供了什么收获。一旦这些观点得以说明和澄清，那我们显然就能看到它们，因而就是柏拉图的“是什么”的问题需要得到证成。此外，我们有理由认为，柏拉图意识到尽管“是什么”的问题自身具有一种基本的、日常的意义和用法，他提出这个问题的独特方式超出了这个说法所准许的范围。因此，我们可能会希望和期望在这些对话中找到柏拉图提出这个问题所需要的证成。

让我来简要说明为什么柏拉图提出“是什么”的问题的独特方式超越了这个问题基本的、日常的意义和用法所准许的范围，并且来说明这一点如何与某些重要的一般性观点相联系（我们之后会细致地考察所有这些观点）。首先，存在着一个在探究中“是什么”的问题所处的位置的问题。根据这个问题的基本的、日常的用法，在一个具体的探究中，这个问题的位置在很大程度上是初步的（preliminary）、阐明性的（clarificatory）和预备性的（preparatory）。一名典型的希腊年轻人的教师问“什么是一条河流”，这经常是为了给真正的关于河流的教学、未来对于河流的研究以及对于河流的实践性探讨做准备。教师问这个问题的直接目的就是要确定学生掌握了足够的关于名词*potamos*（河流）的意义和应用，以便能够让学生跟上接下来的教学活动，以及参加进一步的无论什么种类的探究。这就是说，在基本的、日常的用法上的“是什么”的问题是对于澄清所考虑的语词在接下来的教学、探究以及（总的来说）交谈中是如何被使用和应用的一种要求。那么，“是什么”的问题就会在不成为其一部分的情况下被用来为接下来的探究做准备。这或是意味着“是什么”的问题以及对于它的回答是纯粹初步的和预备性的，不会成为接下来的探究的一部分，或者是（更可能）意味着对于这个问题的回答只是接下来的探究的一个初步的始点（starting

32

point),但其本身不足以导致那个探究的成功,也不在一个主要对象当中。然而,在组成这些柏拉图对话的探究中,“是什么”的问题自身就是一个主要的对象,或者说可能是探究的主要对象。另外,根据一个柏拉图的论题(我们之后会详细考察它),也就是所谓的“对于知识的定义的优先性论题”(Thesis of the Priority of Definition for Knowledge),回答“是什么”的问题不但是某些其他问题的必要条件,而且是这些问题的一个充分条件,还是一种构建对它们的回答的手段,这些其他问题自身就是这些探究的主要对象。

其次,还存在着一个问题,也就是如何回答、以什么方式来回答“什么是Φ?”的问题。根据这个问题的基本的、日常的用法,可以有很多种不同的回答方式,有一些比另外一些更加困难。而难度最低、最唾手可得的方式就是诉诸一个具体的事物;这个事物显而易见是Φ,并且普遍被这样承认,这就是说,诉诸一个是Φ的事物的例子和范例。然而,柏拉图认为这个问题必须要以一种单一的和难度最高的方式来回答;这样一来,他把诉诸例子和范例的方式从回答这个问题的方式中排除了出去。

1.3 可以从柏拉图的知识论当中找到证成吗?

传统的研究文献会把柏拉图在这些对话中提出“是什么”问题的独特方式,和同样在这些对话中的一个独特的柏

拉图式的知识概念或知识论的出现相联系。[①]这就产生了两

33 个问题:在这些对话中存在着知识论吗?如果存在的话,它可以被用来证成柏拉图提出“是什么”的问题的独特方式吗?

对于某些其他对话来说,比如说尤其是《理想国》,认为存在着一种知识概念或知识论可能是有道理的(尽管不是毫无争议的,就如柏拉图学术研究中的大多数问题一样)。这种知识论可以概括如下:

> [PFK]存在着某些知识的首要对象,也就是理念。并且其他任何不是理念的事物只是因为它和理念有着某种关联才可以被知道,如果就这些事物可以被知道而言的话。

[我们可以把上面这个理论称作是“对于知识而言理念的首要性”(the primacy of forms for knowledge),或是PFK。]我们能够在我们所考虑的这些对话中找到这种(或与其类似的)理论吗?或许主张在这些对话中存在着这样一种知识概念是有道理的。因为我们有理由认为,这在首要意义上就是一种关于本质和“是什么”的理论(不管理念论还是什么),并且理念在首要意义上就正是本质(不管它们还是什么)。的确,当理念论被引入诸如《理想国》和《斐多》这样的对话中时,它不是作为某种新事物被引入的,而是作为某种在其他对话中已经做好铺垫的事物而被引入的;这样我们就会很自

① 更详细的论述和对于评论者的提及,参见第2章第4节。现在这一节实际上只是一个预备。

然地想到，这些其他对话至少也包括了我们所考虑的对话的其中一些。在《斐多》中，理念论明确作为某种已经在其他地方“讨论了很多”的事物而被引入[参见 *ekeina ta poluthrulēta*（众所周知的事物），《斐多》100b]。[①]我已经在其他地方论证过理念论在根本上就是一种本质理论这个论题。[②]在这里也有必要回顾这一点，因为我想为下面这样的评论者留点余地，也不想让人以为我不同意这些评论者：在他们看来，明显是早期的对话最好和明显是更晚一些的对话一起来考虑，甚至前者要根据后者来理解（这一点与所谓的发展论者相对立）。[③]

接下来，我们要充分考虑下面这种推断：在这些对话中存在着某种知识概念或知识论。这种知识论可以总结如下：

> [PEK]存在着某些知识的首要对象，也就是本质。并且其他任何不是本质的事物只有因为下面这些情况才可以被知道，如果就这些事物可以被知道而言：或是这些事物具有一种本质，或是这些事物和本质有着某种关联，又或是这些事物和具有本质的事物有着某种关联。

34

① 对于理念论的最好的概述当然就是柏拉图《巴门尼德》第一部分当中的论述。近来对于柏拉图理念论的一个很好的概述，参看里克雷斯（Rickless，2007，第1章），以及更早一些的罗斯（Ross，1951）。关于对定义的需求展望着理念论这种观点的一个简洁和有代表性的陈述，参见伯恩耶特（Burnyeart，1984，p. 246）：“当然，苏格拉底对于定义性知识的优先性的坚持就变成了柏拉图下面的这种论题，你不能够知道任何事物，除非你知道了定义所表明的理念。”也参看卡普（Kapp，1942）；罗宾逊（Robison，1953）；克罗斯（Cross，1954）；艾伦（Allen，1970）；丹西（Dancy，2004）；福斯特（Forster，2006）。

② 参见珀力提（Politis，2010，§3）。

③ 尤其参见卡恩（Kahn，1996）。

[我们可以把这种理论称作“对于知识而言本质的首要性”(the primacy of essences for knowledge),或者是PEK。]同时,如果这样一种推断可以得到论证的话,这理所当然地肯定从一种对于单篇对话的无偏见(open-minded)研究中得到,而不是完全或基本上依赖于PFK(对于PEK也是如此,因为理念在首要意义上就是本质)只出现在诸如《理想国》和《斐多》这样的对话中这一结论。那么,基于我们目前阐述的这些对话的一般性论述,我们主张例如PEK这样的知识概念或知识论出现在这些对话中是不是有什么一般性的根据呢?我们要论证(这整个论证会贯穿第一部分):1.柏拉图在探究中给“是什么”的问题分派了一种特别的,尤其重要的位置;2. 柏拉图给必须如何回答这个问题这一点设下了非常严格的要求;3. 他分派给“是什么”的问题一种极高期望的功能,并且对找到回答这个问题的答案抱有很高的希望。这样,在这些对话中的“是什么”的问题的这种论述,可以认为是柏拉图致力于主张一种诸如PEK的知识论的根据吗?因为1-3不是蕴涵PEK吗?并且如果即使严格说来没有这样的理论后果,那就不会是下面这样的情况了吗?PEK蕴涵1-3,并且PEK对于柏拉图为什么分派给“是什么”的问题这样一种位置、为什么给这种问题的回答设下了这样一种要求、为什么分派给这种问题这样一种功能提供了一个很好的解释。PEK不是给在这些对话中的“是什么”问题的核心特征(central features)提供了我们能够想到的最好解释吗?

为了确定在这些对话中是否存在着某种柏拉图式的知

识概念或知识论，我们就需要考察这些问题。并且下面这种情况是完全可能的：如果PEK给这些对话中“是什么”的问题的这些核心特征（如同1-3所表述的）提供了一种很好的解释，那么（也在下面这种背景下：PFK出现在诸如《理想国》和《斐多》这样的其他对话中，并且PFK蕴涵PEK）我们显然就能得出在这些对话中也存在某一种独特的柏拉图式的知识概念或知识论（也就是PEK）的结论。然而，这个“如果”就是一个难点，我们需要细致考虑PEK是否给“是什么”的问题的这些核心特征提供了一种很好的解释。 35

在PEK给“是什么”问题的这些核心特征提供了一种很好的解释这一观点背后，我认为论证过程可以表示如下。尤其是如果我们注意到柏拉图分派给这些对话中“是什么”的问题的功能（也就是3），那么（根据这种论证过程）我们就能发现柏拉图认为知道一个事物“是什么”是知道关于这个事物的任何其他东西的一个充要条件和一种手段[或者至少是，任何普遍的、与单一的真理相对立的关于这个事物的真理；这就成为对于知识的定义的优先性的论题，将其作为一种知识的原理（principle of knowledge）来理解]。特别是，知道Φ“是什么”[比如说知道什么是明智（*sōphrosunē*）]是知道任何“所有的Φ都是Ψ”（比如说“所有显示出明智的行动都是好的且有益的行动”）这样形式的普遍命题是否正确的充要条件，至少前者是知道任何“这个具体的事物是Φ”（比如说“卡尔米德是明智的”）这种形式的单独命题是否正确的必要条件。让我们把这种观点称作是“知识基于定义的知识”

(knowledge is based in the knowledge of definitions)的观点,或者说是KKD。很明显,KKD已经指示着一种知识概念甚或是知识论。并且也很明显,KKD这种知识论和PEK非常相似,PEK或许可以被理解成是对于KKD更加详尽和细致的表述。此外,我们有很好的理由认为KKD出现在诸如《斐多》和《理想国》这样的其他对话中。因此,在我们考虑的对话中也存在着一种知识概念或知识论,并且这或者是一种更加原始的PEK版本(如果我们认为在KKD和PEK之间有着真正的界限),或者其自身就是PEK(如果我们认为KKD就是PEK)。

然而,我们可以质疑这种论证过程。

首先,我们可以怀疑在这些对话中是否存在着一种对于知识论的承诺。这是因为我们会质疑定义的优先性论题(在这些对话中柏拉图自己都主张了这一点)是否应该被理解成一种知识的原理。我在后面会关注这一点。简单来说,这个困难是这样的:一种某事物的原理对于原理所属的某事物来说都普遍是正确的,那么一种知识的原理对于所有知识而言都是正确的,但是定义的优先性论题是否普遍地被看作是正确的,以及是否对于所有知识都是正确的,这一点是可以怀疑的。

其次,就让我们承认在这些对话中存在着诸如KKD和PEK这样的知识论和完全普遍的知识论。然而,问题不仅仅在于是否在这些对话中存在着一种知识论,关键还在于如果有的话,它是否可以证成"是什么"的问题的提出。这个问题

是关键的,因为正如我们看到的,"是什么"问题的提出(无疑 36
是在柏拉图提出它的方式上)需要被证成。或许,承认柏拉图主张诸如KKD和PEK这样的知识论可以解释为什么柏拉图要以他提出"是什么"问题的方式来主张对于"是什么"问题的提出。如果我们这里寻找的解释首先是历史的和心理学上的话,并且如果历史和心理学不是要包括这个基本的研究问题的话:"柏拉图认为他以他提出'是什么'问题的方式来提出'是什么'问题要被证成吗?如果是的话,柏拉图提供了什么样的证成?"不过,倘若这个问题包括在对于柏拉图和这些对话的研究中的话(我们已经看到存在着具体的理由来强调它),那么我们就应当真的去怀疑下面这一点:柏拉图按照KKD和PEK来主张一种知识论,是不是可以解释柏拉图为什么要以他提出"是什么"问题的方式来主张对于"是什么"问题的提出。如果这个问题得以涉及的话,那么我们就必须要能够自洽地假设柏拉图是为了证成他对于"是什么"问题的提出,以及以一种独特的提出这个问题的方式,从而诉诸KKD和PEK这样的主张。但是我们是否可以这样自洽地假设是值得怀疑的,因为我们是否可以自洽地假设一个人想要通过引入一种自身就构成了这种主张的理论来证成他的具体某种主张这一点是值得怀疑的。

为了能够自洽地假设柏拉图为证成他以他提出这个问题的方式,来提出"是什么"的问题的目的而诉诸KKD和PEK这样的知识论,我们就必须展现出柏拉图阐明了这些理论,或者说本可以阐明它们,以一种不是直接依照他以独特方式提出“是什么”问题的主张的方式,以及以一种伴随着具体的在他提出这个问题中的相互关联的主张(也就是在1-3中提到的)的方式。但是或者基于这些对话,或是通过涉及其他一些对话,我们可以怀疑这一点是否能做到。下面这种情况更有可能:如果柏拉图在这些对话中主张了一种知识论,那么这种理论必须要被准确阐明,依照他对于以独特方式提出“是什么”问题的承诺,以及伴随着在他提出问题过程中的具体相互关联的主张。如果这一点是正确的,那么我们可以得出这个结论:即使在这些对话中存在着一种知识论,那么它也不能够被用于证成柏拉图对于“是什么”的问题的提出。

不是每一位读者都像我一样对下面这个观点印象深刻:在这些对话中,我们对于普遍的、统一的、解释性的定义的需求的非循环的(non-circular)证成有了更好的图景。有人可能会有理由这样问:柏拉图对话是否或是致力于以一种非循37 环的方式进行的对于定义的需求的证成,或是在更一般的戏剧背景之外致力于在哲学上推动它。我对于这种更缺少顾虑(carefree)、更具怀疑性的立场的回答是:再等等看(wait and see)。无疑,如果通过寻找它,我们真的在柏拉图的早期对话中找到了对于定义的需求的非循环证成,那么这就更理想了。除非当我们的寻找之后,我们没有找到它,那么我们就只能退而求其次了。为什么我们要寻找对于定义的需求的非循环证成?一方面,如果我们想要把哲学史当作哲学的一部分来做的话,那么这样的问题就是我们应当问的;就好像如果柏拉图生活在今天,我们会问他:你为什么坚持要这样的定义？如果按照另一种方式,我们认为这样伟大的哲学家带着他们自己满载理论的形象(theory-laden Gestalt),并且认为需求定义仅仅是柏拉图的身份特征和理智世界中的一部分,就如舒伯特风格的音乐是舒伯特的身份特征和他音响世界的一部分,那么我们最好要做得更好。有人可能会反驳说:如果一位哲学家在可争议的承诺上主张任何理论(并且我们已经开始看到对于定义的需求包含了这样的承诺),那么至少它们中的一些不能以一种非循环的方式得到证成。这是最重要的一点,并且我们要牢牢记住它。这是正确的吗？看上去它无疑是对的,如果我们主张被用来证成一个承诺或一组命题的东西只能是另一个承诺或另一组命题的话。然而我们会看到,在这些对话中,被用来推动和证成内在于对于普遍的、统一的、解释性的定义中的需求的具体承诺并不是另一种承诺,而是某些问题和回答它们的自然欲求(natural desire)。

第二章　如何回答"是什么"的问题

2.1 苏格拉底如何反驳一个给出的定义?

总体上看,关于苏格拉底经常用来反驳一个给出的对于"是什么"问题的回答的方式,我们可以说些什么呢?这个给出的回答是如何被认为是不充分的和失败的?在反驳一个给出的定义时,苏格拉底依赖的是什么?

对此,一个显著的特征就是,苏格拉底很少(如果有的话)把对于一个"什么是Φ?"的被给出的陈述的反驳依赖于一个具体的信念,也就或是直接,或是间接关于(具体来说)什么是Φ的确立的信念。[①],当柏拉图在寻求某事物"是什么"的

---

① 沃尔夫斯多夫(Wolfsdorf,2003)否认了这一点,也参见沃尔夫斯多夫(2004c)。这里的一个争论点不是苏格拉底是否持有能够被用来作为对于一个"是什么"或"是否"问题的回答的论证的前提的信念,而是苏格拉底是否为了这个目的来运用他的信念。苏格拉底拒斥把他自己的信念用于作为论证的前提的具有启发性的一个例子就在《高尔吉亚》466b以下。就在僭主(以及一般来说那些有能力做任何看上去对他们来说都是最好的事情的人)是否有很大的权力这一重要问题上。当波鲁斯(Polus)在466e问"那么这(也就是说拥有能力做看上去对你来说最好的事情)难道不是意味着拥有很大的权力吗?"(*Oukoun touto estin to mega dunasthai*, e3)时,"拥有很大的权力包括了什么"这个问题得以提出。当然,苏格拉底持有足以反驳这一观点的信念,并且紧接着在下文中提出了它们。但是这个回应是**波鲁斯**的信念,显示出**他**波鲁斯并不相信这一点:"不,无论如何这都不是依照波鲁斯所主张的"(*Ouch, hōs ge phēsin Pōlos*, e4)。

时候，这个特征是柏拉图论证方法的一个重要部分。并且这个特征不但能够让读者在单独的一个个论证中被认识到，而且是苏格拉底所明确表述的。笼统地说，当苏格拉底在众所周知的不少文段中做出如下论断的时候，我们就能意识到这一点：首先，苏格拉底一点也不知道所考虑的某事物（例如德性）是什么，但是他也需要像其他人所做的那样（看上去他是这样的）去寻找这个回答；其次，他甚至一点都不知道似乎和“是什么”的确立相关的知识［比如说他和他的对话者都同意从德性可教这一点能够推出德性（抑或其他什么类似的东西）是某种知识］。[①]的确，苏格拉底主张在不知道Φ是什么的情况下，我们不可能知道关于Φ的这样的事情（比如说德性是否可教），因为他认为要知道这样的事情，就需要去知道所考虑的某事物（比如德性）是什么。借助这个不寻常的主张以及相关的苏格拉底对于无知的承认，或者说对于有知的否认（disavowal of knowledge），柏拉图指出，提出“什么是Φ”的问题（以及开始对于“是什么”的寻求）的一个主要理由就在于，这是唯一一种确立对于某些关于Φ的“是否”问题（比如德性是否可教）的回答的方式；他认为这些有着直接、鲜活和潜在的重要意义。[②] 39

① 近来关于苏格拉底对于无知的承认的一个全面论述，参见福斯特（Forster，2007）。

② 很明显我支持一种对于苏格拉底否认有知的字面解读，而不是反讽性解读。并且我希望通过当前这个研究，我可以将这种解读放在“对话的一般解释框架中”，如同莱恩（Lane，2011，p. 247）对于这样一种解读的要求一样。她对于这种解读的描述是简练而切中肯綮的［至少如果她说辩驳（elenchtic）是意味着一般的考察（testing）而不是反驳（refutative）的话就会是如此］，当莱恩这样说的时候：“当我们以字面解释的方式来对待苏格拉底对于有知的否认的时候，就会产生这样一种对于对话的解读，苏格拉底显得像是一个怀疑论的探究者，真的在通过辩驳考察和协同探究寻求知识”（p. 247）。

我们之后将会更全面更细致地考察苏格拉底的这些方法论主张(定义的优先性的论题)和对于无知的完全承认,后者不但意味着某事物“是什么”,而且意味着与确立“是什么”相关的知识。不过,我们应当考察基于什么理由,柏拉图有信心认为回答“是什么”的问题的人(就如苏格拉底的对话者们经常做的那样)不知道所考虑的“是什么”。尤其是如果我们同时主张下面两种观点的话,柏拉图如何可以这么有信心主张上面这种观点:第一,柏拉图不想让对于一个具体由一名对话者提出的“什么是Φ”的陈述的反驳依赖于和确立“什么是Φ”相关的苏格拉底的具体信念;第二,柏拉图总体上对如何回答“是什么”的问题保持开放。由对话者提出的回答尤其突显出来,由于它们看上去一般都属于某一种回答,也就是会引入一个是Φ或既是Φ又是Ψ的事物的具体例子和范例:比如说,通过引入一个拥有典范美的人来回答“什么是美”的问题;或者通过引入作为典范的德性教师的伯里克利、普罗泰戈拉和出名的家长来回答“德性是否可教”的问题。

让我们把目光集中到这个对我来说指出了一个真正问题的议题上来。它可以帮助我们认识到某些定义的要求(我之后会提到它们)在柏拉图的论证和探究方法中所起到的作用;也就是认识到这些要求的一个重要功能就在于让苏格拉底能够反驳对于“什么是Φ?”的问题的回答,这些回答明显由对话者迅速而毫不费力地提出。下面这一点也很重要:一方面,柏拉图让对话者觉得对“是什么”的问题很熟悉,而且很容易回答,但是另一方面,柏拉图又让苏格拉底把充分回答

40

这个问题变得难度很大。

苏格拉底反驳一个给出的回答的根据之一，就是展示出这个回答和苏格拉底的具体某种信念（或是直接关于，或是间接相关于确立所讨论的究竟“是什么”）相矛盾。但是我们知道苏格拉底不想用这种方式来论证。那么他就需要另一种不同的根据，也就是一般而言，一个“是什么”的问题必定要以一种和对话者借此准备好回答，并且能够回答的方式不同的、比前面说的这种方式难度更大的方式来回答。不过，让我们主张柏拉图想对下面这一点保持开放：一般而言，一个“是什么”的问题（在根本上被理解成是对于让某事物成为Φ的标准的要求）要以什么方式来回答。那么，苏格拉底会基于什么理由反对由一名对话者提出的对于一个具体的“是什么”的问题的回答呢？看上去剩下的唯一一种根据，就是他表明给出的回答和一些（或其他）对话者的信念相冲突。

这样，我们就应该完全承认，这就是苏格拉底如何来反驳对话者对于“是什么”问题的回答吗？也就是说，苏格拉底通过指出对话者一系列信念上的矛盾来反驳这一点？这是苏格拉底论证方法的一种（既反对一个给出的对于“是什么”问题的回答，也在一般意义上反对），并且明显是主要的一种。这种论证方式是苏格拉底论证方法的唯一要素或首要的一个要素的观点，就出现在苏格拉底的论证方法自弗拉斯托斯以来被看作是“苏格拉底的辩驳法”(*elenchus*)[①]这一观念的背后。正如我们致力于做的那样,如果我们同时主张苏格拉底不想诉诸他自己关于Φ的信念、并且他也不想诉诸一般意义上对于定义的某些要求的话,那么我们应当要承认这是苏格拉底反驳一个给出的对于“是什么”的问题的回答的论证方法的唯一组成要素吗?承认这一点可能不会不自洽,但是这会付出沉重的代价。因为这会意味着我们必须要把苏格拉底对于对话者提出的关于“是什么”的问题的回答的反驳看作纯粹是“针对人身的”(*ad hominem*),这就是说,不是将其看作是针对给出的回答的内容自身,而是将苏格拉底的反驳看作是对于对话者相信这个回答的内容的反驳。[②]如果像我们主张的那样,苏格拉底对于一个由某人N给出的回答p的反驳,仅仅包含着指出这个回答和N的其他信念(例如q、r、s)相矛盾,那么苏格拉底的论证能够成立的关键点就会依赖于那个给出这个回答的人N恰好持有q、r、s这些其他的信念。并且这就意味着苏格拉底的论证不能被理解成针对着给出的回答的内容自身,而是必须要被理解成针对着那个

41

---

① 弗拉斯托斯(Vlastos,1956);在弗拉斯托斯后来的作品(1994a,pp. 17 ff.)中被放弃。自那篇经典论文之后,出现了一股真正意义上的关于“苏格拉底辩驳法”的论文的潮流,最近的研究见莱舍(Lesher,2002)和杨(Young,2006)。

② 苏格拉底的论证纯粹或主要是针对人身的这一观点被许多评论者所坚持。故而弗雷德(Frede,1992a,pp. xvi-xvii)在引入弗拉斯托斯对于这些对话中论证方法的论述之后,会这样说《普罗泰戈拉》中的论证:“这些论证并没有很彻底地拒斥一个论题,或是构造出它的矛盾之处,因为这些论证通过显示那个人的不一致和困惑而驳斥了一个人”;并且“严格来说这不是论题,而是被驳斥了的回答者”(p. xvii)。也参看博尼茨(Bonitz,1886);克劳斯科(Klosko,1979)。关于近来对于这种观点的一个批评,一个和我的论证过程相似的主张,参见怀特(White,2009)。

给出这个回答的人相信这个回答的内容、并且持有这个信念和其他一些信念。至少这里会存在着这样一种理论后果，如果我们主张这些其他信念q、r、s不被回答p（由N针对“是什么”的问题而给出）的内容所蕴含，并且在这个意义上它们不是偶然的话；这些信念实际上被N所持有，但是并不一定会造成他去相信p。

我们不应该否认以下这些内容：苏格拉底对于一个针对“是什么”的问题所给出的回答的反驳，经常不仅针对这个回答的内容，还针对着给出回答的人；并且这些论证经常也是针对人身的。比如说，在《普罗泰戈拉》前半部分，当苏格拉底论证德性不可教的时候（在对话后半部分他会论证德性可教），苏格拉底这样主张的一个理由就是只有当普罗泰戈拉（作为一个将教授德性作为赚钱生意的人）能够论证德性可教的时候，德性才可以被认为可教。我们也不用否认苏格拉底的质询中这个针对人身的层面，拥有一种重要的道德和心理学功能，这特别在于让对话者失去主张拥有知识的幻想。但是我们应该完全承认下面这一点吗？苏格拉底对于一个给出的针对“是什么”的问题的回答的反驳，完全是在上面这种意义上针对人身的，这个反驳不是针对给出的回答的内容自身，而是针对对话者相信这样的内容。我必须承认，就我看来，唯有当不存在另外的观点的时候，我才只能够怀着沉重的心情而预备接受这一点。如果我们主张苏格拉底的论证纯粹是针对人身的话，那么我们如何能够解释这些探究（苏格拉底的论证是探究的一部分）的目标是知识这一观点 42

呢？[1]认真对待这一观点并不需要归咎于我们把认识论的目标设在道德和心理学的目标之上。恰恰相反，我们可以自洽地认为，对于柏拉图来说，在道德和心理学上提升自我的唯一、同时也是最好的一种方式，不但需要一个人冒着被驳斥的风险（这样就会让一个人认识到事物可能会和自己所相信的不同这种可能性），而且需要努力提升自己的在认识论上的积极的和实质性的（positive and substantive）状态（如一个人所认识到的，寻求一个人缺失的知识）。[2]另一方面，如果我们主张柏拉图不是作为规定性的主张，而是作为可被辩护的主张而提出了某些严格的定义的要求，那么我们至少有了一个值得追求的观点的开始。因为如果（当然，是一个重要的"如果"）我们能说明知识要比通常所认为的要求得更多，那么我们就可以开始看到为什么知识要求一种寻求，并且为什么知识并不是那么唾手可得，以及为什么这种寻求能够以知识为目标。

这是一个严重的问题，亦即如果我们像弗拉斯托斯和他建立起的传统那样，主张柏拉图论证和探究的方法的一个独特要素就是辩驳法的话，那么如何可以将这些柏拉图式的探究理解为主要包括对于一个人信念中的不一致的揭示，并且在这个意义上"驳斥"一个人对于这些信念的主张，就这些探究依照这种方式来执行，并且以知识为目的而言。福斯特

---

① 对于这一观点的辩护参见弗拉斯托斯（Vlastos，1994a，pp.19f.）。这一点被福斯特（Forster，2006）所否认，与前面一种观点相反，作者主张早期对话中苏格拉底的目的在于指出，伦理知识对于我们人类来说是不可能得到的，它们只被神所拥有。

② 参见塞德利（Sedley，2009）。

(2006)指出这些探究纯粹是或是在首要意义上是驳斥性的，当他将这些对话中论证方法的概念和“苏格拉底的动机和目的是在于表明所考虑的知识对于我们人类来说是不可能得到的”这个结论联系起来的时候，他的观点有了更坚实的基础。

有位哲学家认识到了这个问题的重要性(extent)，并且试图以系统的方式解决它，这位哲学家就是唐纳德·戴维森(Donald Davidson)。[①]他主张的解决方式包括了许多假定：首先，在这些对话中柏拉图致力于主张一种融贯主义(coherentist)的知识概念，而不是一种基础主义(foundationalist)的知识概念。其次，柏拉图还主张下面这样的观点，如果一个人足够多的信念是正确的，那么即使那个人和其他任何人在考察之前都不知道哪个是正确的、哪个是错误的，通过揭示和试图消除这些信念之间的不一致，从而通过旨在让那个人的多组信念逐步变得更加内在自洽和一致的方式来考察信念就还是一种朝向知识的可能方式，按照一种知识的融贯论来看的话。再次，作为《美诺》和《斐多》中回忆说的后果，柏拉图确实也致力于主张以下观点：一个人“足够多的”信念是正确的，即使那个人没有认识到这一点，或不知道如何把正确的和错误的区分开。然而在我看来，如果所有这些都可以被归于柏拉图，如果我们同时主张这两种观点，亦即揭示对话者信念中的不一致是这些对话中论证和探究方式的一

43

① 戴维森(1993)。

个独特要素,以及这些探究的目标是知识,那么我们应当质疑前面一种假定,并且得出以下结论:揭示对话者信念的不一致只是苏格拉底对于对话者提出的一个主张的反对,尤其是对于回应“是什么”问题的主张的反对的几个要素的其中之一。

在下文中(第7章),我会全面充分地讨论这个问题:这些对话中的探究是如何以知识为目标的?我们要如何认为柏拉图在这些对话中的论证和探究方法产生了这些探究必须要以知识为目标的印象?在这里我只想指出在揭示对话者信念的不一致是这些对话中的论证和探究(尤其是对于“是什么”的问题的论证和探究)的方法的一个独特要素这一个观点之外,明显还存在着另一种观点。并且这就是要主张,在苏格拉底对于一个给出的对于“是什么”的问题的回答的反驳的不同根据(这些根据包括苏格拉底说明了给出的回答和对话者的某些或其他信念是相矛盾的)当中,我们发现苏格拉底要求总体上“是什么”的问题必须要以这样一种方式来回答,这种方式和对话者借此准备回答并且能够回答的方式不同,并且比前面那种方式更加困难。[1]

在这一章中,我想要考察苏格拉底如何要求总体上“是什么”的问题必须要以一种和对话者借此准备好回答并且能够回答的方式不同的,并且比前面那种方式更加困难的方式来回答。这个任务的一部分是提出和审查许多要求[我们可

---

① 一个类似的观点参见怀特(White,2009,pp.3-4)。

以称其为"定义的要求"(requirements of definition)];当苏格拉底反驳一个给出的对于"是什么"问题的回答的时候,他似乎利用、甚至表明了这些要求。这个任务之前已经有人尝试过。[①]因此我请那些已经熟悉现有的关于柏拉图的定义要求的论述的读者保持耐心。不过,我的确认为有理由再次进行这一尝试,而且这是因为需要被考察的不仅仅是柏拉图单独的一个个定义要求,而且也要考察它们是如何与"什么是Φ?"的问题的基本日常含义[如我们看到的那样,依照这个含义,这个问题是一种对于让某事物成为Φ的标准(不是一种"柏拉图的标准",而仅仅是"一种标准")的要求]相联系的、如何被柏拉图所认为的那样与其相联系的。我们尤其还要考察柏拉图是在这个日常含义之外,还是在日常含义之内创作;我们也要考察柏拉图如何能够在"是什么"的问题的日常含义之内创作,却同时拒绝了那种对话者们愿意给出的、和这个问题的日常含义相一致的大多数回答。这样,当我们提出要考察柏拉图的定义要求的时候,我们需要给予这些要求既是如何相互联系、又是如何与被我们称为"标准要求"(the standard requirement)的要求相联系的问题以特别关注。这个标准要求是"是什么"问题的基础,并且可以表示如下:

44

R1 标准要求

对于"什么是Φ?"的问题的回答必须要诉诸某些可

---

① 例如:克龙比(Crombie,1976);丹西(Dancy,2004,2006);斯科特(Forster,2006,pp. 23-30)。

以被用来当作让某事物成为Φ的标准的事物，也就是某些通过参照它，一个人就能确定某事物是否是这样而成为Φ的事物。

这个要求被对话中的所有人都接受，并且指出了问题的共同意义(shared meaning)。然而，苏格拉底和对话者们对于某物为了能够作为一种标准必须要变成什么样这一点有着不同意见。我们将会看到当苏格拉底进一步加上更多要求的时候，这些要求和标准要求密切相连：这些要求是说明某物为了能够作为一种标准必须要变成什么样这一点的方式。而且我们会看到，这些说明是很重要的，并且一点也不显而易见。

2.2 回答“是什么”的问题的柏拉图的要求

定义的要求

从苏格拉底时常反驳一个给出的对于一个具体的“是什么”问题的方式来看，存在着许多他对于这个问题的回答所要求的东西；这在总体上都是如此，不管讨论的是什么具体的“是什么”问题。除了标准要求，它们还包括以下几个要求：

45

R2 普遍性要求(The generality requirement)

(1)“什么是Φ?”的问题不能通过诉诸一个是Φ的事物的例子来回答，也不能通过一组例子来回答；在这种情况下,这些例子被当作一个是Φ的事物的范例,故而是一种让某事物成为Φ的标准。并且(2)这个问题也不能以一种预设了是Φ的事物的例子的方式来回答,也不能通过这样的一组例子来回答;这些例子被当作一种让某事物成为Φ的标准;这些方式包括了归纳、溯因以及类似的那些推理方式。

R3 统一性要求(The unity requirement)

对于“什么是Φ?”的问题的回答必须要根据一个单一的事物或属性(property),通过参照它,在任何情况下(in each and every case,亦即在任何确定一个事物是否是这样而成为Φ的问题被提出的情况下),确定某事物是否是这样而成为Φ变得可能。

R4 解释性要求(The explanatoriness requirement)

对于“什么是Φ?”的问题的回答必须要根据因为什么,是Φ的某物才确切地是Φ。

R-EXT 同延性条件(The co-extensivity condition)

对于“什么是Φ?”的问题的回答(定义项[definiens])必须要对于所有是Φ的事物,并且仅仅对于这些事物来说是正确的,这些事物是概念Φ的例子和实例。

如上所示,前三个要求是连续编号的,这是一种从更弱、更容易,到更强、更难的序列。并且我们有证据认为柏拉图也打算采用这样一种序列。同延性的条件是连续编号序列的一个例外,不过我们会看到这不是一个独立的要求,而是统一性要求的一个后果。无疑,我们之后将要考察这些要求之间的逻辑关系,但是让我们先来独立地一一考察这些要求。

46

标准要求

很明显这是基本要求,它说明了"是什么"的问题的基本含义,提出了这个问题的基本意图。这个要求意味着"什么是Φ?"的问题是一种对于让某事物成为Φ的标准的要求,也就是说,一种对于某事物的要求,通过参照它,一个人可以确定某事物是否是这样而成为Φ。尽管对于其他要求而言,"是什么"的问题的一部分意义是否必须要遵照其他要求来回答是一个真正的问题,不过下面这一点毫无疑问:"是什么"的问题的一部分意义必须要遵照标准要求来回答。并且没有认识到这一点(正如一些对话者那样,根据一些评论者的观点)就会犯下完全误解"是什么"的问题的错误,并且很有可能将它和对于是Φ的事物的要求相混淆。标准要求也指出了"是什么"的问题,如同苏格拉底所想,以及如(至少是大多数)对话者所理解的那样,尽管看上去似乎和对于是Φ的事物的要求相似,但是却明显和这个要求迥然不同。对于是Φ的事物的要求(或在一个限定了的区域内存在着什么事物,例如,在希腊和爱尔兰存在着什么河流)不是对于让某物成为Φ的标准的要求,并且这个要求没有提及标准的概念。即使这个对于是Φ的事物的要求被认为包含了对于一种标准概念的隐而不显的指涉,或是说利用了这个概念,所要求的事物就是一种标准在一个具体事例上的应用，但是“是什么”的问题也还是一种对于标准本身的要求。[①]我对这个基本要求又做了进一步的补充。

为什么是“一种让某个事物成为Φ的标准”，而不是“一种让任何事物成为Φ的标准”？苏格拉底看上去倾向于，的确也要求后一种表述方式，这一点没有错。因为他坚持他们寻找的不但是一个让某事物成为Φ的标准，而且还是一个通过参照它、在任何情况下（亦即在任何确定一个事物是否是这样而成为Φ的问题被提出的情况下）我们就有可能确定某事物是否是这样而成为Φ的标准。我们可以说，苏格拉底在这里让自己所主张的不是一个“多上之一”（one-over-many）的论题，而是一个“全部上之一”（one-over-all）的论题。（当然，如同被评论者用来描述一个柏拉图式的理念是如何与处在它之下的个体物相关联的那样，“多上之一”这个标签实际上被用来意指“全部上之一”；因为单个的理念Φ处在所有是Φ的个体物之上。但我的观点是，这种用法可能并不合适，因为像希庇亚这样的思想家可能会支持“多上之一”的论题，但却会反对“全部上之一”的论题。）不过，看上去这个要求（我们会将它放在R3，也就是统一性要求之下）是一个很重要的要求，

47

① 我们可以注意到，这意味着柏拉图对于代词“本身”（*auto*）较为熟悉的使用既体现在“是什么”的问题当中［就如在“德性本身是什么”（*ti esti auto, hē aretē*）这个问题中］，又体现在指涉了被定义的事物的语词当中［就如在“德性本身不是……”（*hē aretē autē ouk esti...*）这个例子中］。这种使用不需要拥有指示在考虑的是某些具体的柏拉图式的标准的功能，例如一个柏拉图式的理念，或者是真实本质（与名义本质相对）；而是有着一种指示了所考虑的是标准本身（与标准的应用相对）的功能。

而且“是什么”的问题的一部分意义(它在很大程度上被标准要求所说明)不是必须要遵照这个要求来回答。至少就标准要求作为被苏格拉底和对话者(或至少那些不是完全误解了这个问题,也没有将其与对于是Φ的事物的要求相混淆的对话者)所理解的含义而构成了“是什么”的问题的基本含义而言,标准要求和下面这种想法是融贯的:可能存在着,或的确将会时常存在着超过一种让某事物成为Φ的标准,一种标准适合于确定某些事例,另一些标准适合于确定另外的事例。

柏拉图会认为“全部上之一”的要求是标准要求的一部分,或者说直接从标准要求推导出吗?我们有理由认为柏拉图不会主张上面这种观点,相反,柏拉图会认为“全部上之一”的要求是对于标准要求的一个重要补充。在《大希庇亚》中,在苏格拉底问 *ti esti touto to kalon*(“美的这个事物究竟是什么”)的地方,希庇亚的第一个回答是:“一位美的少女是美的”(*parthenos kalē kalon*,287e4)。并且通过说“一位美的少女”,他显然意味着某个具体的有典范美的少女,无论苏格拉底或我们读者想要引入的是哪个。尽管一些评论者把这个回答当作希庇亚混淆了“是什么”的问题和对于美的事物的简单要求的证据;但是我认为正确理解这个回答的方式是,将其理解为证明希庇亚很好地理解了这个“是什么”的问题是一种对于让某事物成为美的标准的要求,并且希庇亚(无论正确地或错误地,但绝不是混淆了地)认为一位美的少女可以被当作一个范例,从而是一个美的事物的标准。[①]实际上,苏格拉底接下来做的是问希庇亚一位美的少女是不是也是(比如说)一匹骏马的范例和标准。这个质询的力量似乎就在于:即使一位美的少女是某些美的事物(比如说美的人)的一个范例和标准,我们也不清楚她是否也是其他美的事物的范例和标准,比如说骏马;甚至也不清楚她是不是所有美的事物的标准。这种力量的质询是合适的,因为苏格拉底最初的问题不但是对于一个让这样或那样的某事物(比如说一个人)成为美的标准的要求,而且也是对于让某事物(任何事物)成为美的标准的要求。 48

不过下面这一点就不那么清楚,苏格拉底的质询是意在驳斥还是意在澄清。值得注意的是,希庇亚并没有将其当作一种驳斥,因为他看上去很乐意承认一位美的少女可能不是一匹骏马的合适的范例和标准。并且希庇亚澄清说,如果苏格拉底想知道这一认可如何可以符合他的回答,也就是一位美的少女是一个美的事物的范例和标准(而且不只是这样或那样一个美的事物的范例和标准,比如女人或人类),那么指出下面这一点就足够了:他同样也能够回答说一匹典范性的骏马可以被当作是一个美的事物的范例和标准,无论苏格拉

① 和许多评论者的观点相反,希庇亚没有误解“是什么”的问题这一观点,在一段时间之前被尼哈马斯(Nehamas,1975a)提出,近来又被李(Lee,2010)提出。不过按照我的理解,李完全不认为希庇亚将“美的这个事物究竟是什么”的问题理解为,对于让某事物成为美的标准的要求。故而,我不能赞同李的正面解读。因为在我看来,这正是希庇亚认识到的苏格拉底的“是什么”的问题。有关希庇亚和苏格拉底之间的论辩,我接下来要谈到的当然是尚未充分展开的;为了更详尽全面地辩护这种观点,就需要对于《大希庇亚》做更深入的大量研究。

底愿意想到的是哪个。并且,希庇亚接着补充说,他也能够同样回答说一架美的里拉琴可以被这样来对待,或许甚至一个有着典范性美的陶罐也可以如此;尽管如显露的那样,希庇亚怀疑像陶罐这样卑微的事物是否有能力作为一种美的标准,而苏格拉底会无情地利用这些怀疑。(我会在第8章的结束部分回到苏格拉底对希庇亚的反驳上来。)希庇亚在这里回答的过程清楚地显示和例证了这个观点,也就是标准要求是提出"是什么"的问题的基本意图的一部分,但是这个要求并不包含或直接蕴涵着"全部上之一"的要求。柏拉图显然想要强调标准要求是否包含或直接蕴涵着"全部上之一"的要求这一点是值得怀疑的。

普遍性要求

这个要求让吉奇(Geach)非常苦恼,他称其为"一个谬误",也就是著名的"苏格拉底谬误"(the Socratic fallacy)。正如他所主张的,这是基于下列理由:"我们在不能够定义表达了我们的知识的语词情况下知道了一堆(heaps of)知识";"形式定义(formal definitions)只是解释语词的一种方式;在一个特定的情况下,一组例子可能比形式定义更有用"(吉奇,1966,p. 371)。先不管吉奇选择的"谬误"这个词非常有争议性这一点,而且在过去的五十年里他为此受到了反复的批评;可以坦率承认不管就吉奇的口气来说,还是就他表面上(通过"谬误"这个词的使用)所主张的这个要求显然是错的观点而言,评论者都认为吉奇说的过头了。我认为吉奇对于柏拉图关于定义的要求的质疑是公正的、合适的，并且（如果恰当地被看待的话）完全是建设性的。这个质疑完全就是下面这样的：是什么让柏拉图激发和证成普遍性要求？为什么柏拉图认为通过例子来回答"是什么"问题是不被允许的和不充分的？并且通过例子来回答"是什么"问题的时候，什么对他来说是不被允许的和不充分的？除非这个质疑可以被解决、这些问题得以回答了，否则柏拉图在这些对话中的探究方法（这方法关键不仅和对于"是什么"问题的回答的要求相关，而且也和对于这样的回答是普遍定义这一要求相关）就会是有缺陷的，并且在根本上就是有问题的。

这个质疑并不会意味着可能要我们引入陌生的评论性的和哲学上的假定[有些人反对吉奇时所说的维特根斯坦的假定（Wittgensteinian assumptions）[①]]到对于这些对话的研究中来，我们会认为像下面这样说会更加正确：是柏拉图自己要为这个质疑负责，并且实际上是他自己引来了这个质疑。在根本上，对于回答"什么是Φ？"的问题的要求是一个对于让某事物成为Φ的标准的要求。不过我们可能会认为这个要求（在其他条件都相同，并且没有相反的具体理由的情况下）可以通过指出（或者在一般意义上引入）一个是Φ的事物的例子，或是一组这样的例子，又或是基于归纳和溯因推理的普遍定义（也就是通过寻找对于一个被承认了的事实的最好解释），又或者是以其他某种方式得到的这样一组例子来回

① 普赖尔（Prior，1998）；福斯特（2006）；黑尔（1982，pp. 38-40）。

答。如果我们主张下面这一点，这就是可能的：被指出的事物不是被看作任何一个是Φ的事物的古怪的例子或实例，而是一个典范性的例子（也就是一个范例）；这个事物显而易见毫无疑问地是Φ，并且它被普遍这样承认，这个事物（或通过指向它）可以被作为一个让某物成为Φ的标准。我们远不清楚在这个观点中是否存在着什么可被反驳的地方，并且进一步说，柏拉图似乎有意地例证了这个直觉上的可能性，通过让对话者经常诉诸他们认为是熟悉的、容易被承认的是Φ的 50 事物的范例来回答苏格拉底的要求。看上去在标准要求（标准要求是基本的，并且指出了“是什么”的问题的核心意义，而且这个要求允许通过例子和范例来回答“是什么”的问题）和普遍性要求（这个要求毫不含糊地拒斥了以上面这种方式来回答“是什么”的问题）之间存在着某种张力。

如果我们关注《大希庇亚》，我们就能发现普遍性要求的冒犯性（offensiveness）不用等到彼得·吉奇来关注它，就已经被主张出来：或是柏拉图自己通过希庇亚这个角色而如此，又或是其他什么和柏拉图足够接近，以至于可以创造出这篇和柏拉图真作如此相似的对话的人（如一些仍然怀疑《大希庇亚》对话的真实性的学者所言[1]）。希庇亚坚持执意要通过例子来回答“什么是美的事物”的问题：一位美的少女的例子，接下来又是一匹骏马的例子、一架美的里拉琴的例子，或

---

① 根据李（Lee，2010，注1）所言：“在19世纪和20世纪早期出现的关于对话真实性的论战已经结束了，现在《大希庇亚》是柏拉图真作的观点被广为接受。一个明显的例外是C. H. 卡恩：“美与真实”，《牛津古代哲学研究》，3（1985），pp. 261-287。”

许甚至是一个美的陶罐的例子。并且希庇亚主张除非苏格拉底可以向他证明相反的观点,并反驳希庇亚的观点,那么这些就会是对于苏格拉底向他提出的"是什么"的问题的合理的回答。[1]

我们可以注意到,普遍性要求并不意味着在寻求Φ是什么的过程中,诉诸一个是Φ的事物的明显例子不能起到什么重要的作用,甚至也不是一个必要的部分。这个要求意味着的是在确立Φ的普遍定义之前,这些例子至多只能被认为是看上去似乎是这样的,这些例子可能是,也可能不是真正的是Φ的事物的例子。并且这意味着普遍定义不能通过依靠一系列的例子而经由归纳和溯因推理得到。因为在这样的过程中,我们可能会认为在普遍定义被确立之前,一个例子真的是,而不只是看上去是这样;显然这一点可以被主张。[2]我们可以通过一种不精确的方式表示这一点,也就是普遍性要求不但意味着一个定义必须要是普遍的,而且意味着这一普遍性不能"自下而上"(from below)地得到,无论是通过归纳推理还是通过溯因推理。在下面这个文段中,吉奇非形式化地、但简洁地表明了这个一般观点;在这个文本中,他也提出了一个定义(如果这个定义不是已经被一致说定了的,而是寻求的对象的话)是如何可以"自上而下"(from above)地得到,而不是"自下而上"地得到的问题:

① 尤其参见288ab,希庇亚在那里主张论证的责任在于苏格拉底。

② 参看迪克索(Dixsaut,2001,p. 32)。

> 如果宽泛来说，一个讨论的人群已经就一个语词的应用对象(也就是例子)达成了一致，那么他们可以开始寻找一个应用它就会造成同意的应用对象的准则(criterion，亦即标准、定义)。另一方面，如果他们就应用语词的准则达成一致，那么他们可以看看这个准则是否能够证成T谓述一个特定的例子。但是如果他们一开始既没有在明显是T的事物的例子上，也没有在T谓述的准则上达成一致，那么这个讨论注定会失败。(p. 372)

51

统一性要求

我们可以在早期对话的许多地方发现这个要求，比如说在《游叙弗伦》(5d1-5)："在所有行动中，虔敬的事物不是自身同一的吗？并且同样的，不虔敬的事物和所有虔敬的事物相反，而它不也是自身同一的吗？并且不虔敬的事物不是有某种单一的特性，依照它，所有不虔敬的事物才会是不虔敬的吗？"[①]这个要求最鲜明地在《美诺》的一段著名而又经常被评论的文本(71e-72a)中被例示和阐明。为了回应苏格拉底"什么是德性"的问题，美诺说出了下面这段明显缺少统一性而引人注目的话：

> 苏格拉底，但是说(德性是什么)并不困难。首先，如果你想知道一个男人的德性，那么就很容易说男人的德性就是能够参与城邦的事务，并且在其过程中做到扶友损敌，保护自己不受这样的伤害。如果你想知道一个

① 对于统一性要求的最清楚明了的陈述出现在《泰阿泰德》146c-147c。

> 女人的德性，那也不难这样描述它，她必须要善于管理家庭、照看好家里的一切、服从她的丈夫。还有一种德性是儿童的德性（不论男孩女孩），也有老人的德性；如果你要的话，还有自由民的德性和奴隶的德性。并且还存在着其他类型的德性，所以说出什么是德性没有困难，因为依照每一种活动、每一个人生阶段、每一种工作，我们每个人都有各自的德性。苏格拉底，我认为对于卑劣来说也是一样。（71e1-72a5；沙普尔斯［Sharples］英译，笔者有改动。）

此外，统一性的缺失是美诺想要给出的陈述的一个特点，因为他指出了这一点，并且也乐于接受它，当他通过使用一个令人印象深刻的短语（很难符合语言习惯地将其翻译出来，所以我们只能保留 *aporia* 这个词）而说道，德性是那么多种多样故而“说出关于它是什么的东西不是难题”（*hōste ouk aporia eipein aretēs peri hoti estin*, 72a1-2）。苏格拉底接下来要求美诺必须给出一个统一的论述，并且用了一些篇幅细致地（通过引入著名的蜜蜂类比，也就是说所有种类的蜜蜂，不管有多么不同，都属于一个单独的、统一的种）阐明了美诺要如何做到这一点，以及所要求的统一性要如何被理解。苏格拉底的要求用一个简洁的表述（它很有特点，看上去就像是对于统一性要求的提炼）总结起来就是：“即使德性是多种多样的，很明显它们也有一个同一的理念（pattern, *eidos*），因为这个理念，它们才成为德性（*hen ge ti eidos tauton hapasai* 52 *echousin di' ho eisin aretai*)，如果一个人想要回答提问者(questioner)，并且向他指出什么是德性，那个人就肯定需要好好盯住(*apoblepein eis*)这个理念"(72c6-d1)。

解释性要求

这个要求的最知名的出处(*locus classicus*)就在《游叙弗伦》9e-11b，众所周知在那里，所谓的"游叙弗伦两难"(Euthyphro-dilemma)被提出来，当苏格拉底下面这样问游叙弗伦的时候："因为虔敬的事物是虔敬的，所以它才被诸神所爱呢；还是因为虔敬的事物被诸神所爱，它才是虔敬的呢？"(10a2-3)，此时在对话中的这个文段的直接目的以及提出这个两难问题的直接目的，就是要反驳游叙弗伦上面刚刚提出的"什么是虔敬"的定义：在对话过程中游叙弗伦提出的对于"什么是虔敬"的问题的一系列回答中的最后一个就是它"是被诸神所爱的事物"(9e1-3)。论证随着通常被认为的苏格拉底辩驳法(*elenchus*，考察、辩驳)的标准方式而推进着。在这个过程中，苏格拉底引出了游叙弗伦的符合这个两难的一方面，违背其另一方面的回答，也就是说虔敬的事物"(被诸神所爱)是因为它是虔敬的，而不是因为它(被诸神所爱)，所以才是虔敬的"(10d6-8)；并且苏格拉底接着论证这个回答和游叙弗伦提出的定义是不一致的。很明显这个不一致仅仅基于一个苏格拉底没有忘了阐明的假定，也就是给出的定义会自然地被理解为它要意味着虔敬的事物因为受到所有神喜爱才是虔敬的。游叙弗伦在又一次没能成功回答"虔敬是什么”的问题，并且说明白了他有信心主张的事物之后，最终承认他变得说不出话，哑口无言，处于普遍的困惑之中，并且变得面临着难题（*aporia*）。美诺在以他为标题的对话中，众所周知地将这种处境和一个人在苏格拉底的质询模式下变得头脑和舌头失去机能联系起来。

如果这个是论证的真正目的，那么其要点和结论就会是柏拉图想要主张一种观点的证据，这种观点关于一个属性（例如虔敬，或总的来说就是好[goodness]）和诸神（或总的来说就是神圣的或完美的事物）的欲求与态度之间的关联。这个观点是虔敬或好在本质上和为了成为其所是上，并不依赖于诸神或完美的事物的欲求和态度。这个观点和最近马修·埃文斯（Matthew Evans）在一篇出色的论文中所主张的“建构主义”（constructivism，也就是伦理学上的建构主义）的观点（按照这种解读，这才是柏拉图的目标）相反。并且这就是《游叙弗伦》经常被解读的方式。[①]但是如果论证的目的在于主张这种观点，反驳建构主义，那么显然这个论证对达到这个目的所做的尝试很拙劣。因为苏格拉底论证的成功，关键依赖于他从游叙弗伦的赞同引出能从他给出的定义（也就是虔敬是被诸神所爱的事物）推导出的命题（也就是虔敬的事物被诸神所爱才是虔敬的）。值得注意的是对于这个赞同，游叙弗伦并没有给出比对他而言这“看上去似乎是这样”（*eoiken*, 10d8）更多的支持。游叙弗伦没有太多考虑是否他

53

① 参见埃文斯（Evans，2012），也见贾德森（Judson，2010）。

给出的定义有着这个理论后果。很明显,不存在这样的理论后果,因为他的定义并没有提到、说明,或以任何方式暗示着一种解释性的(explanatory)或因果性(causal)的联系,无论在一个成为虔敬的事物和它被诸神所爱之间选择以哪个方向推进。游叙弗伦给出的定义纯粹只是关于一种联系的形式,并且本身不包含也不蕴涵着一种因果性的联系。因而,如果这是这段文本的真正目的,那么我们最多能说的、有利于苏格拉底的论证的,就是当辩驳法针对人身来使用的时候,苏格拉底的论证阐明了辩驳法,论证的成功与否决定性地依赖于对话者(显然没有基于具体理由,也没有经过批判性反思)恰好相信的观点。

然而,这个论证看上去还有一个不同的目的,并且这个目的得以很好地实现了,这就是为了例证、阐示和说明定义的解释性要求。游叙弗伦给出的定义(也就是虔敬的事物是被诸神所爱的,无论这具体是不是一个可能的关于虔敬的定义)至少看上去是对于回答"是什么"问题的一个充分的尝试,也是对于一个定义的充分的尝试。的确,这个定义看上去符合了定义的基本要求,也就是标准要求,因为它提供了一种确定某事物是否是这样而成为虔敬的方式,也就是遵从诸神以及诸神对于某事物的态度。这个定义看上去也满足了普遍性要求,因为这个定义并不是指涉了一个虔敬的事物的例子和范例;甚至也不是暗示了这一点,因为诸神不应该是虔敬的。并且这个定义看起来也满足了统一性要求,至少就以下这个可论证的假定而言是如此:诸神这样卓越的事物

54

展现出来的爱是一种单一的属性，对于所有被诸神所爱的事物来说都是同一的。但是这个定义满足了解释性要求吗？让人讶异的是，如同游叙弗伦所主张的，这个定义（"虔敬的事物是被所有神所爱的事物"，9e1-2）显然没有满足解释性要求，因为这个定义没有包括"因为"（*dioti*）或是等价的表达（比如"恰当的与格"[appropriate dative]），而这样的一些表达是苏格拉底接下来提供和强调的。正如我们会说的那样，由于它作为一种双蕴涵的（bi-conditional）形式，可能甚至是一种必然双蕴涵的（necessary bi-conditional）形式，如果我们主张诸神是如此完美，以至于他们不可能去爱虔敬的事物的话。因为这个定义是这样表示的："O是Φ（虔敬），当且仅当O是Ψ（被诸神所爱）"；甚或是"必然地：O是Φ，当且仅当O是Ψ"。但很明显这样的双蕴涵表达式并没有说明因为O是Ψ，所以O是Φ，并且也没有暗示这一点。一个双蕴涵表达的其中任何一个都会和"因为O是Ψ，所以O是Φ"，以及"因为O是Φ，所以O是Ψ"两者相融贯。但是由于"因为Y所以X"这个表达的不对称性，这两个命题中只有一个是正确的。换句话说，我们会认为这样的双蕴涵表达，即使是必然的双蕴涵表达的话，对于下面这个问题也是开放的：在某事物成为Φ和成为Ψ之间，是否存在着一种解释性的和因果性的联系；并且如果存在这种联系的话，这种联系是以哪种方向推进的。

故而按照这种理解，《游叙弗伦》中这个重要的论证的基本目的就在于指出游叙弗伦的最后一个对于"虔敬是什么"问题的回答（亦即虔敬是被诸神所爱的事物），在一般的和形式的基础上都是不充分的。即使这个回答不像游叙弗伦之前的回答一样，它满足了某些对于充分回答“是什么”的问题的要求，也就是通过提供某种让某事物成为虔敬的标准，并且这个标准不是例子，而是一般的和统一的；但是这个回答还是没能满足最严格的一个要求，也就是让其成为解释性的。当然，这个论证也提出了下面这个重要问题：在这个具体例子（也就是诸神和他们与虔敬的联系）中解释性或因果关系要以哪种方式推进。并且这个论证也主张了存在着这样或那样的一种解释性联系：“虔敬的事物是因为它是虔敬的所以才被诸神所爱，还是因为它们被诸神所爱所以才是虔敬的？”（10a2-3）但是我们不需要认为这个论证旨在解决这个两难，或者认为柏拉图主张他已经很好地提供了一种对于游叙弗伦两难的回答。

游叙弗伦两难，总体上被理解成一种对于定义的解释性要求的阐释；它具有重要的哲学意义。[①]首先，这个两难意味着定义的陈述不是同一性陈述（identity statements）或双蕴涵陈述（bi-implications），甚至也不是必然的双蕴涵陈述，因为同一性陈述和双蕴涵陈述都是对称性的。而根据解释性要求和解释上的不对称性，一个对于定义的陈述是不对称的。

55

同延性条件

这个要求的出处就在苏格拉底为了反驳一个给出的Φ的

① 参见赖特（Wright，1992）。

定义的目的,而诉诸一个明显是(或不是)Φ的事物的例子的地方。在一些情况下,这个反驳就是尽管这个例子被看作是Φ,定义却并不蕴涵它是Φ,或者蕴涵着它不是Φ;在另外一些情况下,尽管这个例子不被看作Φ,但定义蕴涵着它是Φ。一些评论者(与吉奇的观点相反)认为这个为了反驳一个给出的定义的熟悉的苏格拉底的策略,表明了苏格拉底可以毫无困难地承认一个是Φ的事物的例子的真实状态,并且独立于,也优先于Φ的定义的发现。[①]然而,这个策略并没有表明这样的情况。它所可以接受地且不惊人地表明的,只是如果一个人N把D作为Φ的定义,那么D(其定义项)必须对于所有这些事物,且仅对于这些事物来说是正确的,也就是N把Φ的例子和实例当作必须对于所有明显的例子,且仅对于明显的例子来说都是正确的。这些明显的例子仅仅是表面为真,还是实际也是真的?这个问题如何被提出?它是否可以基于例子而被提出?以上这些就是更进一步的问题,这些问题就同延性条件及其所提供的策略来说是完全开放的。

我们不应该对这个要求苛求太多,因为这不是一个独立的要求,而是统一性要求的后果。值得一提的是,同延性条件不能被表示出来,如果某个人认为"是什么"的问题要通过例子来回答的话。更有意思的是,即使我们假定一个定义必须是普遍的,这个条件也不能被表示出来。让我们想象一个人定义颜色的时候说红、绿、蓝等就是颜色;或者一个人定义

---

① 比如说桑塔斯(Santas,1972)。

德性的时候说正义、自制、勇敢就是德性。这就是说，一个人以一种普遍但不统一的方式定义颜色或是德性。假设有人已经指出了颜色或德性的一个具体而明显的例子（比如说这个紫外线或这个洁净的行为[act of cleanliness]）不是由定义所造成的。它不由定义造成，但和定义不是不一致的。一个人要做的就是把这些例子（如果某人承认它们的话）以一种普遍化的方式（也就不是这个洁净的行动，而是这些洁净的行动或直接是洁净）加到组成那个定义的那些种类的事物的清单上去。当然，例子会和定义不一致，如果一个人补充说"没有其他什么是颜色（或德性）"。但是这个补充无论基于什么，都不会仅仅基于例子。我们可以得出以下结论：只有当统一性要求被提出的时候，同延性要求才会起到作用，它是统一性要求的后果。一旦统一性要求得以提出，只有当这个时候，Φ的定义显然才会对于所有是Φ的事物，并仅仅对于是Φ的事物来说是正确的。

定义的要求的逻辑序列

我们可以认为标准要求是逻辑上最弱的要求，并且它之后的三个要求（普遍性、统一性、解释性）都一个接一个地更强。在前的一个要求被在后的一个要求所蕴涵，但却不能蕴涵在后的要求。并且柏拉图似乎想要在这些要求之间建立这样一种逻辑序列。

这些要求被认为在逻辑上由弱到强，这一点很重要，因为这说明了存在着一种"是什么"的问题的基本的和原初的含义，这个含义被标准要求所决定。如柏拉图所做的那样，一个接一个地加上了后面这些要求，这要被理解成让回答“是什么”的问题一步步变得更加困难。

(1)普遍性、统一性和解释性要求都蕴涵着标准要求，这是因为它们每一个都确定了一个人可以借此提供让某事物成为Φ的标准的不同方式：一种普遍的方式、一种普遍的和统一的方式、一种普遍的统一的和解释性的方式。或者说，如果一个人愿意的话，这些要求确定了让某事物成为Φ的不同种类的标准：一种普遍的标准、一种普遍的和统一的标准、一种普遍的统一的和解释性的标准。

(2)标准要求不蕴涵普遍性要求，这一点很明显。因为其自身允许甚或是引起了通过诉诸一个是Φ的事物的例子和范例，或是通过基于这样一种诉求的推理方法(归纳、溯因或别的途径)来回答“什么是Φ”的问题。

57

(3)标准要求不蕴涵统一性要求，这一点也很明显，因为希庇亚对于“什么是美”(*ti esti to kalon*)的问题的回答(也就是通过诉诸美的事物的例子和范例，但是在不同情况下诉诸了不同的例子)满足了标准要求，但不满足统一性要求(当然，那也不会满足普遍性要求)。

(4)然而，标准要求不蕴涵解释性要求这一点并不是很显而易见。相反，一个人可能会认为通过诉诸一个让某物成为Φ的标准来回答任何“什么是Φ”的问题都具有充分的解释性，这个解释很简单：正因为是Φ的事物符合让某物成为Φ的标准，所以它是Φ。值得注意的是，在这些对话中柏拉图在一个文段中似乎表明了这一点：甚至对于一个是Φ的事物的例子和范例O的诉诸，构成了回答为什么另一个事物O'是Φ的一种方式。我想到的文段就是《大希庇亚》288a9-b3，当苏格拉底问希庇亚将美的少女作为一个美的事物的例子和范例是否是因为这个[*di' ho*（来自于*dia ho*），288a10]，其他事物（我们可以这样主张，为了确定是否是这样而成为美的，这些事物被置于和由少女所提供的标准相对比）才是美的。我在研究的最后会回到这个段落，并讨论其重要意义。然而，毫无疑问柏拉图不想让标准要求蕴涵着解释性要求，因为他认为解释性要求蕴涵了统一性和普遍性要求，而标准要求都不蕴涵前面二者。

(5) 很明确，普遍性要求不蕴涵统一性要求，因为美诺对于"什么是德性"(*ti esti hē aretē*)的问题的回答（也就是通过指出，并补充说男人、女人、孩子等的德性是什么）满足了普遍性要求，但不满足统一性要求。

(6)普遍性要求，以及同样的(7)统一性要求不蕴涵解释性要求这一点也是明确的，因为它们不包含"因为"(*dioti*)或等价的表述（比如恰当的与格）。此外，游叙弗伦对于"虔敬的事物是什么"(*ti esti to hosion*)问题的回答（也就是说虔敬的事物被所有神所爱）满足了普遍性和统一性要求，但不满足解释性要求。

58

(8)统一性要求是否蕴涵着普遍性要求这一点并不很明确，因为仅仅通过例子和范例来回答“是什么”的问题不可能满足统一性要求(从而也不满足普遍性要求)这一点并不是很明确。然而，毫无疑问柏拉图想要让统一性要求蕴涵普遍性要求，因为他对于“是什么”问题的回答所要求的必须是统一的，不是例子和范例，而是普遍陈述。实际上我们可以论证统一性要求的确蕴涵普遍性要求。因为我们可以认为如果一个“是什么”的问题通过例子和范例来回答，那么就不存在对于所有情况来说都相同的单一的范例，而是存在着分别适合于每一组情况的不同范例。并且一个人也会认为这是柏拉图想要例示和说明的一般性观点之一，当柏拉图想要让通过引入美的事物的范例来回答“什么是美”的问题的希庇亚实际上在不同的情况下求助于不同的范例的时候就会是如此：在一些情况下是一位美的少女，另一些情况下是一匹骏马，还有一些情况下是一架美的里拉琴，在其他一些情况下甚至会是一个美的陶罐。

(9)解释性要求是否蕴涵着统一性要求实际上也是不清楚的，因为我们不是很清楚美诺对于德性的陈述(也就是说出并补充了男人、女人、孩子等的德性是什么，这个陈述满足了普遍性要求，但不满足统一性要求)，是否不能被看作是说出了因为是Φ的事物所以这些事物才是Φ这一点。然而，毫无疑问柏拉图想要让解释性要求蕴涵统一性要求，因为他所要求的能解释为什么一个是Φ的事物是Φ的，必须不能是一组不同的独立的事物或属性，而必须是一个单一的事物或属性，或是一组具有统一性的事物或属性。我们可能也注意到在《美诺》中柏拉图将统一性要求和解释性要求合而为一："即使形式多种多样，很明显它们也有一个同一的理念（*hen ge ti eidos tauton hapasai echousin*），因为这个理念，它们才成为德性（*di' ho eisin aretai*）。"（72c6-8）我们不是很清楚为什么柏拉图认为解释性要求蕴涵了统一性要求。我主张要在他的关于一般的解释（也就是说不仅仅是独属于一个解释性定义的解释）的观点中去寻找理由，尤其是他认为同样的事物（亦即被解释的事物，被解释项[explananda]）必然有着同样的解释的观点。[1]我会在这个研究的最后回到这个重要的观点上来。

59

（10）解释性要求是否蕴涵着普遍性要求实际上也是不清楚的。因为正如我们上面看到的那样，下面这一点并不明确：希庇亚对于"美是什么"的回答（仅仅通过指出美的事物的例子和范例，从而这个回答满足了标准要求，但不满足普遍性要求）不能被看作是说出了因为是Φ的事物，这些事物才是Φ。然而，柏拉图毫无疑问想要让解释性要求蕴涵普遍性要求，并且他不认为通过例子和范例来回答"是什么"的问题，真的能够等同于以一种解释性的方式、伴随着一种解释性的标准来回答它。

---

① 在《斐多》95e以下得到主张，见珀力提（2010）。

> 我们不是很清楚柏拉图为什么会这么认为，不过我会主张可以在下面这些他的观点中找到理由：首先，同样的事物必须要有同样的解释（来自于《斐多》）；其次，如果一个“是什么”的问题通过例子和范例来回答，那么就不存在一个对于所有情况来说都相同的单一范例，而是存在着对于不同情况的不同范例。

我们有理由认为柏拉图想要让定义要求以这样一种方式进行排序：从更弱的、难度更低的，到更强的、难度更高的。柏拉图让对话者发现某些要求比另外一些要求更熟悉、更不复杂，并且更容易遵从，而且他们认为正是这些更弱的、难度更低的要求是更熟悉、更不复杂，并且更容易遵从的。最弱的标准要求就是对话者认为容易熟悉的、没有什么问题的，而且也很容易遵从的要求。柏拉图让对话者一开始先提供显然是符合弱的这些要求的回答，在他让苏格拉底要求符合逐渐变强的要求的回答之前。这一点对于《美诺》而言是正确的，美诺的第一个回答符合普遍性要求，但不符合统一性或解释性要求，如苏格拉底论证的那样。这一点对于《大希庇亚》来说也是正确的，希庇亚的第一个回答通过例子和范例给出，并且被认为符合了标准要求，但苏格拉底认为它不符合普遍性、统一性和解释性要求。这一点对于《游叙弗伦》来说就最明确地是正确的，游叙弗伦的第一个回答是通过例子和范例给出的，关注他自己的行动本身，对此苏格拉底要求一种普遍、并明显也是统一的回答；当游叙弗伦遵从 60

了这一点并且指出"虔敬的事物就是被所有神所爱的",苏格拉底最后要求一种解释性的回答,此时游叙弗伦就不能再进一步遵从这个要求,并且声称自己变得茫然和疑惑。

柏拉图对于"是什么"的问题的基本日常含义做了什么

我们在前一章中论证了"什么是Φ"的问题具有一种基本日常含义,也就是它是对于一个让某事物成为Φ的标准的要求,并且我们也论证了下面这种想法是值得怀疑的:跟从通行的研究倾向,主张柏拉图想让"是什么"的问题具有一种新颖的、理论性的和专门的意义,而不是一种日常熟悉的意义。尤其是,我们可以怀疑将苏格拉底的问题理解成一种日常熟悉的问题的对话者是否完全误解了这个问题,并且到了这种程度,对话者们是在考虑一个不同的问题,而不是要认为苏格拉底和对话者考虑的是同一个问题,但是对于如何回答这个问题持有不同观点。基于前一章和本章的发现,我们现在可以得出结论说"是什么"问题不但具有这个基本日常的含义,而且柏拉图在这个含义之内创作。他在"是什么"问题的日常含义之内创作,这是因为他承认这个问题是一种对于让某事物成为Φ的标准(不是"一种柏拉图式的标准",而仅仅是"一种标准")的要求;我们会说柏拉图承认了回答这个问题的标准要求。柏拉图特别通过下面这个事实来说明这一点:他让苏格拉底和对话者都承认这个要求,并且就以这种方式来理解问题,也就是对于任何对这个问题的回答而言都在这个基本要求中得以说明的方式。

柏拉图如何可以在“是什么”问题的日常含义之内创作，却拒绝了那种对话者们愿意给出的、和这个问题的日常含义相一致的、对于这个问题的大多数回答呢？根据“是什么”的问题的日常含义，这个问题可以通过几种方式来回答；存在着一个人可以提供的让某事物成为Φ的标准的几种方式，其中一些比另一些难度更大，柏拉图认为这个问题必须要以一种特别的、难度最大的方式来回答。经由苏格拉底和对话者对这个问题的回答而进行的交流，柏拉图区分出多种回答“是什么”问题的不同方式：通过例子和范例，以一种普遍的方式，一种普遍的和统一的方式，一种普遍的统一的和解释性的方式。柏拉图进一步指出，这些方式的每一种都要被理解成在逻辑上弱于、遵从的难度小于接下来的一种方式。最后，柏拉图认为“是什么”的问题不能通过例子和范例来回答，而是必须要通过一种不仅是普遍的（而不是通过例子和范例），还是普遍的、统一的和解释性的方式来回答。然而，柏拉图以这种方式来论证并不意味着他不在“是什么”问题的含义之内创作；正如他想要的那样，这也不意味着“是什么”问题不是对于一种让某物成为Φ的标准的要求，而是一种对于让某物成为Φ的普遍的、统一的和解释性的标准的要求。这仅仅意味着下面这一点，如果有人问“一个人如何从这里去牛津”，并且那人经过深思熟虑而认为他必须坐直升机去那里（比如说，因为牛津太远了，步行根本走不到，道路交通又太堵了，搭乘民航飞机的话又要进行太多次安检、遵守太多规定），正如所想要的那样，这就意味着这个问题不是

61

一个对于一个人如何从这里去牛津的要求,而是一个对于一个人如何从这里坐直升机去牛津的要求。

如果柏拉图确实认为“是什么”问题不能通过例子和范例来回答,而是必须要通过一种普遍的、统一的和解释性的方式来回答,并且如果柏拉图这样认为,而不是仅仅想要以这样一种方式、在这样一种意义上(也就是这个问题基本上是一种对于普遍的、统一的和解释性的标准的要求)指出“是什么”的问题(在这一情况下,没有意识到柏拉图要求的这种形式的标准,就相当于没能把握柏拉图问的这个问题的含义),那么我们就要考察他的论证是什么。我们就要问下面这个问题:“为什么(基于什么动机和证成)柏拉图认为‘什么是Φ’的问题不能通过例子和范例来回答,而是必须要通过一种普遍的、统一的和解释性的方式来回答?”这在任何情况下都是一个好问题,这的确也是一个核心问题,它在本研究中将占据重要位置。

下面这个结果应该会引起一些兴趣:柏拉图在“是什么”问题的基本日常含义之内创作,并且甚至在拒绝了那种对话者们愿意给出的,和这个问题的日常含义相一致的,对于这个问题的大多数回答的情况下而这样做。因为这个观点反驳了被一个著名的评论者的传统所主张的观点,这个传统可能开始于理查德·罗宾逊1953年的经典研究,近来的拥护者之一是拉塞尔·丹西(在他2004年的书中,以及在2006年的论文中),并且在许多其他的典例中还包括雷金纳德·艾伦1970年的出色著作。根据这一观点,尽管我们当然必定会认

62

识到柏拉图的问题是一种对于让某事物成为Φ的标准(*paradeigma*)的要求,但是说这一点并没有说出任何确定的和完整的东西,并且这明显不是要说一些其含义可以通过诉诸一种标准的日常概念来理解的东西;而是说,一个人必须要直接补充说柏拉图具有一种非常特别的标准概念,这个概念的一部分就是一个标准必须要是普遍的(与例子和范例相对)、统一的和解释性的。引用艾伦的一段清晰而又典型地表述了这个解释传统的文本:“苏格拉底的假定,也就是虔敬的事物不能通过提供虔敬的例子来定义,这一点不仅仅是对的,而且显而易见地是对的。”(1970,p. 116)

2.3 为什么这些要求需要证成

很明显,柏拉图对于定义要求的提出非常需要证成。他将“是什么”的问题和一个定义必须要是普遍的、统一的和解释性的这一点联系起来也需要证成,因为这一联系对于这个问题的基本日常的含义和用法而言是不可理解的;相反,它意味着一个重要的观点。因为根据其基本日常的含义,“是什么”的问题可以通过几种方式来回答,存在着一个人可以提供的让某事物成为Φ的标准的几种方式,其中一些比另一些难度更大,而最容易得到的和难度最低的方式,就是指出一个是Φ的事物的例子和被承认的范例,柏拉图则认为“是什么”的问题必须要以一种特别的和难度最高的方式来回答,也就是说不能通过例子和范例来回答,而是要通过一种普遍的再加上统一的和解释性的方式来回答。这个对于证成的需要来自于柏拉图自己，因为正如我们看到的那样，他不是在“是什么”的问题的日常含义之外，而是在其含义之内创作。

对于证成的需要是很严肃的；因为这些柏拉图的定义要求不只是重要的，它们还即使不是决定性地，也至少是显著地促成了这些对话中对于“是什么”问题的回答的探究的特征和形式。柏拉图将苏格拉底的对话者呈现为太迅速，以至于不能给出一个苏格拉底所要求的对于“是什么”的问题的回答，还将这些对话者呈现为认为一个回答很容易得到、通常唾手可得。并且柏拉图让这些很快给出的简单答案通过下列事实明显地展示出来，这些回答常常由对话者引入的一个是Φ的事物的具体例子和范例构成。与此同时，他将苏格拉底呈现为一直不断地怀疑和他讨论的人们是否知道问他们的“是什么”问题的答案，并且将其呈现为持续不断地反驳对话者给出的回答。然而，我们很难看出柏拉图是如何以这种方式将苏格拉底表现出来，又是基于什么理由而如此，除非我们主张在苏格拉底反驳一个给出的对于“是什么”问题的回答的不同根据当中，存在着这样一种观点：一个“是什么”的问题总体上一定要以一种不同于对话者准备好回答且能够回答的方式来回答，且一定要以一种比其难度更大的方式来回答。如果像希庇亚一样，某人认为一个“是什么”的问题可以通过例子和范例来很好地回答，那么那个人就可以合理回应苏格拉底对于定义的要求，认为这是一个对于“不重要的和实际上毫无价值”(*smikron... kai oudenos axion hōs epos eipein*,《大希庇亚》286e5-6)的东西的要求。

最后,这个对于证成的需要也是很迫切的。因为这实际上是柏拉图自己要求的;并且除非我弄错了,否则我们读者和这些对话的评论者都没能充分回应这一要求。这是柏拉图自己引入了这些要求,通过苏格拉底和对话者之间关于“是什么”问题的交流。不过同样也是柏拉图说明这些要求是出乎意料和可讨论的。他通过以下这一点来做到这个:苏格拉底坚持这些严格的要求,反驳对话者把“什么是Φ”的问题当作一种熟悉且容易回答的问题(尤其通过指出一个是Φ的具体事物的例子和被承认的范例)来加以回答。类似地,他通过这样来做到这一点:对话者以下面这样的情形回应苏格拉底对于这些要求的坚持。他们以这一个要求来回应对他们而言不熟悉的突出的印象;他们以一种独特的困惑感、潜在的苦恼和茫然来回应,如果就他们尝试想要遵从要求而言的话;以及在一些值得注意的段落中,他们会以一种鲜明的,有时候不清晰,论证也不好的欲求来拒斥和抵制这些要求,并坚持他们更加熟悉的、难度较低的回答。

那么,我们读者和这些对话的评论者是否恰当地提出了下面这个柏拉图自己要求的,且显然是他自己招致的研究问题呢?为什么(基于什么动机和证成)柏拉图将“是什么”问题和这些严格的定义要求联系起来?如果就这个研究问题已经被提出并且成为一个争论的议题而言,它已经被满意地回答了吗?这是一个很重要的问题,它会在我们的研究过程中占据很重要的位置。让我用一种概括的方式指出这里的 64

总体学术研究状况(这使我感到震惊)来开始吧。我的印象是,除了一些值得注意的比如丹西(Dancy,2004)这样的(丹西得出结论认为柏拉图没有,并确实缺少一种对于"是什么"问题和严格的定义要求之间的联系的充分证成)例外,这个问题还没有被恰当地认识到和提出过。[①]

评论者们对于吉奇的回应

认为这个问题还没有被恰当地认识到的一个理由会变得很明显,如果一个人考虑到一种评论者们回应吉奇(尤其吉奇认为将"是什么"的问题和普遍性问题联系起来显然是错误的,相当于一个"谬误")的通行的和反复出现的方式的话。因为回应吉奇的评论者通常会说明这个联系明显不是错误的,吉奇并没有成功地阐明这是一个明显的错误,而这显然是个狭隘的目标(尤其参看普赖尔[Prior],1998)。评论者们尤其会这样来论证,如果我们想到柏拉图区分了知识和信念,或者一般来说区分一种卓越的认知状态 *epistēmē* (知识)和稍次的状态,那么我们就会论证定义的优先性的论题被认为只对于 *epistēmē* 有效,并且我们会利用这个假定来论证(反对吉奇)定义优先性的论题和下面这一观点是自洽的:诉诸是Φ的事物的例子对于寻求一个Φ是什么的普遍陈述的可能性而言是必需的;假如我们不主张这样诉诸例子的行为包含了知道[在 *epistasthai* (知道)的完全的和真正的意义上]

---

① 也参见沃尔夫斯多夫(Wolfsdorf, 2008a)。

一个是Φ的事物的明显例子真的是这样的观点。[1]

然而，有人可能会原谅吉奇（尤其是离吉奇的文章发表已经近五十年了），认为需要被提出的问题不是如同吉奇似乎认为的那样（并且通过对于“谬误”这个词的使用），柏拉图 65 对于定义的普遍性要求是不是明显错误的，更不是如吉奇所主张的，它是不是显然错误的，而纯粹仅仅是它是不是错误的；这实际上意味着在这些对话中，普遍性要求是否被恰当地和充分地激发和证成。有人可能会先不管吉奇选择“谬误”这个词的挑衅意味，并承认不管就他的口气而言还是就他表面上的提议（也就是这个要求明显是错误的）而言，他都说得太过了，而是会主张吉奇想要在学术界提出的问题和质疑正是这个：为什么（基于什么动机和证成）柏拉图将“是什么”的问题和这些严格的定义要求，尤其是普遍性要求联系起来？有人甚至会认为吉奇这样认为是正确的：除非这个质疑可以被解决，并且这个问题得到了回答，柏拉图在这些对话中的论证方法和探究（这不仅关键地与对于回答“是什么”的问题的要求相联系，而且与这样的回答必须是普遍定义的要求相联系）就会是有缺陷的，或显然在根本上就会是有问题的。并且，因为柏拉图自己招致了对于证成的要求，这个缺陷或问题将会内在于柏拉图自身在这些对话中的论证方法和探究；这就是说，论证方法就其本身而言会是有缺陷的，而不是说这成为一个评论者们可以基于他们自己的理由而

---

① 比如参见黑尔（Hare，1982，p. 40）。对于吉奇的这个很常见的回应被普赖尔（1998）所总结，普赖尔也辩护了它的另一个版本。

反对的哲学立场。

对于明显问题(the apparent problem)的没有问题的回答(the no-problem response)

当前这个研究课题的根本在于下面这个主张:柏拉图对于“是什么”的问题和定义要求(普遍性、统一性、解释性要求)的联系需要被证成。有人可能会反对这个主张,坚称(实际上有很多评论者这样坚称)这个主张依赖于一种不属于“是什么”问题的含义的一部分的假定,如同柏拉图想要让这个问题被理解的那样,它必须要遵照这些要求来回答;并且有人会反驳这个假定是值得怀疑的。[①]因为我们可以认为“什么是Φ”这种文字形式的问题不是具有一种,而是具有多重含义或意义;并且根据这些意义的其中一种,也是柏拉图想要的那种,这个问题一定要依照这些要求来回答,这会是这个问题的含义的一部分。因而,柏拉图将“是什么”的问题和定义的要求联系起来并不构成一个重要的主张,一个可以被质疑,从而需要证成的主张。[②]

66

这个“没有问题”的回应的一个主要困难就是,其背后的推理过程看上去是有错误的。就让我们假定(1)“是什么”的

① 认为柏拉图没有在日常的意义上,而是在一种特殊的意义上运用“是什么”的问题的评论者从而也会认为定义要求的联系从一开始就得以建立,这些人包括:罗宾逊(Robinson,1953,第5章,pp. 58-60);艾伦(Allen,1970);克龙比(Crombie,1976);丹西(Dancy,2004);斯科特(Scott,2006,pp. 31 ff.)。

② 关于这个观点,参见罗斯(Ross,1951,p. 16):“这个问题(也就是是“是什么”问题)隐藏了某种语义含糊,柏拉图可能没有意识到这一点。”也参见罗宾逊(Robinson,1953,pp. 55-60);查尔斯(Charles,2010,pp. 6-9)。

问题具有多种意义；(2)柏拉图想要其中一种；(3)他将其与某些一般要求(尤其是这个问题必须要遵从严格的定义的要求来回答这个假定)联系起来是基于他是这样想的。这样如何能够推导出柏拉图将“是什么”的问题和这些要求联系起来不需要证成？如果“是什么”的问题的多义性被认为是一种完全的语义含糊的问题的话(就如“bank”的多义性一样)，这或许可以推导得出。因为这样一来有人会论证：如果你主张将“是什么”的问题和这些假定联系起来这一点需要证成，那么这必然是因为你将这个问题的一种意义(它并不被任何这样的假定所决定)和一种不同的而且没有联系的意义(它被这样决定)相混淆。但是移除“而且没有联系的”，这个推论是错误的。让我们主张：(i)存在着一种“什么是Φ”问题的基本意义，并且就让这个意义是这个问题是对于让某物成为Φ的(这种或那种形式的)标准的要求；(ii)一定要遵照严格的定义要求来回答不是这个问题的基本意义的一部分，而是说根据其基本意义，这个问题可以通过多种方式来回答，一种方式或者比另一种方式更简单，或者比另一种方式更难，并且每一种方式都确定了某种标准的形式(甚或是“标准”的意义)；(iii)一个思想家N.N.想要让“是什么”的问题不只有其基本意义，而且有一种不同的且明显更加受限的意义，这样这个问题就不仅是一种对于让某事物成为Φ的标准的要求，而是对于让某事物成为Φ的某种标准的形式，这种标准的形式(甚或是“标准”的意义)被严格的定义要求所确定，N.N.将其和“是什么”的问题在他所想要的意义上联系起来。这样的话，还会有人依然要认为如果某人坚称N.N.将“是什么”的问题（或是N.N.想要的意义）和这些要求联系起来需要证成，那么这必然是因为那个人将这个问题的不同意义相混淆，或一般来说是因为一种混淆吗？显然不行。无论是我们，还是N.N.在反思和澄清假定i-iii，很明显一个人不需要通过大喊“犯规”（Foul）来回应，如果一个人被要求证成“是什么”的问题（或是那人想要的意义）和某些如何回答这个问题的严格要求的联系的话。恰恰相反，一个人可以将其作为一种正当的合适要求来回应它，并且寻找一种对它的“直接的”（straight）回答。并且一个人可以辩护这种“直接的”回应过程，通过关注下列事实：总体上，限制语词的含义是某种需要理由的工作，如果这种限制确实不被认为是独断的，以及完全只是一个规定性（stipulation）的事情的话。

67

2.4 在一种柏拉图的知识论中可以找到证成吗？

我们之前考察了为什么一个人可以主张很可能在这些对话中存在着一种知识论；它可以表述如下：

> ［PEK］存在着某些知识的首要对象，也就是本质。并且其他任何不是本质的事物只有因为下面这些情况才可以被知道，如果就这些事物可以被知道而言：或是这些事物具有一种本质，或是这些事物和本质有着某种关联，又或是这些事物和具有本质的事物有着某种关联。

如果我们主张存在着PEK这样一种知识论的话，那么我们就要问它是否既能够解释柏拉图对于定义要求的提出（我们可以在完全历史的和心理学的解释概念上承认这样是可能的），又能够为柏拉图对于它们的提出提供证成。很明显只有当PEK可以不直接根据这些要求而被表述的时候，PEK才可以实现证成的功能。假设我们直接根据这些要求表述PEK（正如只是很自然的那样），也就是比如下面这样一种形式：

> [PEK-REQ]知道一个事物是什么，并且通过一种普遍的、统一的和解释性的方式来做到，是知道其他任何关于这个事物的东西（或至少一般的任何与关于那事物的单一的真理相对）的必要条件、充分条件和一种手段。

很明显，PEK-REQ这一证成者（justifican）将会和待证成者（justificandum），也就是柏拉图对于定义要求的提出太接近，因为这个起证成作用者（the justificatory）一点也不会是假（bogus）的。如果我们有理由来问柏拉图为什么（且基于什么证成）会认为（A）“一个‘是什么’的问题必须要以一种普遍的、统一的、解释性的方式来回答”，那么也就有相似但不相同的理由来问（如果柏拉图认为，知道一个事物是什么，是知道关于它的其他任何什么东西的必要条件、充分条件和一种手段的话）为什么柏拉图会认为（B）“为了知道有关一个事物的其他任何什么东西而去知道一个事物是什么，需要以一种普遍的、统一的、解释性的方式来知道”。

68

那么我们能基于这些对话不但表示出一种知识论PEK，而且能以一种(首先)不直接按照定义要求，(其次)拥有这个起证成作用者的潜能的方式来进行吗？为了考察这点，我主张接续研究文献的两种具体尝试沿着PEK的思路，而表示出这些对话中一种柏拉图知识论的一般陈述，并且考察这些尝试中的任何一种是否能够为柏拉图对于定义要求的提出提供非循环的证成。普遍存在于这些尝试中的首先是下面这个主张：在这些对话中存在着一种单一的、卓越的、难度最大的认知状态(评论者可能会跟从柏拉图在一些稍晚的对话中的做法而称其为*epistēmē*[知识]，尽管柏拉图在早期对话中以多种不同方式指称它)，与大量更低下的和难度更低的认知状态的区分；其次是下面这个主张：这些对话中存在着一种可以表述如下的知识论：

> [PEK-EPIST](a)在追求知道一个事物的过程中，我们追求的是拥有那个事物的*epistēmē*；(b)存在着某些*epistēmē*的首要对象，也就是本质，并且任何不是本质的其他事物可以成为*epistēmē*的对象，如果就它可以成为这样一种对象，只是因为或是它具有一种本质，或是它和本质或具有本质的事物存在某种联系而言。

区分两种研究尝试的就是如何理解*epistēmē*和更弱的认知状态之间的区分。按照一种被特里·埃尔文(Terry Irwin 1977, pp. 39-41)、格雷戈里·弗拉斯托斯(Gregory Vlastos

1994b, pp. 48 ff.; 1994c)等人主张的论述,[①]这就是拥有两种不同信念之间的区别:一种关于某事物O的信念p在本性上是真的;另一种关于某事物O的信念p在本性上不是真的,即使它可以是真的,甚至被某种或某种程度的证成所支持。[②]按照另一种不同的观点,它最近被威廉·普赖尔(William Prior 1998)和其他人所支持,这就是拥有两种不同知识的区分:一种关于某事物O的知识不但真的、和伴随着证成地表明了那个O是Φ,而且解释了为什么O是Φ;另一种关于某事物O的知识即使真的、和伴随着证成地表明了那个O是Φ,也不能解释为什么O是Φ。[③]

69

从这个表述中我们看出PEK-EPIST这个知识论(以两种不同的陈述中的任何一种来表达)不直接按照定义的要求。这样到目前为止都还不错;并且错误的循环论证看上去似乎得以避免。但是PEK-EPIST(如果以这种方式来表达,而且

① 比如说桑塔斯(Santas, 1979, pp. 119 ff.),伍德拉夫(Woodruff, 1982, p. 140),芬恩(Fine, 1992, 2008)。我总体上赞同尼哈马斯(Nehamas, 1998, p. 74),当他这样说的时候:“这种观点的一个主要问题正如弗拉斯托斯所理解的,一种‘哲学性的’知识概念只在柏拉图的中期和晚期对话中被阐明,以及在亚里士多德的作品中被阐明。”

② 我把埃尔文和弗拉斯托斯放在同一阵营中,这是因为在他们对于柏拉图的解读中,他们都诉诸一种对于不可错的心灵状态和尽管是认知的,但不是不可错的心灵状态之间的区分。否则的话,他们的代表性解读都有一些不同,这一点被弗拉斯托斯(1994b, pp. 39-48)所阐明。我们会在第7章(尤其是在第4节)回到这一点。

③ 也参见沃尔夫斯多夫(Wolfsdorf, 2004a, pp. 135-136)。在解释性和非解释性知识之间的区别,以及这一点就在定义优先性论题背后这一假定几乎已成为研究文献中的正统观点。多米尼克·斯科特(Dominic Scott, 2006)引证《美诺》而认为这个区别和假定是理所当然的:“我认为[苏格拉底]不知道什么是德性是把它当作有着一种成熟的哲学上的理解的问题。之后在这个对话中,苏格拉底区分了知识和真信念,知识要求一个人推论出解释(98a1-8)。在这个意义上苏格拉底不知道什么是德性(19)……这是一种‘无可置疑’(apodeictic)的知识概念,也就是说定义作为一种我们可以从中推导出其他属性的原理。”(21)

不直接按照定义要求的话)具有证成这些要求的潜能吗?

Epistēmē 作为不可错的真信念

首先,让我们主张在PEK-EPIST中的*epistēmē*概念要被理解为一种不可错(infallible)的真信念的说法,也就是成为一种不可以是错的这种信念。①在这种情况下,要说明柏拉图对于PEK-EPIST的主张可以用来证成他对于定义要求的提出,那就需要表明在柏拉图看来,在这些对话中:

> [$\text{PEK}^{\text{INF}} \rightarrow \text{REQ}$]如果一个关于某事物O的信念p必然是真的,那么它是由于下面这一点而拥有这个(必然是真的)特征:信念基于一种对于什么是O的普遍的、统一的、解释性的真描述。

我认为很乐意承认展现出这一点是一个很高的要求(tall order),无论以其自身的说法还是参照这些对话;这是一 70 个非常雄心勃勃的任务,对于其成功的前景则要打上一个问号。我们要在这些对话中寻找什么证据来支持柏拉图主张$\text{PEK}^{\text{INF}} \rightarrow \text{REQ}$这一点的假定?我们明显需要寻找下面两种观点:首先,如果一个关于某事物O的信念p必然是真的,那么

---

① 芬恩(Fine,2008,pp. 52-54)将这个状态看作"一种蕴涵真理(truth-entailing)的认知状态",而我将其看作是一种必然真的信念、一种不可以错的信念。如果这两种表述之间存在区别的话,那也不会影响当下的讨论目标。有些读者可能不喜欢这里对于不可错的概念的关联,或者可能不想将两种认知状态都称为"信念"(因为下面这个**我肯定不会这么想**的主张,两种认知状态在严格意义上是相同的),这样这些读者可以参照芬恩对于一个蕴涵真理的,从而是"卓越的"(superior,她的用词)认知状态,以及一个不是蕴涵着真理的认知状态的区分来阅读我们当前这个论证。

它是由于拥有某种证成才具有这一特点；其次，一个关于某事物O的信念p必然是真的，当且仅当这个信念的证成包括一种对于什么是O的普遍的、统一的、解释性的真描述。但是我们完全不清楚在这些对话中的什么地方，我们可以开始寻找这两种观点的任何一种。

在一个著名的文段（《美诺》97e-98a）中，苏格拉底论证在知识（*epistēmē*）和真信念（*doxa alēthēs/orthē*）之间存在着重要的区别。这个区别基于两个理由。第一，知识不像真信念是一种稳定的心灵状态。这个观点无论我们如何去理解它，都包含了是知识，而不是真信念才是我们所依赖的东西的观点。第二，知识由于知晓者推论出为什么的理由［参见“直到某人通过推理找出理由/解释/原因（*aitia*）、将其绑住”（*heōs an tis autas dēsē[i] aitias logismō[i]*），98a3-4］，才具有稳定性和可信性。这个文段给了我们认为柏拉图主张$PEK^{INF}\rightarrow REQ$的理由吗？《美诺》的文段诉诸信念的可信性（故而我们会认为诉诸其证成），并且将信念的可信性根植于对于为什么这个信念是真的知识或是理解。但我们不清楚这个文本是否包含了信念必然为真的观点，也就是说在这种信念本性上是不可能错的意义上。

或许我们可以论证柏拉图认为只有当一个信念是不可错的时候，这个信念才可以被完全真正地相信，这就是通过诉诸另一个著名的文段，这次是来自《高尔吉亚》（508e6-

509b1)的。[1]并且在《高尔吉亚》段落中的对于"绑住"(参 *dedetai*, *508e7*)一个信念的讨论会让人将这一段落与有着相似讨论的《美诺》的段落(参 *dēse[i]*)联系起来。之后(第七章第四节)我会论证(反对弗拉斯托斯)《高尔吉亚》的这个段落尽管包含了一个对于非决定性的证成和决定性的证成之间的区分,但是并不包含一个对于可错的证成和不可错的证成之间的区分。然而,即使我们先不管这个问题,使用《高尔吉亚》段落,或同时使用这个段落和《美诺》段落来论证柏拉图主张 $PEK^{INF} \rightarrow REQ$,这里还会缺失一块拼图。因为《美诺》文段和《高尔吉亚》文段都没有说明或意味着如果一个人不可错地知道(或者说不仅知道,而且知道为什么)一个关于某事物O的信念p是真的,那么他是由于给出了一种对于什么是O的普遍的、统一的、解释性的真描述才如此。

71

一种快速解决这个困难的尝试就是放弃从不可错性的角度来描述 *epistēmē*,代之以仅仅从可信性(reliability)的角度来描述 *epistēmē*。并且这是基于《美诺》段落,将 *epistēmē* 和通过其稳定性(stability)来表示的心灵状态联系起来这样的主张。然而这不是一个能够说明柏拉图的知识论(也就是他对于PEK-EPIST的主张)可以被当作来证成他对于定义要求的提出的让人信服的尝试。因为它这样的主张依赖于让柏拉图承认下面这个观点:

[$PEK^{REL} \rightarrow REQ$]如果一个关于某事物O的信念p稳

---

[1] 这是弗拉斯托斯(1994b, p. 49)所依赖的文段。

定地、可信地是真的，那么它是基于给出一种对于什么是O的普遍的、统一的、解释性的真描述才拥有这个特点（也就是这个信念稳定地可信地是真的）。

我认为我们很容易承认这个观点缺少基本的可能性，并且我们没有理由认为它在这些对话中出现。

我得出结论认为：即使我们主张柏拉图在这些对话中拥有一种知识论，并且这种知识论依照在不可错的真信念意义上的*epistēmē*的概念，这个假定也不能帮助我们确定为什么（基于什么证成）柏拉图在这些对话中提出了定义的要求。

Epistēmē 作为包含了解释的知识

存在于*epistēmē*和其他知识之间的区别（也就是*epistēmē*包含了知道p是什么和为什么p这样，而且其他知识只包含了知道p是什么）可以被认为有一种更好的前景来提供对于一种普遍的、统一的、解释性的定义的要求的证成。然而，这也面临着一种严重的（在我看来是决定性的）困难。为了沿着这样的思路提供想要的证成，柏拉图需要做两件事。第一，他需要显示出知道某物是这样就意味着要求知道某物为什么是这样；第二，知道某物为什么是这样要求要知道（相关）普遍的、统一的、解释性的定义。在我看来，第二个任务在《斐多》中得以尝试。[①]但是就我所知，第一个任务没有在柏拉图的任何作品中得以尝试。如同我们在本研究中会全 72

① 在珀力提（2010）中我论证了这一点。我会在第8章第7节回到这个问题上来。

面论证的那样,柏拉图试图指出的则是在某些特殊情况下,如果存在着一个彻底的 *aporia*,一些(不是所有)某物是什么的知识就要求知道为什么会这样。

没错,在全集中的一个段落中,柏拉图可能会被认为在较为普遍地主张知道是什么要求知道为什么:也就是在《斐多》99d-100a 这一最让人难忘的柏拉图文本中。[①]在那里,快接近苏格拉底的"知识发展的自传"(intellectual autobiography)的结尾时,苏格拉底主张我们不应该直接在事物和事实(*pragmata*)自身当中寻求事物的真理(就像人们在日食发生时通过直接观察食相来探求日食就会有变瞎的危险一样),而是应该在 *logoi*(陈述、命题)中寻求真理。这些呈现出来(100a ff.)的 *logoi* 首先都是被用来作为推理过程的前提的假定(*hupotheseis*, suppositions)。同样,至少在一些事例中,这样的假定被呈现为不但用来提供给进一步的命题以逻辑上的充分条件,而且也提供了对它的解释性的条件。

这个著名的段落或许会包括下面这种普遍主张的陈述吗? 也就是"是什么"的知识要求"为什么"的知识。这个段落所警告与反对的是完全依赖感觉和与感觉直接相关的那类事物来寻求知识;就是这样的知识和通过 *logoi* 的知识相对。柏拉图主张感觉本身不包括 *logoi*;我们会说感觉不是命题性的(propositional)。如果柏拉图在其他什么地方主张了这个假定(也就是感觉本身不包括 *logoi*),那就是在《泰阿泰

---

① 关于近来对于《斐多》这个段落的这种解读的支持,参见李(Lee,2013)。

德》184-187和189e-190a。不过,我们应当清楚,知识不能在感觉,或是那类和感觉直接相关的事物中被寻求,而上面这一点并不意味着所有知识都基于解释性的知识。也不存在着这样的理论后果,如果有人补充说没有知识是直接得到的,所有知识都基于推论和论证。同样,也没有这样的理论后果,如果基本观点被这样补充说,无论在什么发现了知识的心灵状态中,如我们会说的那样,这个心灵状态必然是命题性的和谓述性的(predicative)。

73

第三章　定义优先性的论题

距离理查德·罗宾逊写下这段话已经过去相当长的时间:"如果我们在早期对话中寻找这个原理的证成,寻找为什么回答'X是什么'的问题必须要优先于回答其他任何关于X的问题的理由,我们将一无所获。相反,这个原理就好像被认为是自明的、对于讨论来说太显而易见的一样"(罗宾逊1953,p. 51)。[①]自从罗宾逊审慎的判断(近来,同样的一般判断被拉塞尔·丹西在他2004年的书中[②]所论证)以来,我们前进了很多,并在这些对话中找到了对于定义优先性的论题的证成吗?(我不会跟从评论者们将其称作"原理",因为我们已经论证了它们不是认识论的原理或所有知识的原理,并且我们之后将要论证它们完全不是原理,而是一种达到具体目的的手段,也就是对于某种*aporia*的解决方案。)很明显,人们已经为罗宾逊提出的这个问题贡献了很多,尤其是被不同的

---

① 关于定义优先性的论题这个问题以及柏拉图是否自己致力于主张这一点已经写了很多(参见布里克豪斯[Brickhouse]与史密斯[Smith,2000,p. 121]对于部分文献的回顾)。关于一篇经典的、在我看来也是很有说服力的论文(主张柏拉图持有这个论题),参见本森(1990),这在他2000年的书中得到进一步发展。也参见沃尔夫斯多夫(Wolfsdorf,2004c)。

② 也参沃尔夫斯多夫(2003)。

评论者以不同的方式提出的尝试,这是为了证成出现在这些对话中的知识论。这些尝试是否成功是我们已经考虑过的问题,并且这个问题对于我们当前的关注点来说并不是决定性的。因为正如罗宾逊所认为的那样,这个问题不是我们是否可以在这些对话中找到某些(根据我们的判断)可以用来证成这些论题的事物;而是我们是否能在这些对话中找到某些柏拉图所提供的作为这些论题的证成的东西(参见罗宾逊的说法:“相反,这个原理就好像被认为是自明的、对于讨论来说太显而易见的一样”)。我认为这是看待问题的正确方式。如果柏拉图的确认识到这些论题是重要的并且也需要证成,那么我们就不只会期待,在这些对话中存在着某些可 74 能用来提供证成的事物,而且会期待存在着某些柏拉图提供的作为这些论题的证成的事物。不过我认为我们可以同意这不是柏拉图所提供的作为证成的事物,不管出现在这些对话中的某种柏拉图式的知识论是否可以提供对于定义优先性论题的证成。

这个问题(也就是定义优先性的论题是否在这些对话中被恰当地激发和证成)将会占据本研究的剩余部分,并且我会在最后一章主张一种回答。在本章中,我想要为这个主要问题做准备,首先指出多种多样的定义优先性的论题;其次确定在每种情况中为什么它们是重要的,并且需要证成;再次,指出某些由它们而产生的重要问题。这些问题包括:(1. 范围)论题的范围是什么?(2. 优先性)如何来理解优先性?(3. 论辩的状态)出现在组成某篇对话的论证和探究中的这些论题的位置是什么？尽管柏拉图的这个论题在近来的学术讨论中已经经历了充分的研究，我认为对于这个论题的状态和证成，以及对于刚刚提出的三个问题还是有重要的新东西可以说。关于论题的范围这个问题，我的观点（我会在之后论证它）是尽管这论题不具有普遍的范围，其范围也不是由论题的内容和论题都关乎伦理问题这一点而确定的，但是我们只可以通过辨认出论题的来源和证成（也就是正如我们会看到的，论题提供了一种如何解决某种 *aporia* 的方案）来确定论题的范围。关于哪种优先性的问题，我的观点是我们需要区分在知识的序列上的优先性（priority in the order of knowledge）和在探究的序列上的优先性（priority in the order of enquiry），并且如果我们这样做的话，我们就能发现"是什么"问题在知识的序列上是首要的，在探究的序列上不是首要的；实际上"是否"问题在探究的序列上是首要的具有一种重要的意义。关于论辩的状态的问题，下面这一通常已经被评论者所提出的观点，也就是论题所说的事物（其内容）可以独立于具体某篇对话提出论题的论证和探究的位置（并且不参照这些位置而被说明）。伯恩耶特的这个陈述就是这一观点的明显例证："一个人最初的判断会被怀疑，如果他不能给出一个对于他所应用的概念的可被辩护的哲学论证的话，这个观点丝毫不像苏格拉底众所周知的习惯，比如说坚持除非 75 游叙弗伦可以定义虔敬，否则他就不知道（尽管他自以为知道）检举他父亲让一个家奴死亡是不是虔敬的。"（1984，p. 245）但是我要论证上面这种观点是值得怀疑的。如果（正如我之后会论证的那样）论题被用作如何解决某种*aporia*的方案的话，那么其内容必须要通过参照一篇对话中提出这论题的论证和探究的位置（也就是说*aporia*被说明或呈现为一个*aporia*的位置）而被理解。一个具体的双边的“是否”的问题说明了一个*aporia*，这只能通过进行某种被那个问题所激发、提出的论证和探究而被认识到。正如我们会看到的，这种论证和探究在柏拉图的早期对话中得以例示。

3.1 多种定义优先性的论题

在这些对话中存在着不是一种，而是多种定义优先性的论题。首先我们必须要区分出以下三者：

PD-普遍的-充分

知道什么是Φ（比如说德性、正义、智者）是知道Φ是否是Ψ（比如说德性是否可教，正义是否是他者的善，一名智者是否是一名可以将灵魂托付给他的人）的充分条件，并且也是知道后者的一种手段。

PD-普遍的-必要

知道什么是Φ（比如说德性、正义、智者）是知道Φ是否是Ψ（比如说德性是否可教，正义是否是他者的善，一名智者是否是一名可以将灵魂托付给他的人）的必要条件。

PD-单一的-必要

知道什么是Φ（比如说自制、智者）是知道O是否是

Φ(比如说卡尔米德是否是自制的,普罗泰戈拉是否是一名智者)的必要条件。

我们也需要区分出这些论题当中的强版本和弱版本,这取决于"是什么"的知识是否被理解成对于一种普遍的(并且也是统一的和解释性的)定义的知识:

76

PD-普遍的-充分-强

通过知道一种普遍的(并且也是统一的和解释性的)Φ的定义来知道什么是Φ是知道Φ是否是Ψ的充分条件,并且也是知道后者的一种手段。

PD-普遍的-必要-强

通过知道一种普遍的(并且也是统一的和解释性的)Φ的定义来知道什么是Φ是知道Φ是否是Ψ的必要条件。

PD-单一的-必要-强

通过知道一种普遍的(并且也是统一的和解释性的)Φ的定义来知道什么是Φ是知道O是否是Φ的必要条件。

我不会在这里考察这些对话中提出这些论题的各个段落,因为这是后面几章的任务(尤其见第4章)。不过值得一提的是,尽管我们在对话中找到了"PD-普遍的-充分"和"PD-普遍的-必要"(后者最明显地出现在《普罗泰戈拉》的结尾,我们稍后会细致地考察这一段落),我们只找到了"PD-单一的-必要"而没有找到"PD-单一的-充分"。这应该是这样,因为我们找到的三个论题(即使它们是让人困惑的,并且也需要证成)不会是荒谬的,但如果柏拉图让自己致力于主张PD-单一的-充分的话就会是很荒谬的。要知道一个时空中的具体事物是否是Φ(比如说卡尔米德是否是自制的),显然,一个人除了需要知道Φ是什么(因为根据PD-单一的-必要,那个人必须要这样做),此人还需要用感觉和别的方式来考察这个事物。

这有点意思,如果我们回想起"什么是Φ"的问题(无论这个问题在柏拉图手上还是别的什么)基本上是一种对于让某事物成为Φ的标准(*paradeigma*)的要求。因为即使一个人会认为关于是否以及在何种程度上让某事物成为Φ的标准本身的知识包含了经验和感觉是一个真正的问题,认为关于是否以及在何种程度上让某事物成为Φ的标准在一个具体情况和一个时空中的具体事物(比如说年轻人卡尔米德)上的应用包含了经验和感觉是一个真正的问题也会是荒谬的;显然它包括。注意到这点会很有意思,这就是为什么回答"是什么"的问题的基本要求(也就是标准要求)必须要这样表述:"对于'什么是Φ'的问题的回答必须要诉诸某些通过参照它,一个人就可能确定某事物是否是这样而成为Φ的事物";严格说来,它不能被这样有意义地表述:"对于'什么是Φ'的问题的回答必须要诉诸某些通过参照它,一个人就可能确定某事物是否是Φ的事物。"对于标准要求的正确表述被柏拉图自己的语言所准许,就像在《游叙弗伦》这样有名的文本中所说的那样,当柏拉图指出"是什么"的问题是一种对于标准,即

77

*paradeigma*的要求，并且通过这个引人注意的语言[“一个事物成为这样”(也就是比如说标准所具体说明的)]的使用来做到的时候：“那么，你能向我展现这个特性，并且告诉我它是什么吗？这样，通过考察它，并且把它作为一个标准(*kai chrōmenos autē[i] paradeigmati*)，对于像这样的事(*ho men an toiouton ē[i]*，也就是说这个标准所具体说明的)，我就可以肯定它们是虔敬的；对于不是像这样的事(*ho d' an mē toiouton*)，我就可以肯定它们不是虔敬的，就任何你或者另外的人可能会采取的行动而言。”(《游叙弗伦》6e4-7)

我想强调PD-普遍的-充分需要通过下面这种观点来表述：一种知识成为达到另一种知识的手段，而不仅仅是一种知识是另一种知识的充分条件。柏拉图的主张是通过知道类似于“什么是德性”的问题，一个人才会知道类似于“德性是否可教”的问题。并且由于柏拉图也认为前一种知识是后一种知识的必要条件，他总体上的主张就是通过知道类似于“什么是德性”的问题，并且只有通过这种方式、以这种手段，一个人才会知道比如说“德性是否可教”的问题。仅仅通过必要和充分条件说出这个总体论题还是不充分的：知道什么是Φ，是知道Φ是否是Ψ的充要条件。这种表述之所以是不充分的，是因为它没有指出一种知识对于另一种知识的任何优先性。当然，正因为如果X是Y的充要条件，那么Y也是X的充要条件这一点，上面这种表述才没有指出任何优先性。

3.2 为什么这些论题需要证成

对这些对话中的定义优先性的论题感到熟悉和习惯，就相当于对这样的对话的独特特征感到熟悉和习惯，特征就是这些论题成为柏拉图哲学的基本标志（就像一般而言“是什么”的问题具有引出这些论题的功能一样），就是我们把哲学家联系起来的形象（Gestalt）的一个本质部分。所以似乎探求柏拉图坚持这些论题的动机和证成是古怪的（就和分派给“是什么”的问题一个这样的功能一样），就和探求为什么舒伯特听起来有舒伯特风格、贝多芬听起来有贝多芬风格一样古怪：没有这些论题就不成为柏拉图，就如总体上没有“是什么”的问题就没有柏拉图早期对话。那么，让我们来考察一下每一个定义优先性论题是否、如何以及在何种程度上可以被质疑，并且为了确定它们是值得怀疑的、需要证成的还是毋庸置疑的来考察这一点。 78

对于PD-单一的-必要而言，我们可以论证它是不可怀疑、毋庸置疑的。因为我们可以论证如果一个人不知道什么是Φ，那么这个人就不知道指称Φ的语词（让我们就称其为“Φ”）有什么意思；并且如果一个人不知道Φ是什么，那么显然他就不会知道某个具体事物（比如说卡尔米德）是否是Φ（比如说自制）。很明显如果一个人不知道语词“Φ”有什么意思，那么他不可能知道如何使用这个词，从而也不知道如何将其应用到一个具体的事物上。而且这一点不管一个人想要主张什么意义理论（如果有的话）都是明显的：一个理论是否意味着意义证成了用法，或是说意义就是用法。但是在柏拉图看来,下面这一点是正确的吗?如果一个人不知道什么是Φ,那么这个人就不知道指称Φ的语词有什么意思。我们可以认为这一点还远不清楚;的确,我们也可以论证,主张柏拉图承认这一点,就是主张(有争议地、但不是说全然错误地)柏拉图认为Φ的本质正是语词"Φ"的意义。[1]

我们显然可以同意主张柏拉图认为Φ的本质正是语词"Φ"的意义这一点是错误的。但是我认为对于柏拉图而言,如果一个人不知道什么是Φ,那么他就不知道一个具体的事物是否是Φ。这一点紧随我们之前坚持的假定:对于柏拉图而言,根据"什么是Φ"问题的日常含义,这个问题是一种对于让某事物成为Φ的标准(*paradeigma*)的要求。如果一个人还没有一种让某事物成为Φ的标准(任何标准),那么显然那个人不可能知道一个具体的事物是否是Φ。这一点是显而易见的,因为根据标准的概念和让某物成为Φ的标准是什么样的这一点,拥有一个让某物成为Φ的标准就是能够让一个人确定一个具体事物O是否是这样而成为Φ。故而拥有一个让某物成为Φ的标准是知道一个具体事物O是Φ的必要条件。我们就能得出结论认为PD-单一的-必要按照现在这样(也就是说"知道什么是Φ是知道O是否是Φ的必要条件")是毋庸置疑的和正确的;并且在柏拉图自己的"是什么"的问题的概念上普遍如此,也就是说"是什么"的问题的概念充当着一种对于让某事物成为Φ的标准的要求。

79

① 福斯特(2006)认为柏拉图的确这样做了,但他的这种观点在评论者中不占主流。

这依然不能推导出PD-单一的-必要是毋庸置疑的和正确的，如同苏格拉底提出的那样。当苏格拉底提出这个论题时，他将其作为下面这个主张的一部分：苏格拉底和（在苏格拉底看来）对话者一样都不知道O是否是Φ，并且这是因为他不知道什么是Φ。但是这个对于无知的承认，尤其是后面一种承认（也就是他不知道什么是Φ），是可信的，只有我们主张（的确我们也有独立的理由主张）对于"是什么"的要求（是他提出的这个论题的重要部分）不仅仅是对于让某事物成为Φ的这样或那样的标准的要求，而且是一种对于某事物成为Φ的普遍、统一、解释性的标准的要求。换句话说，苏格拉底主张的是PD-单一的-必要-强："通过知道一种普遍的（并且也是统一的和解释性的）Φ的定义来知道什么是Φ是知道O是否是Φ的必要条件。"这个论题就不是不可怀疑地是正确的了，反而是值得怀疑的，从而又是重要的。很明显如果我们回想起我们之前的发现，也就是柏拉图对于定义的严格要求（普遍性、统一性、解释性）的主张是值得怀疑的和重要的，这一点就会很清楚。

现在转向PD-普遍的-必要，这个论题是值得怀疑的、需要证成的，还是恰恰相反，是不可怀疑的呢？在没有严格定义要求下的PD-普遍的-必要和PD-普遍的-必要-强之间存在何种状态上的不同呢？这包括了这些要求，并且这就是当苏格拉底声称他不知道（比如）德性是否可教是基于他一点也不知道（比如）德性是什么的时候，苏格拉底所提出的。我们可以论证如果（如同我们刚才看到的那样）PD-单一的-必要

是不可怀疑的、正确的，那么PD-普遍的-必要也是如此。这可以通过下面这个假定而得到论证：一般而言，一个人能够
80
在完全普遍的命题中（“Φ是Ψ”）使用一个普遍语词（“Φ”或“Ψ”），只有当他能够将这个词应用到一个具体事物O的时候才如此。这从如果知道什么是Φ是能够应用普遍语词“Φ”到一个具体事物O之上的必要条件（也就是说如果PD-单一的-必要是正确的话），那么就知道什么是Φ是能够在完全普遍的命题中使用这个语词“Φ”的必要条件（也就是说PD-普遍的-必要是正确的）这个假定当中能够推导出。以下这个假定尽管并非毋庸置疑地是正确的，但明显是可能的：也就是一般来说，只有当一个人能够将一个普遍语词应用到一个具体的事物中的时候，那个人才能在完全普遍的命题中使用一个普遍语词。我们可能认为在完全普遍的命题中使用普遍语词的能力并不独立于、也并不分离于将普遍语词应用到具体的事物中的能力，并且确实后一种能力比前一种更加基本、难度更低。

存在着柏拉图认为在完全普遍的命题中使用普遍语词的能力并不独立于、也并不分离于将普遍语词应用到具体的事物中的能力的证据，以及他认为后一种能力比前一种更加基本、难度更低的证据。我们可以注意到，在《普罗泰戈拉》对话的开头部分，让苏格拉底质疑他年轻的朋友希波克拉底（Hippocrates）、来让他说明什么是智者的，不是（或不直接是）希波克拉底致力于主张一个完全普遍的命题的真理，这包括一名智者的概念和语词*sophistēs*，而是希波克拉底有信心主

张，普罗泰戈拉这个人是一名智者，并且通过陪伴着普罗泰戈拉，他（希波克拉底）甚至可以在他的人生和财富上受益匪浅。就是在这个时候，苏格拉底用严厉的话来劝诫希波克拉底：

> 你打算把自己的灵魂交付给一个你认为是一名智者（*sophistēs*，在一般意义上就是“专家”[expert]，并不是完全用于指称具体的一群人）的人照管。但是如果你知道了一名智者是什么，我会很惊讶。而如果你还不知道（智者）是什么，你就不知道你交给灵魂的那个人是什么，甚至也不知道那个人是好还是坏。(312b8-c4，泰勒的英译文，作者有改动)

这样，苏格拉底在这里使用的论题首先就是PD-单一的-必要：知道什么是Φ（比如说什么是智者）是知道O是否是Φ（比如说普罗泰戈拉是否是一名智者）的必要条件。这个劝诫的确利用了PD-普遍的-必要这个论题：知道什么是Φ（比如说什么是智者）是知道Φ是否是Ψ（比如说一名智者是否是一个可以将灵魂托付给他的人）的必要条件。但苏格拉底明显没有提出这一点，因为希波克拉底明确让自己致力于主张完全普遍的命题的真理，也就是一名智者是一个可以将灵魂托付给他的人。因为希波克拉底没有做这样的事情，并且（当他那么渴望见到这位名人的时候）如果他花一些时间来表明这样一种完全普遍的命题的话就会是很惊讶的。如果苏格拉底的劝诫也利用了PD-普遍的-必要这个论题，这也是因为 81

下面的理由苏格拉底才这么做:希波克拉底致力于主张完全普遍的命题,也就是智者是一个可以将灵魂托付给他的人,这不言而喻是由于他有信心主张普罗泰戈拉这个人是一名智者,并且通过陪伴着普罗泰戈拉,他甚至可以在人生和财富上受益匪浅。

我们也在《卡尔米德》中找到了支持下面这个同样的观点的证据:在完全普遍的命题中使用普遍语词的能力并不独立于、也不分离于将普遍语词应用到具体事物中的能力。在对话的结尾部分(176a-b),当卡尔米德总结说他不知道自己是否是自制的时候,他是基于下面这一点而得出这个结论:如同苏格拉底之前刚刚哀叹的那样,他们无法证明自制一般地是什么(175a9 ff.)。但是,处于让苏格拉底这样得出结论的根据的中心,我们发现[作为让他承认最后的失败的长长的论证(也就是167以下的论证)的结果]他们(如他看到的那样)无法证明自制是否包括自我认识(self-knowledge),而正是因为他们无法就下面这些"是否"的问题(苏格拉底在167b1-4提出了它们)得出确定的稳定结论,事情才会如此:首先,是否有可能存在这样的事,知道一个人知道他所知道的事,不知道他所不知道的事;其次,假定以上是可能的,拥有这样的知识是否是有益的。[1]这样,从对话的结尾部分我们已经有了一些在完全普遍的命题中(在这里命题首先就是自制包括自我认识,其次就是认识自我包括知道一个人知道

① 参见珀力提(2008)。

他所知道的事，不知道他所不知道的事）使用普遍语词的能力并不独立于、也不分离于将普遍语词应用到具体事物中的能力（在这里就是语词“自制”对于自我的应用）这一观点的证据。实际上，这个对话不是从一般的“是什么”的问题（“什么是自制”）开始，也不是从这些一般的“是否”的问题开始。对话在长长的背景设定和对于非常俊美、深有魅力的年轻人卡尔米德的介绍之后，是从卡尔米德是否是自制的或者尤其是他是否知道自己是自制的问题开始的。当这个单独的“是否”的问题被提出的时候，它很明显马上和下面这个主张（158e6-159a4）联系起来：如果实际上在卡尔米德中存在着自制（*eiper enestin*），那么他就必然会感觉到这一点（*anankē... aisthēsin tina parechein*），并且形成某种意见（*doxa tis*），可能是关于一般的本性的什么是自制、它像是什么（*hoti estin kai hopoion ti hē sōphrosunē*）的意见。这说明了相同的观点，亦即在完全普遍的命题中使用普遍语词的能力并不独立于、也并不分离于将普遍语词应用到具体事物中的能力。 82

我们在这里不再进一步探讨这个观点或其在这些对话中的呈现，而是就认为柏拉图明显将在完全普遍的命题中使用普遍语词的能力和将普遍语词应用到具体的事物中的能力联系起来，这看上去是这些对话的一个显著特征。因为对于像《游叙弗伦》《大希庇亚》《拉克斯》这样的对话来说，它们同样也不是从一个一般的“是什么”的问题或是一般的“是否”的问题开始，而是从一个单独的“是否”问题开始：游叙弗伦检举他父亲是否是虔敬的；希庇亚是否特别擅长写作美的讲辞;拉克斯和尼西亚斯(Nicias)教他们的儿子骑术和军事技艺是否是好的。

回到我们刚才讨论的问题。我们参照并基于这些对话可以得出结论说:正如PD-单一的-必要毋庸置疑地是正确的,PD-普遍的-必要也毋庸置疑地是正确的。我们还必须补充说,正如PD-单一的-必要-强是值得怀疑的、需要证成的(这是因为定义的严格要求是值得怀疑的、需要证成的),基于同样的理由,PD-普遍的-必要-强同样也是值得怀疑的、需要证成的。当苏格拉底提出如下主张的时候,他就是在提出两个论题的强版本:苏格拉底主张他不知道Φ是否是Ψ,这是由于他一点也不知道什么是Φ;从而苏格拉底反驳了多种现成的对于"什么是Φ"的陈述,并且尤其基于这些陈述不符合定义的一个或多个要求(也就是普遍性、统一性、解释性)而这样论证。

让我们最后来考察PD-普遍的-充分是值得怀疑的、需要

83 证成的,还是毋庸置疑地是正确的。对于这个论题的直接回应肯定会是怀疑性的。可以毫不困难地这样主张:一个人可以完全恰当地知道什么是德性,同时主张德性是否可教是一个开放的、可以通过进一步探究(包括经验研究)来回答的问题。[①]

要考察这个论题(即使在弱版本上,先不管定义的严格要求)如何被质疑,我们就要回想起"是什么"问题,依照其日常含义和用法出现在论证和探究中的位置的问题。根据其

---

① 迪克索(Dixsant,2001,p. 32)主张,回应这一点(被罗宾逊提出,Robinson,1953,p. 52)只需要提醒我们柏拉图不是一个经验论者。

基本日常的用法,这个问题在一个具体的探究和对话中的位置大体上是初步的、阐明性的和预备性的。故而一位希腊年轻人的教师问“什么是一条河流”,这经常是为了给真正的关于河流的教学以及对于河流的实践性研究做准备。教师问这个问题的直接目的就是要确定学生掌握了足够的关于名词*potamos*(河流)的意义和应用,以便能够让学生跟上接下来的教学活动以及参加进一步的探究。这就是说,“是什么”的问题在其基本日常的用法上是一种对于澄清在考虑的一个语词如何被运用、如何在接下来的探究和对话中被应用这个问题的要求。故而它被用于为接下来的探究和对话做准备(并不成为其一部分)。然而,根据PD-普遍的-充分,“什么是Φ”的问题是探究Φ是否是Ψ的关键部分,并且对这个问题的回答对于成功探究到结论、知道Φ是否是Ψ这一点来说是充分的。

我们可以得出结论认为PD-普遍的-充分(即使在弱版本上,先不管定义的严格要求)是完全值得怀疑的,并且我们也不清楚为什么(基于什么证成)柏拉图致力于主张这个论题。很明显我们可以得出这个结论,如果我们有权通过对比“是什么”的问题在被这个论题所统摄的这种探究中所具有的功能和“是什么”的问题在其日常探究中所具有的功能来评估PD-普遍的-充分的状态。那么我们有权通过这种方式来评估这个论题的状态吗?当然,如果认为柏拉图在一种新颖的、理论性的、专门的意义上提出“是什么”的问题,而不是在日常熟悉的意义上提出的话,那么这种评估模式就会招致反驳。但是相反,我们看到柏拉图想要让“什么是Φ”的问题具有一种基本日常的意义,也就是说它是一种对于让某事物成为Φ的标准(不是“一种柏拉图式的标准”,而仅仅是“一种标准”)的要求;并且我们也看到即使柏拉图限制了这一日常意义,这也会导致下面这个事实:尽管根据其日常意义,“是什么”的问题可能通过多种方式来回答,其中一些比另一些更难;但柏拉图认为这个问题必须要以一种特殊的和难度最大的方式来回答,也就是通过提出一种普遍的(而不是通过例子和范例)、统一的、解释性的标准来回答。此外,我们也看到柏拉图对于这些定义要求(普遍性、统一性、解释性)的主张,并且将“是什么”的问题和这些要求相联系,造成了一个很重要的(因为完全值得怀疑)观点,一个因此需要证成的观点。这样我们可以得出结论认为PD-普遍的-充分是完全值得怀疑的,并且我们也不清楚为什么(基于什么证成)柏拉图致力于主张这个论题;并且即使在弱版本上、不管定义的严格要求的话也是如此,故而如果是在强版本上、考虑到这些要求和它们的状态的话就更会是如此了。

84

3.3 三个关于定义优先性论题的问题:范围、优先性、论辩的状态

范围

如同罗宾逊一开始所表达的这个论题一样,这个论题是关于不受限制的范围的:“‘什么是X’的问题必须要优先于其他任何关于X的问题被回答”(1953, p. 51);这就是说,变量X

和关于X的问题（“是否”的问题）的范围都是开放的。这不是为评论者所一致同意的。然而，如果这个论题的范围受限制的话，那么柏拉图是基于什么理由做出这个限制的呢？很明显我们不能主张这个论题不具有任何普遍性，而只是个体实例的综合，这一点我们可以在对话中发现（我们会在下一章回顾它们，并且回顾其在每一篇对话中的位置）。这样做的话就会忽视我们得到的明显印象，也就是说这个论题主张不仅在某些具体问题的回答之间，而且在某些具体形式的问题的回答之间（也就是在“是什么”的问题和“是否”的问题之间）都存在着某种联系。今天的很多评论者会认为论题的范围通过这些具体问题的内容而得到限制，也就是通过它们都是伦理问题而得到限制。在我看来，这一回答不能令人满意。一方面，这威胁到了论题的普遍性，也就是说，如果这仅仅意味着这个论题只覆盖这些我们在对话中能找到的伦理问题的范围的话；加上说“还有类似的一些问题”，也没有留给我们保持普遍性、又防止不受限的范围的模糊的理由。即使我们拥有（并且也主张柏拉图拥有）一种“伦理问题”的普遍概念，我们也不清楚为什么这个论题可能是（就算有的话）仅仅关于这样的问题的。换言之，如果我们像某些评论者那样认为这个论题适用于“本质上可争辩的概念”（essentially contestable concepts），并且认为柏拉图主张伦理问题就是这样的话，[1]我们就很难公正地对待这个观点，也就是我们所寻

85

① 欧文（Owen，1957）和尼哈马斯（Nehamas，1975b）主张这个观点，它现已变得很流行。

找的是柏拉图如何在保留其普遍性的同时限制论题的范围；这些对话中没有什么符合“一种在本质上可争辩的概念”的说法，这一说法的内涵和外延都是不确定的。

先不管诉诸这些问题的伦理内容的做法，也不管诉诸在本质上可争辩的概念这个说法的做法，存在着什么其他的方式（和这些对话相一致，并且从对话中呈现出来）在保留其普遍性的同时，限制论题的范围吗？我想要主张存在这样的方式，也就是说要从任何“是否”的问题的理性和论辩状态当中去寻找，这就是说要在表达出某个*aporia*（难题）的问题中寻找。我要论证所有“是否”的问题，以及相关联的定义优先性的论题的共同点是，它们通过大量的论证和探究呈现出一种棘手而又深入的*aporia*；根据一种*aporia*的普遍说法，这就是说一个人主张一个双边问题的两方面的观点时看上去都有着很好的理由。

用这种方式来限制论题范围的一个主要的引人之处，就是它重视并解释了论题所主张的一种不但在某些具体问题的回答之间，而且在某些具体形式的问题的回答之间的联系的印象。如果这就是柏拉图如何在保留其普遍性的同时来限制论题的范围的话，那么论题就将视*aporia*的出现而定。这样它就可以表示如下：如果“Φ是否是Ψ”这样形式的一个问题表明一个*aporia*（或是一种*aporia*），那么知道什么是Φ，并且通过一种普遍、统一、解释性的Φ的定义而知道什么是Φ，就是知道这前一个问题的回答的充要条件和一种手段，并且是知道一个具体事物O是否是对Φ这个问题的回答的必要条件。从上面这一点当中我们显然就不能推出柏拉图主张了不受限的论题:知道什么是Φ,并且通过一种普遍、统一、解释性的Φ的定义而知道什么是Φ,是知道“Φ是否是Ψ”问题的答案的充要条件和一种手段,并且也是知道一个具体事物O 86 是否是Φ这个问题的答案的必要条件。这就会让定义优先性的论题对于“Φ是否是Ψ”的问题拥有一种理性状态而言是偶然的,也就是说看上去有同样好的理由主张两方面的观点。这也会让这个论题对于“是否”的问题拥有一种论辩的状态而言是偶然的,因为问题的理性状态只可能通过一个人从事被这个问题所激发和提出的论证和探究而显示出来;并且这样的论证和探究在柏拉图看来通过某种对话可以最好地得到例证。这就能说明我们不能确定一个定义优先性论题的具体备选例子是一个真正的例子,除非我们继续考察例子中具体的“是否”问题,而这就是柏拉图在这些对话中所做的。

优先性

这个论题说明了知道对于一个“是什么”问题的回答,要优先于知道对于一个相关的“是否”问题的回答,这就表明“是什么”的问题在知识序列上优先于“是否”的问题。这也说明“是什么”的问题在探究序列上优先于“是否”的问题吗?不像评论者们已经考察的很多在知识序列上的优先性问题,据我所知,在探究序列上的优先性问题还没有被触及。如果就像评论者们通常所做的那样,主张这些论题的内容可以独立于提出了它们的某篇具体对话的论证和探究的位置而被确定,并且在不参照这些位置的情况下就可以被表述的话,那么在探究序列上就不存在“是什么”的问题是否优先于“是否”的问题这个议题了;因为这样的话这些论题不会涉及探究。然而,如果这些论题在本质上就提及探究的话又会怎样?如同我们已经可以开始看到的那样,如果柏拉图让下面这个主张变得有效,并且让它在“Φ是否是Ψ”的问题展现出了某个*aporia*的条件下起作用的话,情况就会是如此:知道什么是Φ,并且通过一种普遍、统一、解释性的Φ的定义而知道什么是Φ,是知道“Φ是否是Ψ”问题的答案的充要条件和一种手段,并且也是知道一个具体事物O是否是Φ这个问题的答案的必要条件。因为很明显,这样的一个问题是否表达出了一个*aporia*这一点只可以通过从事某种被这个问题所激发和提出的论证和探究来认识到。在这种情况下,定义优先性的论题会让我们去考察两种问题形式(“是什么”的问题和“是否”的问题)之间不但在知识的序列上,而且在探究的序列上的相对优先关系。

87

我们可以说在这个问题当中存在着某种语言含糊:柏拉图主要的两种问题形式(“是什么”问题和“是否”问题)中的哪一个被认为在探究序列上是优先的?“在探究的序列上是优先的”是什么意思?那只是意味着在组成这些对话的探究序列上是优先的吗?还是它具有某些对于理解这些论题的更深更重要的含义?如果这只意味着前者,那么我们会说这完全是一个事实的文本上的问题,(这两种问题形式中的哪一个事实上在这些对话中首先被提出?)而对它的回答我们也可以说是很熟悉的：总体上“是什么”的问题首先被提出。（事实上，我们会在第4章中指出这一点是错的，“是否”的问题才往往是意想不到地首先被提出的。）如果这意味着某些更深和可能更重要的东西（某些关于这种探究的结构和逻辑的东西），那么这会是什么，并且它如何与文本问题相关联？

当然，“在探究序列上是优先的”意思首先就是在组成这些对话的探究上是优先的。因此我们要确立对于文本问题的回答就会是很关键的，也就是说两种问题形式中的哪一种实际上在每一个对话当中是首先被提出的。我会在第4章讨论这一点。如果我们发现在所有或大多数对话中，“是什么”的问题首先被提出，那么这会对“是否”的问题在探究的逻辑序列上是优先的这个观点构成严重障碍。但是我们找不到这一点。那么，这个提议就会意味着在这些对话中“是否”的问题，不但在组成这些对话的探究的实际序列上优先于“是什么”的问题（也就是文本问题），而且在探究的逻辑序列上也如此吗？让我们主张对于Φ是什么的要求（为了确定Φ是否是Ψ）是根据这个“是否”的问题表述了某种*aporia*而定的。在这种情况下，在探究的序列上，“是否”的问题对于“是什么”的问题而言存在着一种逻辑上的优先性。“是否”的问题必须首先被提出，在“是什么”的问题可以提出之前，指出其难题式（aporematic）的状态的尝试必须要进行；这是因为不然的话，对于“是什么”的要求（为了回答“是否”的问题，并且解决它所提出的*aporia*）就不能被给出，或者在它没有出乎 88

意料地出现,又没有完全变得无动机和无证成的情况下就不能被给出。

我希望这澄清了我的意思,也就是大体来说一种问题形式在探究的序列上优先于另一种问题形式。首先,我认为(至少大体上来说[①])一种问题形式实际上在某种探究中在另一问题形式被提出之前首先被提出;其次,这必须要首先被提出,否则,另一问题形式的提出就成为无动机的和未被证成的。

很明显,一种问题形式需要动机和证成,但是另一问题形式就不需要,这是一种在探究序列上的优先性的前设。我们已经看到"是什么"的问题(按照柏拉图提出它的方式)需要动机和证成。那么对于这些对话中的"是否"问题又如何呢? 询问"德性可以被教授吗"的动机就相当于想要知道德性是否可教的欲求;而寻求一种普遍的、统一的、解释性的德性定义的动机不仅仅是想要知道普遍的、统一的、解释性的德性定义的欲求,因为这个欲求预设了某些关于定义的可质疑的,也被这样认识到的一般信念,比如说德性具有一个普遍定义的信念,其定义(在弱的意义上,也就是无论哪种对于"是什么"的问题的回答)不能通过例子和类似的东西得到的信念。此外,如果"德性是否可教"这个问题表达出了一个*aporia*,那么它这样做就会为提出和推进这个"是否"的问题

① 可能会存在例外,但这样也不会构成我们这个主张的反例。这是因为在我们实际上探究的方式中,我们会偶尔在意识到下面这一点之前就先提出一个问题:只有在提出另一个问题之后,对于前一个问题的提出的动机和证成才会出现。

而提供充分的动机；并且这也表明了如果提出“是否”的问题需要重要的动机的话（也就是想要知道答案的欲求之外的动机），那么动机就会通过“是否”的问题本身而得以提供，而不需要诉诸另一问题形式。

让我们通过对于下面这个问题的预期的简要回答（我们之后会论证它）得出如下结论：这些对话中柏拉图主要的两种问题形式（“是什么”的问题和“是否”的问题）中的哪一个在探究序列上是优先的？首先，我要主张一种否定性的观点，也就是尽管“是什么”的问题在知识的序列上优先于“是否”的问题，但是在探究的序列上“是什么”的问题就不会优先于“是否”的问题。那么，我们应该得出结论认为，在探究的序列上“是否”的问题优先于“是什么”的问题吗？我认为这样考虑还是太仓促了。很明显，正如我们看到的，存在着一种正确的重要意义：“是否”的问题必须首先被提出，如果提出“是什么”问题的目的就在于表达出在某种 *aporia* 的条件下回答“是否”的问题。按照这种观点，我们会期望一篇对话从“是否”的问题开始（或许伴随着某些初步的预备活动和背景设定，在很大程度上引导着这个问题的引入）；然后对话表示出当我们处理这个问题的时候，我们被拉向了相反的方向；并且只在这个时候对话提出了“是什么”的问题，并且指出这个问题的引入是为了回答“是否”的问题。在下一章中，我们会看到这是这些对话中一种熟悉的探究模式。

89

然而，我想强调我们不能得出结论认为“是否”的问题在每一个重要的意义上都在探究的序列上优先于“是什么”的问题。因为考虑到这种情形:“是否”的问题已经被提出了,这意味着可能表达出了一个*aporia*,然后“是什么”的问题作为唯一一种回答这个问题,并解决*aporia*的方式而被提出。现在,在探究的序列上,当两种问题的形式以及它们的关系都被提出之后,我们需要考察哪一种相对优先的问题。这个联系就是:知道“是什么”的问题的回答是知道普遍的“是否”的问题的回答的充要条件和一种手段(并且也是知道单个的“是否”问题的答案的必要条件)。现在,在这个探究的阶段之后,两种问题形式之间的在探究的序列上的相对优先性是什么?一种可能性就是,一旦“是什么”的问题被提出(并且在一个“是否”的问题已经被提出的难题式背景下而被提出),探究就应该只涉及这个问题,不参照“是否”的问题;并且只当这个问题被回答了之后(当然在这些对话中从未做到过),这个回答可以被用来推导出对于“是否”的问题的回答,因为根据定义优先性的论题,定义提供了手段。按照这种观点,一旦“是什么”的问题被提出(并且在一个“是否”的问题已经被提出的难题式背景下而被提出),对于“是否”问题的探究就会被搁置,直到“是什么”的问题得到了回答。

90

我想强调这并非与柏拉图主张在知识的序列上“是什么”的问题优先于“是否”的问题相一致的唯一的可能性;并且我会认为这不是柏拉图的观点。按照一种不同的观点,一旦“是什么”的问题被提出了(并且在一个“是否”问题已经被提出的难题式背景下而被提出),探究应该同时提到“是什么”的问题和“是否”的问题。换句话说,按照这一观点,两种探究(涉及“是什么”的问题的探究和涉及“是否”的问题的探究)应该被一同进行,并且作为一种单独的联合探究(joint enquiry)。当然按照这种观点,就会意味着在探究的序列上,在两种问题形式(“是什么”问题和“是否”问题)之间并不存在优先性。

值得强调的是,一个探究的终点(end-point)优先于另一个探究的终点(这是在知识的序列上的优先性,因为终点是在对于问题的回答促成已经知道了的探究的时候)并不意味着前一个探究优先于后一个探究(也就是说它必须独立于后一个探究,并且不涉及后一个探究而被进行)。一个探究的终点优先于另一个探究的终点的主张和下面一种观点是自洽的:这两种探究(由于它们涉及不同的问题而被区别和分开)必须要一起进行,并且结合起来进行。

认识到下面一点很重要:定义优先性的论题并不意味着“是什么”问题(一旦这个问题被提出)的探究必须要独立进行,并且要独立于“是否”问题(对前一个问题的回答最终提供了对后一个问题的回答)的探究而进行。实际上,我要进一步说如果“是什么”问题的探究独立于“是否”问题(对前一个问题的回答最终提供了对后一个问题的回答)而进行的话,那么就很难看出我们如何有信心认为回答“是什么”的问题对于回答“是否”的问题而言是充分的。比如说,假设在确定德性是否可教的过程中,一个关键问题是德性是否是一种知识形式(而德性是一种知识形式的主张是一种德性的定义,还是一种从定义中推导出来的什么东西,这个问题是开放的)。如果寻找德性定义独立于寻找德性是否可教而被进行的话,那么看上去就没有理由认为德性的定义(一旦被找到的话)会给我们指出关于德性是否是一种知识形式这个问题这样或那样的回答方向;从而给我们指出关于"德性是否可教"这个问题这样或那样的回答方向。我们得到的印象很明显(比如从《美诺》中)会是柏拉图综合处理这两个问题;并且一般而言我会认为,他将下面两个观点结合了起来:"是什么"问题在知识序列上优先于"是否"问题的观点,以及对于这两种问题形式的探究应当结合起来进行的观点。

91

论辩的状态

定义优先性的论题的内容(它所说的)可以独立于提出了它的一篇具体对话的论证和探究的位置,并且不涉及这些位置而被确定和表达吗?评论者们通常认为可以,他们主张提出了论题的论辩的语境对于确立为什么它被提出很重要,但和确定其意义,并且和确定它说了什么并不相关。根据这个观点,我们可以想象柏拉图让自己决定使定义优先性论题相似于一种第一原理(一种自明的基本知识原理),这样他可以选择以他喜欢的哲学表达方式(medium of philosophy),也就是对话来表达和呈现它。然而,我们可以看到,如果对于一个Φ的普遍的定义的要求(为了确立Φ是否是Ψ,也就是定义优先性论题)依据"Φ是否是Ψ"的问题所表达出的一个

*aporia*而定，那么这个论题的内容不能独立于提出了它的一篇具体对话的论证和探究的位置，并且不涉及这些位置而被确定和表达。因为一个具体的"是否"问题是不是表达了一个*aporia*，这一点只可以通过从事某种被这个问题所激发和提到的论证和探究而被认识到。这意味着一个人不能确定一个定义优先性的论题的备选例子是否是一个真的例子（故而我们不能确定论题的范围、外延，从而不能确定论题的内容），除了以下这一点：当试图确定对于这个问题的回答的时候，通过论辩地在例子中接触"是否"问题，以及问自己是否有着很好的理由而被拉向相反的方向。

然而，关于这个论题的论辩状态的观点会产生一种忧虑。因为有人可能会主张对于Φ的定义的要求（为了确定Φ是否是Ψ）不是根据这个"是否"问题的内容和特征（问题是什么）而定，而是根据一个人碰巧想到，以及当他们想到的时候他们如何恰好这样回应这一点而定。这个主张被一种通行的一般观点所支持，也就是说如果一个论证或主张是论辩性的，那么它的成功就不仅仅取决于其内容，而是取决于某人 92 对于这个内容的主张，或某人对于这个内容的考虑[①]。

让我来澄清，这不是我想要的东西。我们说论辩地接触

---

① 我们可以论证这对于这样的论证来说也是正确的：比如笛卡尔著名的"我思故我在"（*Cogito, ergo sum*），以及稍不熟悉的奥古斯丁的"我错故我在"（*Si fallor, sum*）。并且看上去这对于苏格拉底在《欧绪德谟》中的论证来说也一样是对的，当苏格拉底说相互矛盾（*antilegein*）是不可能"推翻自身"的时候。参见卡斯塔格洛里（*Castagnoli*, 2010）；他认为古代所有自我反驳（*self-refutation*）的论证（直到奥古斯丁，但不包括奥古斯丁）都在这种强的意义上是论辩性的。

"是否"问题是确定它是不是表达了一个*aporia*的唯一方式，这并不是在说，也并不意味着这个问题是否表达了一个*aporia*不是取决于其内容，而是取决于如果一个人考虑到它的内容的话会发生什么。在考虑一个"是否"问题Q的时候，当一个人问自己"有好的理由给出一个肯定的（或否定的）回答吗"的时候，那个人所关注的正是这个问题Q的内容；并且那个人考虑的是（给定问题内容的情况下）是否有好的理由给出一个肯定的（或否定的）回答。这是因为是否有好的理由给出一个命题（比如说肯定的回答）依赖于命题的内容即它说了什么。然而与此同时，这一点和下面这点也是自洽的：为了确定是否有好的理由给出p，一个人需要接触p，并且考虑那人是否认为有好的理由给出p。当然，这才刚刚触及一个更大的问题：在有一个对于p的理由R，和在一个人或某人看来存在着对于p的理由R之间存在着什么关系？我们会在之后恰当全面地处理这个重要的问题和柏拉图对于它的看法（见第7章）。现在我们只需要避免混淆下面两种观点：一个我认为是柏拉图的观点，也就是说，确定定义优先性论题的内容需要一种论辩的研究，例如我们在这些对话中找到的那些；还有一个我没有主张的，也没有将其归属于柏拉图的观点，也就是说，这让论题依赖于某些人恰好考虑到的某些想法。正如我们描述的一个*aporia*的概念一样（我们会在第4章和第6章进一步论证这个描述），一个"是否"问题表达了一个*aporia*，如果看上去同一个人有着同样好的理由主张双方面的观点的话。但是当那个人在考虑这个问题是否表达了一个*aporia*的时候,他考虑的是是否真的存在对于双方面都很好的理由,而不仅仅是是否看上去对他而言是这样。

95 第四章　柏拉图早期对话是关于什么的？

柏拉图的早期对话是关于什么的？一个保险的回答就是它们都关于某些独特的问题和由之而生的探究。尽管在这些对话中有大量问题，并且苏格拉底和对话者对于回答的探讨呈现出引人注目的剧烈性、多样性、复杂性和持续性（也是一个严肃、轻松、幽默、喜剧性的大杂烩），我们并不是很清楚这些讨论从确定的回答的角度来说被认为产生了什么。如果我们主张某些主要的回答（例如德性是知识的论题[1]）显露出来的话，那么很明显它们出现在对于某些独特问题的广泛探究的结果之中。那么是什么问题呢？当然，我们可以列举出一串长长的单子，但是看上去在这些对话中提出的问题具有迥然不同和自成一体的特征，并且这不光是由于它们的内容（它们通常被我们称作道德或伦理问题，或者我们今天经常称其为"道德心理学"），而且也是由于它们的形式。这是被一个权威的研究传统所坚持的观点，他们主张在这些对话中存在着一种单一的中心问题形式，也就是"是什么"的问

---

① 我在其他地方论证了我们有理由怀疑德性是知识的论题（尤其在《普罗泰戈拉》）被恰当地辩护了（参看珀力提，2012a）。

题、"什么是Φ"这种形式的问题;并且"是什么"问题决定了这些对话要写些什么,写的也就是对于"是什么"知识的讨论,而"是什么"就是某些事物(尤其是道德品质)的本质。[①]

本章的目的就在于质疑这个观点,并且主张另一种描述,也就是说尽管我们同意在柏拉图早期对话中提出的问题的确不但在内容上,而且在形式上被区分出来,但是我们反对"是什么"问题是对话中唯一的中心问题形式,并且决定了对话是关于什么的观点。我要论证: 96

> (1)"是什么"的问题不是柏拉图早期对话中唯一的中心问题;还存在一种不同的问题形式,也就是"是否"的问题,它和"是什么"的问题清楚明晰地区分开,"是否"的问题和"是什么"的问题占据了同样显著的位置,并且被同样广泛彻底地讨论。

在本章中,我首先要通过一个全面的对于这些对话就它们提出主要问题的位置而言的结构的考察来主张这个观点。这一点将在第6章中通过4个个例研究而进一步得到支持,在那里,我们会细致考察在《游叙弗伦》《卡尔米德》《普罗泰戈拉》和《美诺》当中两种问题形式("是什么"的问题和"是否"的问题)之间的关联。

除了对上述主张的固有关注以及对于柏拉图早期对话写了什么的通行观点的修正之外,本章还将为一个更深远的

---

① 关于"是什么"的问题是早期对话的首要问题的观点,参见导论部分的第2个脚注。

核心主张做铺垫。我在本章中先提出了它,之后我会全面地论证它;这个主张就是:

> (2)在探究的序列上,“是什么”的问题不是柏拉图所认为的这些对话中的首要问题;而是说,这个问题的提出要通过某些优先的问题的出现而得以推动和证成;这些问题在探究的序列上是优先的,也就是说明显有着好的理由主张双方面的观点的“是否”的问题。

这个主张尤其重要,因为柏拉图在这些对话中对于“是什么”问题(特别是柏拉图提出它的方式,这个问题带有的柏拉图分派给它的雄心勃勃的功能,以及带有的柏拉图规定的对于如何回答这个问题的严格要求)的提出非常需要证成。

这些主张(1-2)需要受到主要的关注;因为我们通常会认为尽管当然在这些对话中存在着多种问题,并且不是所有问题都有“是什么”的形式①,但很明显,“是什么”问题是唯一的核心问题,并且决定了这些对话是关于什么的;关于的东西就是对于某些事物(尤其是道德品质)的本质的知识的讨论。这个假定被如此广泛地接受,以至于几乎成了一种老生常谈。然而,这个观点值得被质疑,这通过下面几个直接的考察就可以看出来。首先,正如我们已经通过对这些对话的简要解读而指出的那样,对话中提出和讨论的问题通常以两种方式被表达:“是什么”形式的问题或“是否”(*poteron...ē...*)

97

---

① 这多种多样的问题很好地被隆戈(Longo,2000)所指出。

形式的问题。这个语法上的发现就会让我们怀疑柏拉图通过一个程式来表述，并且将其区分为一个类的“是什么”问题是这些对话中的唯一问题的主张。其次，“是否”问题有双方面的回答，一种回答和另一种回答是相反或矛盾的，但是“是什么”问题没有双方面的回答。这就表明，尽管一旦一个对于“是什么”问题的回答被给出，这个回答就会有一个对应的“是否”问题（也就是Φ的所是/本质是否是Ψ），但是一个“是什么”问题不是自身就会有对应的“是否”问题，或者说只要“是什么”问题成为一个（未回答的）问题，就不会有对应的“是否”问题。故而“是什么”问题不能直接被转换成“是否”问题。再次，我们可能会，也可能不会认为这些对话中某些“是否”问题间接地包含了“是什么”的问题。这样我们通常会认为《普罗泰戈拉》中的问题，也就是存在着许多德性，还是只存在着一种德性这个问题，间接地包含了“什么是德性”的问题。我在其他地方已经论证了这种观点是站不住脚的（参看珀力提，2012a）。并且我们显然也不太可能认为这对于这些对话中的所有“是否”问题来说都是正确的。比如说占据了《拉克斯》前半部分的问题就不是如此：一位父亲为了他儿子的德性和财富是否要教他的儿子军事技艺。因此，“是否”问题通常不能被转换成“是什么”问题。

如果我们能够论证这些主张（1-2），那么这就会给我们实现最终目标提供一个坚实的基础，这就是要确定是什么推动和证成了这些对话中对于定义的要求。我们会看到，答案是这样的：

柏拉图对于定义要求的证成

对于提出"什么是Φ"的形式的问题，以及确定Φ的定义的证成是这样的：

如果(1)存在着一个"Φ是否是Ψ"形式的一般问题；并且(2)这个问题表达出了一个*aporia*(在如下的意义上，它经常会在对于"是否"的问题的探究中出现，同一个人看上去有同样好的理由主张双方面的观点，并且那个人不知道如何解决理由之间的矛盾)；并且(3)这个*aporia*是彻底的(在如下的意义上，它会让通常被认为是Φ的事物的例子和范例是否真的是这样的范例变得可以怀疑)；

98

那么提出"什么是Φ"的问题，并且通过一种普遍的、统一的和解释性的定义来回答它，就是回答"Φ是否是Ψ"的问题、并且解决它所产生的*aporia*的唯一一种方式。

尤其是主张(2)让我们得出了"柏拉图对于定义要求的证成"；一旦我们认识到下面这一点，我们就能做到这样(如同我会论证的那样)：这些对话中围绕在"是否"问题周围的理由的冲突不仅是(或首先不是)人际的(inter-personal)，而且也是个人之内的(intra-personal)；这就是说，同一个人看上去有同样好的理由主张两方面的观点，并且那个人不知道如何解决理由之间的矛盾。

我要强调下面这一点：这个对于早期对话的整体解读不

是对于传统上人们很熟悉的对这些对话中多个文段的解读的重述，或是对其做了少许修正。按照传统的观点，这些段落的目的就在于指出评论者们所谓的对于知识的定义优先性原理，这一原理按照一种表述就是说知道Φ的定义是知道Φ是否是Ψ的唯一方式。[①]传统的解读和我提出的解读的共同点在于，这些文段都涉及柏拉图对于*ti esti*（"是什么"问题）和*poion esti*（"什么样"问题）的区分；尽管我们的解读独有的是"什么样"的问题被表述成一个"是否"的问题。然而，若把以下两个命题在归之于柏拉图，就会产生分歧：

> A. 知道Φ的定义是知道Φ是否是Ψ的唯一一种方式。
>
> B. 如果通过对于一个具体形式的问题（Φ是否是Ψ）的探究呈现出一个*aporia*的话，那么知道Φ的定义是知道Φ是否是Ψ的唯一一种方式。

论题B在逻辑上弱于论题A（A蕴涵B，反之则不然），但是论题B不是论题A的一个版本。论题A并没有涉及一个探究和进入探究的论证。并且这就是所谓的对于知识的定义优先性原理通常如何被评论者们所理解的，这就是说，理解成一种认识论的原理（原理，而不仅仅是论题）；其内容（由于适合普遍的认识论原理）可以独立于提出它的一个具体探究的论证的位置，也不用涉及这个位置而被表述。另一方面，论题B涉及一个探究和进入探究的论证的具体位置。我们 99

① 尤其参看本森（Benson，1990）；并见普赖尔（Prior，1998）和沃尔夫斯多夫（Wolfsdorf，2004c）。

要注意到,这个指涉是对于一个具体的“是否”问题的探究而言的;不是对于一个“是什么”问题的探究而言的。因为,根据“柏拉图的证成”(论题B所基于的东西),“是什么”问题作为对于“是否”问题的探究的具体结果而被提出。此外,论题B对于一个具体探究的涉及是本质性的和不可避免的。因为很明显,一个“是否”问题是不是可以表达出一个*aporia*,只可以通过对于那个问题的探究而被确定。

4.1 “是什么”问题和“是否”问题在柏拉图早期对话中的位置:一个全面的综述

就提出主要问题的位置而言,对于这些对话结构进行一个全面考察会很有用。当然,这个综述会是比较详尽的,并且之后(在第6章)我会细致考察被其指出的发现。然而,这个综述马上就能指出很多东西。首先,在这些对话中存在着两种问题形式:“是什么”问题和“是否”问题。其次,下面这个研究性问题不允许一个简单的回答:“在对话中哪一个主要问题首先被提出?”这对于所有对话来说也是一样;无论如何我们也不能主张在所有(甚或在绝大多数)对话中首先被提出的主要问题是“是什么”问题。即使是对于一些我们习惯于毫不犹豫地指出对话从一个“是什么”问题开始的对话来说也是如此,比如说《游叙弗伦》的问题是“什么是虔敬”;《卡尔米德》的问题是“什么是自制”。我们要表明“是否”问题先于“是什么”问题而被引入。我们将要考虑这一点的重要意义，但是认为这是无关紧要的，从而去忽略它就会显得太仓促。再次，这个综述提供了对于两种问题形式如何联系的概括。这尤其是通过记录这些对话中的事例和一篇对话中这些问题出现的位置而做到的。这些位置关于定义优先性论题的陈述是：提出和回答“什么是Φ?”的问题是回答“Φ是否是Ψ”问题的充要条件，也是回答后者的一种手段。我们 100 会发现下面这一点：

这些对话中定义优先性论题的陈述的位置

在这些对话中，定义优先性论题的一个陈述通常由苏格拉底给出，在他和对话者广泛讨论了“是否”问题的双边回答的时候，但是又在还没有得出一个确定的和稳定的结论的时候，根据苏格拉底对于他们的论证的整体结果的判断和评估而提出。

我想要主张，我们应该拒斥用已经完全变成传统的“关于定义的对话”(dialogues of definition)这样的标签来指称所有(甚或是一大部分)柏拉图早期对话的做法。[①]两种问题形式中(如我们能看到的，柏拉图清楚地区分了二者)的哪一个首先在对话中被提出是一个观察性的问题；而一篇具体的对话是否是“一篇关于定义的对话”则是一个可能有争议的解读性的问题。“一篇关于定义的对话”这个语词是如此不清晰，以至于让人在应用上对于其使用产生了怀疑。比如说《拉克斯》传统上被划为一篇关于定义的对话，但是“是什么”

① 近来对于这个词的使用，参见瓦西利乌(Vasiliou，2008，pp. 140 ff.)。

问题("什么是勇敢")在对话半途才得以提出,而对话前半部分都在讨论一名父亲为了他儿子的德性和财富是否要教他的儿子军事技艺的问题。将这个事实当成不相关的而忽略它的话,就会忽视下面这一可能性:"是否"问题就其自身而言也是重要的,并且可能不但用于提出"是什么"问题的场合,而且也用来作为引入这个问题的必要准备。与此类似的,《高尔吉亚》开始于一个"是什么"问题["高尔吉亚独特的技艺是什么"或者"什么是(对于公众的)雄辩的技艺"],这个问题让苏格拉底、高尔吉亚和波鲁斯忙碌了一阵子;但是还不到这篇长对话的四分之一,"是什么"问题就被搁置了,并且也没有被重拾起来;占据了苏格拉底、波鲁斯和卡里克勒斯(Callicles)的讨论直到结束的是许多主要的"是否"问题。就《吕西斯》而言,我们可以同意,很多关于朋友和友爱的"是否"问题几乎占据了苏格拉底和对话者整个对话的讨论,而这篇对话中究竟有没有提出"什么是友爱",学界尚存争议。①

101

我们要注意到尽管"是否"问题在所有柏拉图的早期对话中(《大希庇亚》可能是个例外)都被提出和考虑了,但是"是什么"的问题没有在所有对话中都被提到和考虑。我们也可以补充说,《申辩》(当然这不是一篇对话)没有提到"是什么"的问题和对于一个定义的需求,尽管我(即苏格拉底)

① 塞德利(Sedley,1989)认为没有提出;格鲁贝(Grube,1935,p. 8)、罗宾逊(Robison,1953,p. 49)、伯特(Bordt,1998,pp. 76-78)、丹西(Dancy,2004,p. 9)和其他一些人认为提出了。我倾向于塞德利的观点。

是否是智慧的这个问题被提出并得到全面考虑(参见珀力提 2006,pp. 97-99;以及上文中导论的第6节)。这就意味着尽管在所有提出了“是什么”问题的对话中都提出了“是否”的问题,但是也存在着许多提出了“是否”问题却没有提及“是什么”问题的对话(或概括来说,作品)。这一点对我来说至少是下面这种看法的初步(*prima facie*)证据:柏拉图的早期对话首先是关于某些“是否”问题,并且一个“是什么”问题在这个问题形式得以提出的对话中的引入,应当要涉及上面这个事实来进行考虑。

《卡尔米德》——什么是自制?

(对话开始于153a,结束于176d。)事实上,“是否”问题在“是什么”问题之前被提出,尽管我们不清楚“是否”问题是不是可以,以及在何种程度上可以帮助激发“是什么”问题。一个“是否”问题首先被提出(158c2-4):卡尔米德是否知道他是否是自制的。即使这个问题没有被广泛地探讨过,我们要注意到柏拉图在对话的最后重新回到了这个问题(176ab),并且在那里将其和“是什么”问题相联系。卡尔米德知道他自己的自制这个一开始的问题引入了两个对话的主题:自制(*sōphrosunē*)和自我认识。[1]“是什么”问题(“什么是自制”)在之后马上被提出(159a),并且得到了广泛的探讨。不过之后在对话中(167b1-4),两个“是否”问题得以提出:自我认识

① 关于这个主题,也参看埃尔文(1998)。

(也就是知道自己的知识的范围和限度)首先是否是可能的，其次是否是有益的。它们都分别得到了广泛的讨论，并且它们和“是什么”问题是紧密相连的。在对话最后(从175a到对话结束)，当苏格拉底表明且哀叹说探究打败了他们，并且他们没能成功确立自制是什么的时候，苏格拉底基于他们没能充分回答这些“是否”问题而明确这样说。同样在对话的结尾，对话的两个问题(也就是卡尔米德是否知道他是否是自制的问题和“什么是自制”的问题)之间的具体联系得以指出，当卡尔米德说他现在不可能知道他是否是自制的时候，并且这一结果是两个探究的主要成员，也就是苏格拉底和克里蒂亚(Critias)无法证明找出什么是自制(176a6-b1，这是一个定义的优先性的论题的例子)。[1]

102

《游叙弗伦》——什么是虔敬?

(对话开始于2a，结束于16a。)经过细致的观察，“是否”问题先于“是什么”问题被提出，并且我们可以论证“是否”问题为“是什么”问题的引入提供了铺垫、动机和证成。一个“是否”问题首先被提出(4e4-8)：根据游叙弗伦自己对于事件以及他的行动理由的陈述，他检举父亲的行为是否是虔敬的，或相反是不虔敬的。即使这个“是否”问题没有被进一步探讨，我们可以论证(我会在第6章中这样做)它为“是什么”问题(“什么是虔敬”)的引入(5d7)准备了动机。对话的剩余

① 更详细的论述参见珀力提(2008)。

部分几乎全部都在讨论这个“是什么”问题；除了之后(10a1-3)一个著名的“是否”问题被提出之外：因为某事物被诸神所爱，所以才是虔敬的，还是说相反，因为某事物是虔敬的，所以才被诸神所爱。这个问题就自身而言，也因联系着“是什么”问题而广泛地得到了谈论。在对话结尾，两个问题（也就是根据游叙弗伦自己对于事件的陈述以及他的行动理由的陈述，他检举父亲的行为是否是虔敬的，还是相反的是不虔敬的这个问题和什么是虔敬的问题）之间的具体关联得以指出，当苏格拉底对游叙弗伦说他不能够继续检举他父亲，而如果他不是清楚明晰地知道（并且不能表达出）什么是虔敬，什么不是虔敬的话(15c11-e2，尤其见 d4-8；这是另一个定义优先性论题的例子)，需要担心他这样做恐怕会导致错误。在这个探究的阶段并且在他接二连三，但都不成功地尝试回答“是什么”问题之后，游叙弗伦意识到他不能够说出让他们都满意的答案，所以他借口他很忙、他们可以之后再讨论这个问题离开了。 103

《理想国》第一卷——什么是正义？

（《理想国》第一卷开始于 327a，结束于 354c。）实际上，“是什么”问题和“是否”问题一起被提出，虽然我们不清楚这个“是否”问题是否可以，以及在何种程度上可以帮助激发“是什么”问题。“是什么”问题（“什么是正义”）在 331c 被提出，并且一直探讨到 343c。值得注意的是，这个问题和“是否”问题（偿还债务是否总是正义的）一起被提出。在这一卷的后面(343d2-344c4),以下两个“是否”的问题被提出:一个人变得正义是只对另一人有好处(*allotrion agathon*,“另一个人的好处”),还是对自己也有好处;以及一个人变得不正义是否比变得正义对自己更有好处。它们在该卷的剩下部分中明显就自身且没有参照“是什么”问题而得到广泛讨论。在该卷结尾部分(354a12-c3),当苏格拉底声称并且哀叹他对探究做得过头了,没能充分回答这些“是否”问题的时候,他是基于转向这些问题“却放下了”是什么问题(*aphemenos ekeinou*,354b5)而这样说。苏格拉底做这样的结论,并清晰地说明了《理想国》第一卷中两个主要问题的关联:“如果我不知道什么是正义,那么我就很难知道正义是否是一种德性,以及拥有正义的人是否是幸福的。”(354c1-3;这也是一个定义优先性论题的例子)

《高尔吉亚》——高尔吉亚实践的、教授的独特技艺是什么?

(对话开始于447a,结束于527e。我会留出更多篇幅来讨论这篇长且复杂的对话。)对话开始的时候,苏格拉底和凯勒丰(Chairephon)碰巧遇到了卡里克勒斯,后者告诉他们说高尔吉亚正待在他的房子里,并且已经通过“表演”(display,*epideixis*这个词在几行内出现了数次)他的技艺而款待了人们;并且卡里克勒斯向苏格拉底保证高尔吉亚会为他们进行另一次表演,如果他一起过来的话。苏格拉底婉拒了高尔吉亚表演他的特殊技艺的机会,因为他澄清说想要知道的是对于高尔吉亚来说,这个他能够表演并且同样声称能够将其教授给别人的独特技艺(*technē*)是什么。这样一来，“是什么”问题(“高尔吉亚的独特技艺[*technē*]是什么”)在对话开始部分(447c1-4)就被引入了。这一点在稍后(在448c1-449a4，尤其是e6-a4)得以澄清，当苏格拉底反驳波鲁斯直接的回答的时候。这个回答也就是高尔吉亚拥有的“是所有技艺中最好的技艺(448c9)”。而苏格拉底基于下面的观点对波鲁斯进行了反驳：这完全不是一个对于“这个技艺是什么”或“这个技艺是哪个”(*tis esti*)这样的问题的回答，而是对于一个完全不同的问题(也就是“这个技艺是什么样的”[*poia esti*])的回答。这个问题得到了广泛而又错综复杂的探讨，现在高尔吉亚已经接替为对话者，一直到459c。

104

值得注意的是，苏格拉底提出“是什么”问题所关联的东西不是通过一个普遍的描述(比如说修辞学或演讲术)而给出，而是通过一个例子(高尔吉亚实践和教授的技艺)而给出；并且对其的一个普遍描述只有当高尔吉亚最初给出一个对于“是什么”问题的回答时才产生[也就是说他所掌握的技艺是“关于修辞(*rhētorikē*)的技艺”(449a2-5；这既可以意味着“公共演说的技艺”，亦即演讲术，又可以意味着一般意义上的“雄辩的技艺”)]。对于“是什么”问题的探讨(直到459c)采取了以下方式：高尔吉亚给出一个回答，然后苏格拉底提出一个具体的反驳，接着高尔吉亚转而给出一个改进了的也考虑过反驳的回答。苏格拉底的反驳在很大程度上有形式化的特征；比如说，当高尔吉亚主张这个技艺的一个区别点就在于它完全通过言辞(*dia logōn*)来进行，或者说就在于其目的是说服(*peithō*)的时候,苏格拉底反驳说这些特点对于其他技艺来说依然有效。

然而,在这个交流的过程中,在高尔吉亚的思想中出现了重要的张力。一方面,他认为(对于公众的)雄辩技艺通过能彻底说服人们而被区分出来;另一方面,他又主张这个技艺关注极其重要的事情,就相当于关注最大的好(*to megiston agathon*)。这个被苏格拉底提出的张力就是:根据前一种观点这个技艺可以被用来做任何事情,指向任何目的,不管这个目的是好还是坏;但是根据后一种观点,这个技艺只能朝向被认为是最大的好的事物。苏格拉底细致地指出这个在高尔吉亚思想中的张力或"不一致"(457e1-3;也见461a1-2),并且苏格拉底还说他指出了这一点就相当于高尔吉亚被驳倒了(*elenchesthai*,458a;也见461a)。然而驳倒高尔吉亚并不是苏格拉底的目的。苏格拉底从这个张力中总结出来的则是他们必须首先要考察(*proteron skepsōmetha*,459c8)一个具体的"是否"问题,他将其简洁地表述为(459c8-e3):拥有这个技艺,也就是(对于公众的)雄辩的技艺的人的工作(*ergon*, 459e4)的一部分是否是知道什么事物是好的、什么是坏的,什么是高贵的、什么是卑劣的,什么是正义的、什么是不正义的。这表明了苏格拉底认为这个在高尔吉亚思想中的张力(波鲁斯后来称其为一种*aporia*的状态,462b4),指出了考察一个明显很重要的问题的必要性。在思想上的张力和这个问题之间存在着一种严密的联系。因为如果我们认为(对于公众的)雄辩的技艺通过能彻底说服人们而被区分出来,那么知道什么事物是好的(高贵的、正义的)、什么是坏的(卑劣的、不正义的)就不是拥有这个技艺的人的工作的一部分,而是说这个工作完全仅仅就是知道如何设计、策划、捏造(*mēchanasthai*,见459d5-6),而使得一个人被说服,这既包括在极其重要的事情上和最大的好上说服,也包括在让人们看上去是这样,并且让他们也这样认为的事情上说服。然而,如果我们认为这个技艺关注的是极其重要的事情和最大的好,那么很明显,知道这些事情就是拥有这个技艺的人的工作的一部分。

关于雄辩术"是什么"的讨论持续了更长的一段时间(它在462b-466a得到探讨),但是它没有得以解决就被放在了一边。因为苏格拉底和波鲁斯不能就雄辩术的定义达成一致,所以这个问题没有解决就被放在了一边;并且他们之所以不能达成一致,是因为他们不能对于一个基本的关于雄辩术的"是否"问题的回答达成一致,也就是雄辩术是否是好的这个问题。波鲁斯主张它是好的,苏格拉底则不然。在这里对于这个"是否"问题的探讨,以及对于类似的一系列其他相关的"是否"问题的探讨,占据了对话剩余的一大部分。在这个关键点上(461b)强制性地接过话头,从而成为苏格拉底的对话者的波鲁斯,想要支持高尔吉亚观点的两个方面(参见466b ff.),他这样论证:一个人所能拥有的最大的好正是很大的权力(*to mega dunasthai*;这个观点已经由高尔吉亚在452d给出,但没有被开始考虑和坚持),并且,拥有很大的权力就包括拥有让一个人做想做的事(*ha boulesthai*),以及做他认为是最好的任何事情的能力；此外，他也拥有雄辩的能力，而且最有说服别人的能力。这直接导向了或许被呈现为对话的唯一一个主要的“是否”问题：是否通过做任何看上去对一个人来说是最好的事情，一个人就能做他想做的事情并且行使权力。《高尔吉亚》中的其他“是否”问题还包括：作恶是否比受到伤害更好；作恶是否比受到伤害更高贵；作恶不受惩罚对于一个人来说是否是好的；正义对于幸福来说是否是必要的；有时候掌控，甚至抑制一个人的欲望是否是好的；总是享受快乐是否是好的。

106

“是什么”问题和这些“是否”问题之间的严密联系得以被苏格拉底说明，当他指出下面这一点是错的时候：在他们确立这个雄辩技艺是什么之前就决定（对于公众的）雄辩的技艺是不是一个好的东西（462c10-d2；又一个定义优先性论题的例子，也见463cd和448e-449a）。苏格拉底的陈述不但表明了一种在“是什么”问题和这些“是否”问题这两种问题形式之间的严密联系；**这个陈述也为对话的后面部分苏格拉底对有知的否认做了铺垫，开始解释他为何否认有知**。这是当苏格拉底（通过一种完全自谦的方式）明确否认他知道他所主张的观点的真理性，并且说他是根据事物看上去如何而进行论证的时候：

> 现在我要以事物看上去对我来说是怎样（*hōs an moi dokē[i] echein*）的方式探讨论证；但是如果你们中的任何人认为我自己承认的东西不是真的，那么你们必须

> 要主张另一方面的观点，并且来考察我的观点。因为对于我所主张的事物，我明显没有带着任何知识在说，而是我和你们在进行共同的探寻；所以如果反驳我观点的人所说的显得是正确的（*an ti phainētai legōn*），我会很愿意第一个承认这一点。(505e6-a5)

这个对于有知的否认必须另外被认为在它被提出的地方显得格格不入；因为在对话的后面部分苏格拉底全面地、持续地、伴随着很多独创和热情的力量地进行论证，毫无怀疑和犹豫，支持几个"是否"问题的一方面的观点，反驳其另一方面的观点。然而，如果我们考虑他之前在对话中对于"是什么"问题的优先性论题（的一个例子）的论述，那么对于有知的否认就可以得到证成；这是因为对于技艺本质的探讨在之前（在466a）被放在了一边，并且没有得以完成，也因为没有别的与苏格拉底及对话者（波鲁斯和之后的卡里克勒斯）相关的"是什么"问题被提出或探讨。这个关键之处是这样的：即使对于苏格拉底来说看上去存在着充分的理由支持这个"是否"问题的一方面、反驳另一方面，即使他准备好将他深信的全部主张放在这些理由背后，并且将他自己和整个人生都坚持在其权威之上，苏格拉底对于定义优先性论题的主张仍然阻止了他（只要他不认为相关的"是什么"问题已经被提出、探讨和回答了）认为这些明显的理由准许他主张他知道关于这些极其重要的事情的事物是如何的，并且甚至阻止了他认为这些明显的理由不仅仅是显而易见的。（我会在 107

之后，也就是在第7章更全面恰当地来处理这个问题。）这可能会帮助我们解释柏拉图如何可以为苏格拉底后来对于有知的否认补充赞颂德性生活的长篇独白，这一独白在苏格拉底讲述的死后灵魂审判的神话和在他最后对于如此生活的劝勉中达到极致。这个赞歌同时也是苏格拉底最后的作品（swansong），因为苏格拉底预料到了（可能是预言性的）等待着他的审判会指控他，如他所说的："通过让青年在各种事情上变得困惑而腐蚀青年。"（*aporein poiounta*，522b）[①]

《大希庇亚》——什么是美？

（对话开始于281a，结束于304e。）《大希庇亚》看上去是早期对话中唯一一篇"是什么"问题被提出、但却没有对应的"是否"问题的对话。对话开始于描绘智者希庇亚的性格特点，他回想起自己由于天文学上的收益而成为一名政治顾问，并成为写作既好又美的演说的作者，从而是一名杰出的智者；并且他也回想起自己和他同时代的智者、朋友高尔吉亚，普罗泰戈拉和普罗狄科（Prodicus），他们都比古代的贤哲（例如泰勒斯和阿那克萨戈拉）更加成功，因为现在他们知道如何用他们的专业技能服务于个人的好（private good）。在苏格拉底和希庇亚之间关于风俗习惯和法律（*nomoi*）的理性基础或别的什么的一些争论之后，"是什么"问题（"什么是美"）被提出了（286c-e），并且成为对话剩余部分关注的焦

① 塞德利（2009）给出了一个对于神话的很好论述，并且论述了这部分如何与对话的其他部分相关联。

点。这个问题不是被苏格拉底直接提出的,而是通过苏格拉底引入的一个假想的质询者;那人引人注目地使用了定义优先性论题的一个实例,质问他说:“苏格拉底,你是如何(或说‘通过什么方法’‘基于什么理由’,*pothen*)知道什么样的事物是美的还是丑的呢? 看,你能够说什么是美吗(*ti esti to kalon*)?”(286c8-d2;伍德拉夫[Woodruff]的英译文,笔者有改动。)在许多对于回答“是什么”问题的尝试之后(这些回答首先由希庇亚给出,之后由苏格拉底给出),所有的回答都被苏格拉底或苏格拉底假想中的质询者论证为是不充分的,最后对话在没有找到什么是美(*kallos*,参 292d3)当中结束,从而在 *aporia* 中结束了。*aporia* 和 *aporein*(使困惑)这两个词在 108 对话结尾部分(在 304c)被使用,用来描述苏格拉底在面对Φ是什么(为了知道什么事物是Φ)的要求时的心灵状态,就如这些语词被用来描述苏格拉底同样的心灵状态,当“是什么”问题一开始被提出(286cd)时一样。定义优先性的论题同样也在对话结尾部分提出,当假想的质询者这样问苏格拉底时:“当你对什么是美还感到无知的时候,你如何(*pōs*)知道某人的演讲(或任何什么别的行动)是否是美地展现出来的? 并且当你处于这样的一种状态的时候,你会认为活着比死了好很多吗?(304d8-e3)”这些对于“是什么”问题的回答的审查和反驳在很大程度上有着形式化的特征,苏格拉底的反驳很大程度上包括了他论证一个给出的回答和某些回答这些问题的一般要求不相符合。《大希庇亚》就如同《美诺》和《游叙弗伦》一样,尤其明显地充满了我们之前提到的定义需求的大量证据。

两个事情很引人注目。首先,希庇亚最开始的几个对于“是什么”问题的回答(286e-289d)引人注目,这不但是由于它们是“通过例子”或通过“典范性的例子”而给出的(希庇亚首先引入了一位美的少女作为一个美的标准,无论苏格拉底想要认为他的具有典范性的美的人具体指哪一个;之后是一匹骏马,最后是一架美的里拉琴),而且也由于希庇亚站了起来、伴随着某些论辩的气势和力量来主张用这种方式回答“什么是Φ?”的问题的充分性。这就是说,通过引入一个具体的例子和一个是Φ的事物的普遍被认为如此的范例来回答,这种回答方式在他看来是那么简单、唾手可得,从而不值什么(参看286e5-287b3)。看到希庇亚为通过例子来定义而站起来,并且排斥普遍性要求(最后希庇亚也只能屈从于苏格拉底不断加强的压力,参见289de,尤其是291d1-3;我们会在第8章第6节考察这个论证),就相当于看到了比吉奇1966的论文早大约2500年的稍显朴素的先驱。

其次,存在着苏格拉底对于一个显著事物的引入和论证上的运用,那就是这个想象的质询者和他对话。苏格拉底描绘说那个人的作用就是一直反驳他(“这个人总是驳斥我”,*houtos ho anthrōpos ho aei me elenchōn*, 304d2;也参见287a5-6,“我对于另一边的人有些经验”),并且他将其描述成“一个近亲”,“住在一间屋子里”(304d3-4)。故而我们很自然地会将那个人物描述为苏格拉底的另一人格。这么做的目的是什么?我们很难说,但是我们或许可以认为,这样做可

109

以让柏拉图指出和促使我们注意到他的论证和探究方法的某些特点,即便让苏格拉底也参与进一个具体的显然显示出这些特征的探究中。如果是这样的话,那么这个做法就可以被认为是柏拉图自己实践的论证和探究方法中的某些特点的虚拟人格化;就好像《普罗泰戈拉》的结尾“我们论证的当前的结果”的人格化明显同样被用于方法论上的目的一样(参见《普罗泰戈拉》361a4;我会在第6章讨论这个做法)。柏拉图通过这个做法促使我们注意的是什么特征？首先它们包括定义优先性论题,其功能被突显为推动和潜在地证成“是什么”问题的引入。它们还包括某些或所有定义要求(普遍性、统一性、解释性)。最重要的可能是它们包括了下面这个引人注目的观点:苏格拉底最想要考察和反驳的那个人正是他自己。

《拉克斯》——什么是勇敢？什么是德性？

(对话开始于178a,结束于201c。)对话的前半部分(直到189e)都在讨论一个“是否”问题:一名父亲为了他儿子的德性和财富是否要教他的儿子军事技艺(比如参见180a,181c,185ac)。“是什么”问题(“什么是勇敢”,或者一般而言“什么是德性”)在对话的中间部分(189e-190a)才被引入;并且它们是由于接下来的关于这些“是什么”问题和“是否”问题之间的具体联系的陈述而被引入的。“是否”问题一直占据着他们的讨论直到这里:“那么,我们不应该从什么是德性的知识开始吗？因为如果我们完全(*to parapan*[①])不知道什么是德性，我们如何('用什么方式''通过什么方式'，*tina tropon*)可以向任何人提出对于这个问题的建议(也就是那人如何最好地得到它)？"(190b7-c2；这也是一个定义优先性论题的例子。)对话的剩余部分几乎完全在讨论这两个"是什么"问题。对话结束的时候，苏格拉底声称他无法真诚地给父亲们提供如何最好地教育两个男孩的帮助，因为正如他们的论证的当下结果所表明的那样，他不知道什么是德性，并且这就是一个相反的对其感到*aporia*的状态。我们可以注意到，《拉克斯》200e-201b这个文段在200e5包括了仅有的两个事例中的一个(另一个在《大希庇亚》304c)，也就是说在那里，*aporia*这个词在所谓的疑难性对话(aporetic dialogue)的结尾中得以使用。

110

《普罗泰戈拉》——什么是德性？[②]

(对话开始于309a，结束于362a。)值得注意的是，几乎整篇对话都在讨论某些"是否"问题；"是什么"问题("什么是德性")只在对话靠后的位置，即尾声部分才被提出(360e和361c)。首先被提出的"是否"问题是对话的主要问题，它被苏格拉底在319ab提出："德性是否可教"；它被广泛地讨论，一直到328d。一个进一步的"是否"问题被普罗泰戈拉在324de提出：如果存在一个城邦的话，是否有一个单一的品质

① 对于这个重要副词的限定的重复使用，参见《美诺》71a6，b3，b5，80d5-6。
② 全面的分析，参见珀力提(2012a)。

是被所有居民必然都应当分有的。普罗泰戈拉认为，对于一开始“德性是否可教”的问题的两个相反回答哪一个需要被主张，取决于对于现在这个问题的两个相反回答哪一个需要被主张。一个更进一步的“是否”问题，或者说一组这样的问题被苏格拉底在329c-330b提出：是存在着多种德性还是只有一种；如果存在多种德性，它们是否相互类似，并且相似于德性整体；如果存在多种德性，一个人是否可能拥有一个德性而不拥有所有。这些关于德性统一性的问题被广泛和复杂地探讨，直到对话的结尾和尾声，当这些问题和一开始的德性可教性的问题联系起来的时候（360a6-c2）。只有到了对话的结尾，“是什么”问题（“德性是什么”）才被提出，并且这个问题没有被讨论，而是留待其他场合来讨论。当苏格拉底声称且哀叹他们（他和普罗泰戈拉）没能达到对于“德性是否可教”这个最初的问题的一个一致和稳定的回答的时候，这个问题被提出；并且苏格拉底说这个失败是由于他们“也”（*kai*，361c5）没能提出“是什么”问题（“什么是德性”）。

《普罗泰戈拉》的结尾（从360e至对话结尾）可能包含了最清楚地、最恰当地被说明了的在这些对话中关于下面这个主张的例子：知道Φ（比如说德性）是什么是知道Φ是否是Ψ（比如说德性是否可教）的充要条件，也是知道后者的一种手段。在对话结尾的开始部分，苏格拉底说：“毕竟我清楚知道一旦对于后面这个问题的回答变得清楚了，那么对于前面的问题的回答也会变得很清楚，这个你和我、我们每一个人都讨论了这么长的问题，我认为德性不可教，你却认为德性可

111

教”(360e8-361a3)。这是一个对于下面这个论题的例子的清楚说明:知道Φ是什么是知道Φ是否是Ψ的充要条件,也是知道后者的一种手段。之后苏格拉底说:“在我们经历了这些事物之后,我认为我们也应该去谈论德性,谈论它是什么,并且我们就它而言再来考察‘德性是否可教’的问题,恐怕那个厄庇墨透斯(Epimetheus)会在我们考察时用多种方式来迷惑和欺骗我们,就如你所说的那样,他分配(好东西)的时候让我们失望了。”(361c4-d2)从句“恐怕那个厄庇墨透斯会迷惑和欺骗我们……”是那个句子的一部分,意味着除非他们也转向“什么是德性”的问题,否则他们就不能成功地回答“德性是否可教”的问题。因为,这个句子包括了对于这个论题的例子的清楚陈述:知道Φ是什么是知道Φ是否是Ψ的必要条件。

《美诺》——什么是德性?

(对话开始于70a,结束于100b。)对话从“德性是否可教”这个问题开始。尽管这个问题的引入可能显得有些突兀(我们可能会将其与《普罗泰戈拉》中如何为这个问题全面地做准备相比较),但是如果我们意识到这个问题不但在当时被讨论了很多(尤其是被那些柏拉图称为“智者”的人),而且柏拉图也想让《美诺》的讨论接续着《普罗泰戈拉》的讨论的话,那么这么做就很有道理了。然而,“是否”问题很快就让路于“是什么”问题(“德性是什么”)。并且“是什么”问题很明显是基于下面这点而被引入:回答它是回答“是否”问题,也是一般而言知道任何与德性是什么样的相关的东西的必要条件（*hopoion esti*；71a3-b8；一个定义优先性论题的例子）。随后“是什么”问题就其自身、没有参照“是否”问题而得到全面而又复杂的讨论，但是没有出现一个能接受的回答（直到79e6）。跟随其后的是对于一个具体问题的表述和解决，这个问题被美诺提出、经过苏格拉底的重新表述，也就是一个人在完全不知道某事物X的情况下是否可能寻求它。为了解决这个问题，苏格拉底提出这样一种探寻的确是可能的，如果我们主张学习就是回忆的话，并且主张学习就是回想起一个人已经知道，但是又忘记了的什么东西的话。他既通过抽象的表述，又通过一个具体实例来主张这一观点，而这个实例就是和一个明显缺少任何（易懂的）几何知识的童奴一起进行几何学探究。 112

接近《美诺》的结尾（86c以后），并且在两名主人公全面探求了什么是德性，但是结果却让他们认为存在一个探究如何可能的问题之后，苏格拉底和美诺回到他们对话开头的始点，也就是“德性是否可教”问题。苏格拉底提出他们在没有求助于一个独立的“是什么”问题（“什么是德性”）的情况下就讨论了这个问题，并且还基于下面这个具体的假定（assumption，*hupothesis*）进行了讨论，也就是说当且仅当某物是（或者像是，*hoion*，87b7）知识的时候，某物才可教。[1]苏格拉底一开始（直到89c）主张德性是某种知识，根据他们的这

① 比如关于这里的假定的方法的论述，参见沃尔夫斯多夫（Wolfsdorf，2008b）。

个假定，就可以推导出德性可教。简要说来，这个论证就是说，只有行动被知识所引导的时候，行动才可以真的是好的和有益的；由此又可以推出德性的行动（如果有的话，它肯定真的是好的和有益的）必然是被知识所引导的，故而德性是某种知识，或至少依赖于某种知识。这样，基于他们的假定，苏格拉底得出结论说德性可教。然后他又接着质疑了这个结论，因为他以一种看上去是“基于例子”或“基于范例”的方式来论证（直到对话结束），也就是说，我们缺少可靠和可信赖的教师（以及教授德性）的例子和范例，因而有理由认为德性不可教。对话并不是以对于两个相互矛盾的结论的任何一个的主张而结束，而是回到了“是什么”问题，当苏格拉底像下面这样主张的时候：只有“在我们想要找出人们以什么方式拥有德性之前，我们首先尝试探究德性这个东西本身是什么”（100b4-7；这也是一个定义优先性论题的例子），任何一个结论才可以被恰当地确立。

《吕西斯》——什么是友爱？

（对话开始于203a，结束于223b。）值得注意的是，几乎整篇对话都在讨论某些“是否”问题；并且我们不清楚在这篇对话中是否提出过“是什么”问题。第一个“是否”问题在207d被提出：要追求一个人的财富/幸福是否意味着一个人可以随便做那个人所乐意做的事；这个问题一直讨论到210d。第二个“是否”问题在212ab被提出：一个人的朋友是意味着他爱另一个人，还是与此相反，意味着被另一个人所爱，还是说两

113

种情况都是。这个问题和这个问题一系列的重要变体，都得到了广泛复杂的讨论，一直到对话最后。如果“是什么”问题（“什么是友爱”）在《吕西斯》中提出过的话，那么它只会在很后面才提出（222b5 和 223b7-8）；当［从 218c7，*babai*（哎呀）到最后］苏格拉底声称且哀叹他们没能回答这些“是否”问题的时候。然而，我们不清楚这两段文本（222b5 和 223b7-8）是否明确提出了（如果是的话，就会是对话中的首次）“是什么”问题，还只是回指了这些“是否”问题。[①]在 222b5 的 *peri philou, ho estin*（关于一个朋友，他是什么/是谁）的短语，可以被理解成是通行的柏拉图对于“是什么”问题的表达的一个例子。但这也可以被理解成仅仅是对于在 212a8-b2 提出的“是否”问题的表述的一个回指（back-reference），这样的话 *ho estin* 就会意味着“他（那个朋友）是谁”：是一个人爱着的人吗，还是被那个人所爱的人，还是两种情况都可以？在 222b3-5 整个句子的语境下，后面一种解读看上去更有可能。对于出现在对话最后一行的 *hoti estin ho philos*［“什么是一个朋友”］这个短语也可以这么说，当这个短语结合上下文来读的话。这样，《吕西斯》几乎完全是在讨论一些“是否”问题，并且如果“是什么”问题（“什么是友爱”）被提出过的话，那也只会在最后一页被提出。

① 关于这一点参见塞德利（1989）。

对于这个考察的结论的简短预判

这个综述说明的结论有以下几点。首先,在柏拉图早期对话中存在着两种主要的问题,也就是“是什么”形式的问题和“是否”形式的问题。其次,在这些对话中,首先被提出的主要问题不是“是什么”问题;恰恰相反,在大多数对话中“是否”问题先于“是什么”问题而被提出。再次,在这些对话中,苏格拉底通常会在下面这个时候提出对于定义优先性论题的陈述:苏格拉底和对话者已经全面讨论了一个双边的“是否”问题的两边的观点,但是根据苏格拉底对于他们的论证的整个结果的判断和评估,他们还没有得出一个确定的和稳定的结论。这些结论的更广泛的重要性将要等到指明了“柏拉图对于定义要求的证成”(在本章的导论部分得以提出)的方向才能说清楚,不过我认为这些结论也开始指出了这个方向。

114

115

第五章　“是否”问题与争论性的论证

这些对话中的“是否”问题的功能是什么呢？我们有必要回答这个问题，首先是因为在同一篇对话中的“是什么”的问题具有一个一般的功能，并且，不仅凭借其内容而且凭借其形式具有这种功能；它们的功能是寻求事物之所以是Φ的标准。其次，也是最重要的一点：我们发现，“是什么”的问题并不是这些对话唯一的核心问题，而是存在着一种明显不同的问题形式，即“是否”问题，其占据的地位并不亚于“是什么”的问题，而且对其的探讨也不比对“是什么”的问题更少。与此同时，询问这些对话中的“是否”问题的功能使我们认为，如果这些问题确实具有一般的功能，那么，它们不仅凭借其内容，而且还凭借它们的形式而具有这样的功能；特别是，凭借一种“是否”问题所具有的在双方之间必须做出选择的方式（正如我们可能会说的那样，凭借它表述了一个两难的情况）。当然，这个假设（即，这些问题凭借它们的形式而具有功能）只有确立在这些对话中时，这个功能是什么（或者这些功能是什么），才能讲清楚。

我将(在本章和下面的章节中)论证:

(1)这些对话中的“是否”问题有两个明显不同的功能。“是否”问题的一个功能是促成一个特定的纷争和争议(*amphisbētēsis, eris*)的呈现,也就是说,不同的人之间的意见(*doxai*)和论证(*logoi*)的冲突。“是否”问题的一个不同的功能是表述一个特定的*aporia*;*aporia*在如下意义上被使用:对同一个人来说,双边问题的两边都有好理由(*logoi*)来支持。

116

(2)这些对话中的“是否”问题的这两个功能——表现纷争的(the controversy-respresenting)功能和表达*aporia*的功能(*aproria*-articulating)——并非处于平等的地位;毋宁说,表达*aporia*的功能是主要的。

“是否”问题表述*aporia*的功能优先于表现纷争的功能,因此,在这些对话中*aporiai*相对于纷争和争议的优先地位应根据以下主张来被理解:

(3)柏拉图对于纷争和争议的呈现具有正面的哲学兴趣,而不只是文献和批判的兴趣。文献和批评的兴趣是次要的,是用来描述他称之为“智者”(*sophistai*)的独特的论证实践和他们对论证的理解。并将自己与这种论证性的实践以及背后的论证概念区分开来。正面的哲学兴趣是首要的,它是利用纷争和争议来表达*aporiai*。因为,柏拉图认为,纷争和争议的戏剧性表现可以有助于表述一个*aporia*。[①]

在接下来的章节中，我们将考虑柏拉图在这些对话中以何种方式认为*aporiai*(在上述意义上)不仅相对于纷争和争议来说是主要的，而且一般地讲也是主要的。我们会论证，在这些对话中的*aporia*的首要地位，首先在于构成这些对话的特殊探究中特定的*aporia*所占据的位置；其次，由于它在探究中的地位，*aporia*决定某种探究的概念，以及构成了这种探究一部分的论证的概念。

在本章中，我们的目标是有限的，即对这些对话中的“是否”问题的一种功能进行说明，即其表述“纷争”的功能。我们将以简洁的方式论述，因为这个功能的存在并不需要大量的论证，并且因为在我看来，它预见了表述*aporia*的功能(*aporia*-articulating)——这是我急于想要论述的功能。 117

当然，纷争和争议的呈现构成了这些对话的很大一部分，这一点为人所熟知。在某些情况下，争议发生在苏格拉底和一位有名气的智者之间，例如在《普罗泰戈拉》中的普罗泰戈拉，《高尔吉亚》中的波鲁斯和卡利克勒斯，或《理想国》第一卷中的色拉绪马霍斯；而在另一些情况下，它是在苏格

---

① 从这一说法和整章中可以清楚地看出，依据我捍卫的观点，柏拉图认为严格意义的哲学与他认为的好争论(eristic)/反逻辑(antilogic)(他将其归于智者)之间的区别是**基于方法论**的理由。尼哈马斯(1990)基于如下观点和理由反驳这一观点。其观点和理由是：柏拉图在这些对话中的方法仅仅是辩驳(*elenchus*)，即，一种旨在揭示一个人信念中的不一致性的方法(在此意义上旨在反驳)。因为，他依据这个假设论证，柏拉图在这些对话中与智者没有明显的区别。我同意尼哈马斯的推理，但质疑他的前提，即假设柏拉图在这些对话中的方法仅仅是反驳意义上的辩驳(*elenchus*)。

拉底之外的其他角色之间，而不一定是智者，比如在《拉克斯》中，苏格拉底刻意拒绝参与的两位将军（尼西亚斯和拉克斯之间）的争论。不太清楚的是，某种特定形式的问题，即“是否”问题，在纷争和争议的这些戏剧性表达中所扮演的核心角色。据我所知，很少有专门探讨这个主题的研究，其中两个值得注意的是迈克尔·弗雷德的论文（1992b），还有吉尔伯特·赖尔所写的题为《学园中的辩证法》一文（1965年）。[1]在其中，赖尔写道：[2]

> 可以想象，如果柏拉图用明显的 *antilogikê*（即在双边问题的对立面上的不同派别之间的争论）来撰写他的早期对话，那么，它们的一些论辩内容反映了近期辩论（recent Moots）的实际论证。也许，这些对话部分是在那里重复出现的“组合”的戏剧化的“纪录片”。（1965，p. 49）

赖尔总结了这一富有洞察力的研究（我很少见过人们引用这项研究），其中引人注目的是从“是否”问题在纷争和争议的描述和记录的功能，过渡到表述*aporiai*的功能。他以一种明确的、可能略显微妙的方式结束了论文，表明在这里，在表述*aporiai*时，我们必须寻找哲学的，而不是记录式的柏拉图对于“是否”问题关注的意义。当然，赖尔自己写了一部题

---

① 同时参看马里翁（Marion）和贾斯汀尼哈（Castelnérac，2009）。

② 另见他的《柏拉图的进程》（1966），特别是205页，这本书虽然十分不均衡（uneven），但在我看来却包含很多见解。另请参阅罗宾逊（Robison，1984）和赖尔（Ryle，1966，pp. 115ff.）对*Dissoi Logoi*（双重论证）的论述。伯恩耶特（Burnyeat，2012）质疑了*Dissoi Logoi*的重要性。

名为《困境》(*Dilemmas*,1954)的书,所关注的主题就是这些*aporia*及它们在哲学探究中的地位;而这项研究的开头是描述一种他将要考虑的困境,这种困境像是一个人内部不同种类的理由的冲突,而不是一个人与另一个人之间的争议。 118

然而,赖尔在1965年发表的论文结尾处提出的建议(即,柏拉图为了表现纷争和争议而使用“是否”问题应该在他用这些问题来表述*aporiai*的背景下被看到,而且这些问题促成了并服务于对*aporiai*的表述)一定是过于仓促和有待进一步展开的。因为它似乎没有任何关键性的影响。[①]这实际上是一种轻描淡写的建议。因为批评者已经确切地否认柏拉图在这些对话中的一种论证方法是基于*aporia*的。评论者否认:也就是说,这种两难的、表述*aporia*的论证(即,为了表述*aporia*的目的,而在“是否”问题的两边进行论证)是柏拉图在这些对话中的论证方法的一部分。两篇开创性的论文已经论证了这一点。

首先是伯恩耶特在1977年发表的经典和极具影响力的论文,题为《苏格拉底式的助产术,柏拉图式的灵感》。他认为,正如我们都知道的那样,许多早期对话以*aporia*结束,即结束于特定探索明显失败而带来的困惑(特别是,伯恩耶特认为,对定义的探索);在这些对话中并没有如下意义上的*aporia*:即因为在“是否”问题的两边进行论证而带来的困惑。我于2006年发表的《早期柏拉图对话中的*aporia*和探

① 但是,参看黑尔(Hare,1982,p.21)

索》一文考察了伯恩耶特的论文,并追溯了它一些非常重要的影响,我认为没有证据支持他的观点。在第四章中,我们以一种总结的方式论证了类似的结论;我们将在第六章中更加详细地讨论这个问题(尤其参看第1节)。

其次是安纳斯同样经典和有影响力的论文《怀疑论者柏拉图》。在这篇论文中,安纳斯几乎以一己之力,[①]研究了在柏拉图哲学中是否存在怀疑论的维度,以及如果存在的话,这种怀疑论的维度是如何体现在柏拉图哲学中,特别是如何体现在早期对话中。她通过观察柏拉图去世后不久,他的学园在新掌门人阿尔凯西劳的带领下转向了怀疑论,并通过追问阿尔凯西劳如何把柏拉图哲学(特别是这些对话)解读为一种怀疑论。总之(我们还会回到这一点),安纳斯的总体论点是:阿尔凯西劳可以将这些对话视为表达怀疑主义的唯一方式(the only way)就是他认为这些对话中的论证方法在一种特定的意义上是怀疑论式的;即安纳斯认为,苏格拉底的论证只是将对话者的信念当作前提,而不是他自己的信念——从这个意义上说,他的论证纯粹是“针对人身的”。现在,似乎很清楚,一个纯粹的“针对人身”的论证方法(在上述意义上)并不需要是基于*aporia*的论证方法,并且实际上不需要涉及基于*aporia*的论证。另一方面,同样很清楚的是,纯粹的“针对人身”的论证方法不一定要排除基于*aporia*的论证。因此,更值得注意的是,安纳斯否认了在柏拉图的早期

119

① 伍德拉夫(Woodruff, 1986)已经为此做了准备(had prepared the ground)。

对话中存在基于*aporia*的论证；事实上，她对任何人认为它存在都感到不解。她首先注意到，我们了解阿尔凯西劳观点的主要来源，其中首先包括西塞罗（但在此背景下，还有对《泰阿泰德》的匿名注释者），确实将基于*aporia*的论证归于柏拉图，并且如此做是为了表述对柏拉图的怀疑式的阅读。因此她写道：“两个最有意思的论证是西塞罗和匿名者都提出来的。两者中更令人惊讶的是柏拉图是一个怀疑论者的论证，因为他经常主张确立一个问题的两个方面。这里所说的便是一个熟悉的怀疑策略。”（pp. 65-66）然而，她立即否认这是对柏拉图的一种可能的解读，她用反问句问道：“但是，谁能把这种模式归之于柏拉图呢？”（p. 66）在第七章中，我们将适当地回答这些对话中是否存在怀疑因素，以及如果存在，采取何种形式的问题；并且在这样做之后，我们将能够回应安纳斯的观点（见第7章第5节）。

5.1 这些对话中的各种争议

人们可能会问，这些对话中的“是否”问题表述纷争的功能和表述*aporia*的功能到底有何不同。它们可能仅仅是单一功能的变体吗？即，表述理由的冲突；或者是人际的（inter-personal）冲突（如果“是否”问题表述了纷争的功能），或者是个人之内的（intra-personal）冲突（如果该问题表达了一个*aporia*）？我认为，在这些对话中，它们被认为是具有截然不同的功能。让我们预测一下关键的区别在哪里。如果一个人反驳另一个人，那么这个人不需要承认另一个人提出的针对某个特定主张的理由是(或者甚至仅仅是看起来是)支持这个主张的理由;所需要承认的仅仅是,对提出这些理由的人来说,它们是理由。然而,如果一个人反驳自己,那么在他看来,有理由赞成和反对某一特定主张,并且,如他所知,他完全不知道如何解决这个理由的冲突,那么,他显然必须承认双方的理由。[①]当然,这不是否认人们在反驳对方的时候,是可能让自己接受另一方所提出的理由的明显力量,因此,可能会让对方的理由成为自己的理由。我们甚至可能预料,这种论证正是柏拉图努力的目标。然而,问题的关键在于,可以将另一个人所提出的理由纯粹简单地理解为另一方的理由,以及使他持有某个信念的理由;而且这种可能性是有待利用的,只要一个人的主要目标是争取另一个人放弃他本人的信念并采纳自己的信念。

120

在我们考虑这些对话中的多样的争议的共同之处之前,我们应该注意到这种多样性。有些纷争是有趣的,有些则是非常严肃的;大多数(但不是全部)都是关于道德问题的;有些是人为设定的,也是我们称之为争论(disputation)的问题,其他问题或多或少是自发的,有时是在瞬间发生;虽然一切

---

① 赖尔(1966, p. 206)明确地指出了在反对他人(arguing against another)和反对自己(arguing against oneself)之间的差异及其意义:"在撰写他最新的eristic对话时(即我们现在称之为早期对话)柏拉图开始(例如在《高尔吉亚》)意识到反对一个回答者(arguing against an answerer)和反对一个僵局(arguing against an impasse)之间的区别(这是赖尔很重视的用以替代*aporia*的一个术语);在试图反驳对手和与自己争论某事之间;在赢得斗智斗勇和解决问题之间。在《大希庇亚》中,苏格拉底将他自己的知识良知拟人化[他是通过他的替身(his double)做到这一点的,它的功能被形容为,恰恰是反对苏格拉底自己]。"

都明显具有对抗性(adversarial),但有些是以更友好的精神进行的。在讨论有可能破裂的时候,为了促进苏格拉底和普罗泰戈拉之间的讨论,普罗狄科(《普罗泰戈拉》337a-b)区分了怀有友好精神的纷争跟怀有敌意的纷争;他想要保留术语*amphisbētēsis*用以描述前者,而用*eris*这个术语描述后者。这种区分适用于这些对话中的多种纷争。在《高尔吉亚》中,苏格拉底、波鲁斯、卡利克勒斯之间的争论和《理想国》第一卷中,苏格拉底和色拉绪马霍斯之间的争论,都是普罗狄科意义上*erides*,而在尼克亚斯和拉克斯之间的争论是在基本友好的关系的背景下进行的,尽管两个主角各自的主题之间充满争议;而《普罗泰戈拉》中的争论仍然是友好的,或至少自始至终是客气的,尽管有苏格拉底最初严重的挑衅 121 (provocation)——当他说,实际上,普罗泰戈拉的事业和职业可能是建基于幻想(illusion)之上,这是一种彻底的挑衅(a provocation that does not fail to hit home);尽管普罗泰戈拉有可以感知到的(在很大程度上是克制的)对苏格拉底怀有恶意的质问产生的怀疑和恼怒。

苏格拉底和普罗泰戈拉之间在《普罗泰戈拉》中关于“德性是否可教”的争论是一个严肃纷争的好例子。不仅是因为柏拉图认为这是一个严肃的问题,且他让苏格拉底接触这一问题并参与其中,而且因为普罗泰戈拉在这个问题上有着重大的利害关系,因为他赖以生存和所获得的名声的基础是教育年轻人(或自称教导年轻人)如何在他们的私人和公共活动和事务中做得好(do well)。而且,不仅仅是在这个或那个方面，而且是在整个人的生活中，“做得好”的想法被所有人认为是德性(*aretē*)观念的核心。这表明，纷争的严肃性不仅仅是其进行的方式或其戏剧性表述的问题。从普罗泰戈拉的情况可以看出，这是关系到参与纷争的争论者们个人潜在的相对于他们参与论证的重要地位的问题。严肃性涉及争议者参与的方式；特别是，他们是否以及在多大程度上在此事上有个人可能至关重要的利益关系。普罗泰戈拉在“德性是否可教”这个问题上具有重要的利害关系，这一点是清楚的。同样清楚的是，在《高尔吉亚》中，波鲁斯和卡利克勒斯认为自己在一个问题上有真正的利害关系。这个问题是，知道什么事物是好的(高贵的、正义的)和什么事物是坏的(不高贵的、不正义的)是否是属于拥有(在公开场合)良好口头表达能力的人的一部分任务，或者相反，他的任务纯粹是简单地设法说服别人并教导他人做同样的事情，此外还有在讨论过程中引发的其他的“是否”问题。他们对苏格拉底在这些问题上的立场的自发反应，就个人冒犯而言(as to a personal affront)，证明了这一点。如果我们问为什么波鲁斯和卡利克勒斯在这个问题上认为自己有这样的私人利害关系，很显然这是因为苏格拉底所捍卫的立场与其权力的高贵直接对立——波鲁斯和卡利克勒斯以及高尔吉亚，认为权力越大越高贵——通过他们理解这一点，证明了他们的政治野心，最终也证明了他们自己。对于色拉绪马霍斯来说也是如此，他所参与的问题是，一个人的正义只是对另一个人还是对自己而言是好的，对一个人的不正义是否比对一个人正义更有利，以及他对苏格拉底关于这些问题立场的反应。当涉及苏格拉底及其参与这些问题所带有的严肃性时，我们可以用《普罗泰戈拉》结尾处他自己的话来表述： 122

> 我希望在考察了这些事情之后，我们应该也转向追问德性是什么，并且再次考察它是否可教，免得厄庇墨透斯在我们的考察中制造更多困惑，欺骗我们——就像你所说的，他在［好东西（goods）的］分配中让我们失望，因为即使你在讲神话，我也更喜欢普罗米修斯，因为他是我所依赖的人，而普罗米修斯一直关心我自己的整个生活，并参与到这些问题当中。（361c4-D5）

苏格拉底发现典型的普罗米修斯式的，对自己关于德性是否可教的思考是什么呢？看起来这是两件事情。首先，正如他所说的，因为他在乎自己的一生（*promēthoumenos huper tou biou tou emautou pantos*），所以他关心这些问题。因此，他对这些问题的兴趣远远超出了辩驳和争论的范围，也因此超出了普罗狄科在早期对话中精心区分的“友好的 *amphisbētēsis*”以及“不友善的 *eris*”。其次，我们可以回想一下，正如在普罗泰戈拉讲述的故事中（321b-322a）所描写的，普罗米修斯的特别之处在于他的聪明才智，他处理特定实践事务方面的 *aporiai* 的能力。苏格拉底已经表明，这种能力——当然也是潜在的愿望——使他变得出众：“你（普罗泰戈拉）不应该假定，我与你对话是出于其他愿望而不是调查（*diaskepsasthai*）那些我自己经常感到困惑（*ha autos aporō hekastote*)的东西。"(348c5-7)当我们考虑苏格拉底在这些对话中的这些争议所围绕的"是否"问题如何表述特定的*aporiai*,并且是他的*aporia*来源时,我将会再回到这一点。

在具有严肃性的同时,一些争议也有有趣的一面:这些争议不仅源于喜剧的自由混合(the liberal admixture),而且还源于一些被认为是"表演/展示"(*epideixis*)的争论的事实;(如果不是苏格拉底这么认为的话,与他一起争论的所谓的"智者"也是这么认为的。)也就是,人为地在双边问题的对立面上设置了两个参赛者进行的演说比赛(*agōnes logōn*)——这个问题只要是双边的,就可以是任何问题——将双边问题展示在观众面前,以供裁判员裁决。这方面的趣味性(一种旨在比赛获胜的有趣性,这里的比赛是"演说比赛"或"争论比赛")在《普罗泰戈拉》中有最明显的体现。[①]这一对话首先详尽地描述了苏格拉底和希波克拉底在抵达卡利亚斯的家中遇到的争论的场景,为了看到普罗泰戈拉展示他的技能。然后,当普罗泰戈拉和苏格拉底在一位杰出的观众面前提出了这个问题的每一方时,这种设置通过苏格拉底的明显的合作而被采用,也相关于苏格拉底的独特问题,即德性是否可教,以及普罗泰戈拉教导的德性类型。通过一些场合,它进一步得以拓展,一些选定的听众(若不选定则人数众多)如希庇阿、普罗狄科和阿尔希比亚德打断了苏格拉底和普罗泰戈

123

① 这就是普罗泰戈拉在335a4描述他们目前的争议和他的一般论证实践的方式;这里的*logoi*可以表示"演讲"和"论证",并且,认为柏拉图意图使用*agōn logōn*这个词组表达两个意思是合理的。

拉之间的讨论，以帮助讨论并避免其破裂(breaking down)的风险。而且在经过许多曲折和转折之后，这个论证结束了，其中包括对附加问题的延伸处置，即，德性是一个还是多个，并且普罗泰戈拉最终承认失败，他并不情愿承认这一点，他处于烦恼的状态，这一点可以通过他最后评论了苏格拉底非常想赢(cf. *philonikein*，360e3)的意图而体现出来。除了接下来的尾声(360e-362a)之外，这便是对话的结尾。在尾声中，苏格拉底揭示了他的意图，正如我们后面将会看到的那样，这大大颠覆了争论性的背景和相关的论证概念。[①]

然而，情况并非如下所述：这些对话中的纷争，甚至苏格拉底和有名气的智者之间的争论，通常都是在这种有争议的背景下进行的，并且被塑造为是辩论的竞赛；或者，他们表现出这种设定的有趣性。在《高尔吉亚》中(在《普罗泰戈拉》的先例中，我们可能预料到了这样的背景)它显然不存在。《高尔吉亚》的第一部分，即苏格拉底和高尔吉亚之间的对话，不是针对“是否”问题，而是针对“高尔吉亚的独特技能(*technē*)是什么”，并尝试将其与其他技能区分开来。与关于双边的“是否”问题的争论不同，苏格拉底和高尔吉亚之间的对话不是对抗性的，而是明显具有合作性。追求这个“是什么”的问题采用了高尔吉亚提出答案的形式，苏格拉底提出了一个特 124 定的反驳，而高尔吉亚则反过来提出一个考虑了反对意见的改进答案。波鲁斯突然强行接管了苏格拉底的对话者角色，

① 关于尾声的这一功能的论述，即，颠覆争论性的论证概念，参看珀力提(2012a)。

然后又让位于卡利克勒斯,对话转向远离"是什么"的问题,并转向了在各种"是否"问题上的争论。苏格拉底和波鲁斯以及后来的卡利克勒斯之间关于这些问题的争论,并不是在有争议的论证竞赛中进行,或是在人为设定的论证情境中进行的,相反,它是在当下自发地发生的,并且,这三个角色都以直接、紧迫、坚定和激情的方式说话,而这些并不适合这样设定的情境。这场争论完全缺乏旨在赢得胜利的游戏的趣味性;而在《普罗泰戈拉》中,苏格拉底与普罗泰戈拉之间的争议毫无疑问是严肃的,这种严肃性通过争论性的情境而有所缓和,在《高尔吉亚》中这种扩展争议的严肃性同样浓烈和持续强烈。卡利克勒斯的第一句话(接续波鲁斯的一句话)就很好地说明了这一点——这是一种纯粹的嘲笑(481b6-7):"告诉我,凯勒丰,苏格拉底是否认真对待这一切,还是他在开玩笑?"凯勒丰回答说:"对我来说,他似乎非常严肃,卡利克勒斯,但是没有什么比问他更清楚了。"当苏格拉底证实了这一点,并将他与他一直在辩护的观点和一直在提出的论证之间的关系描述为对智慧(哲学)的热爱,与卡利克勒斯对政治支持者的依恋,以及对某个年轻人(即派瑞拉姆斯的儿子德莫斯)的依赖,一样强烈和严肃时,卡利克勒斯对这种思想激情进行了广泛而恶毒的嘲讽,他认为,这对孩子们来说是合适的,但对于一个严肃的人来说却不合适(484c4 ff.)。最后我们可能会注意到,《高尔吉亚》开篇处很明确地表示:该论证不应被理解为涉及任何"表演/展示"(*epideixis*),而因此也不应该被理解为论证的竞赛。对话开始时,苏格拉底和凯勒丰碰到了卡利克勒斯，卡利克勒斯告诉他们，高尔吉亚一直和他待在他家里，一直在向他们展示他的技能（*epideixis*这个术语在几行中用了三次），以及卡利克勒斯向苏格拉底承诺，如果他来的话，高尔吉亚将会给他们展示另一个表演。但是，苏格拉底礼貌地拒绝了高尔吉亚对他的特殊技能的展示，他想澄清的是，他宁愿从高尔吉亚那里知道这种独特的技能（*technē*）是什么——这一他显然能够展示的技能，而且他自称能够教给其他人。

这些争端的严肃性以及所涉及的严肃性本身就有意思。它还提供了背景并且开始解释苏格拉底对被称为“说你 125 相信的话”（say-what-you-believe）的要求的承诺，在《普罗泰戈拉》（331cd[①]）和《高尔吉亚》（500b5-c1）的许多段落里，苏格拉底要求他的对话者必须真正相信他为捍卫某一特定立场（结论）而提出的任何主张（前提）。[②]这一要求当然并非不言而喻，而且不清楚苏格拉底为什么提这一要求。从基于逻辑蕴涵、逻辑一致性和逻辑矛盾的观点的角度来看，“说你相信的话”的要求必定显得不合适；因为这是不必要的心理学和逻辑的混合（admixture）。因为，正如我们今天所知道的那样，一个命题是否被任何人相信或主张都不会影响它与另一个命题是一致还是矛盾。或许，我们能够更好地理解苏格拉底对这一原则的承诺，如果我们在另一个更广泛的论证概念

① 但参看333c的相反观点。第7章第3节，我考虑《普罗泰戈拉》的331cd和333c这两段文本是否一致以及如何一致。

② 关于这个要求（requirement），见埃尔文（1993）。

的背景下理解它（或者，我们在这些对话中发现的那种论证的背景下来理解）——尽管当然它并不排除逻辑蕴涵、一致性和矛盾的观点，但这些论证认为这样的论证具有特定的起点，即两个人之间就特定的双边问题而产生的争议；以及在每个人相信问题的某一方的立场的意义上是严肃的争议，并且这个信念不仅仅是这个人准备对一个命题持有赞同和同意的信念，而是该信念在他的行为、欲望、志向、激情中占据重要的地位。在这样的争论概念中，以下看法看起来似乎是合理的：即如果争议者提出一个特定的主张（前提）来捍卫争议问题的一方的立场（结论），那么他必须相信这一主张（前提）；他必须相信这一点，否则他提出这一主张便会揭露他并非认真地相信这种立场（结论）。如果以下观点看起来有道理，那么说明这一点是合理的：捍卫一个主张就是提供相信它的理由；去捍卫一个人确信的主张就不仅仅是提供一个人可能相信它的理由，而是提出人们据此会实际相信它的理由（即同时也导致了人们信念的理由）。 126

5.2 这些争议的特点是什么？

在这些对话中展示的各种纷争和争议有何共同之处？唯一显而易见的共同特征是，每个争议都被表述为围绕某个特定的“是否”问题展开［明确而一致地被如此表达（如 *poteron ... ē ...*）］。从这个意义上说，柏拉图早期对话中的这些争议是对他周围的所谓智者的论证实践中获得反逻辑（*antilogikē*）称号的戏剧表现；也就是说，不同的人或派别通过在双边问题的对立面上争论而相互争辩。如果这是正确的,并且“是否”问题的核心是这种争议的一个主要标记,那么下面的标记(marks)暗示这些争议是独特的。

首先,争议涉及并通过论证(*logoi*)而进行;事实上,它们是争论的模式(modes)。这里的一个论证是为了辩护某个特定立场,一个人所提出的任何主张(断言、命题;*logos*)或一组主张。假如我们没有立即预设任何具体的理由概念,我们可以说,构成论证的恰恰就是理由(*logoi*)。在这些争端中,论证所依据的论证的概念主要不是形式的或结构性的,因为这里的论证首先不是一套前提和一个结论的形式结构,而是两个人之间进行的活动。尽管如此,一些形式的和结构性的因素在这些论证中仍然很凸显。首先,对立立场的概念指的是相反或矛盾的立场,以及一般不相容的主张(断言、命题)。对双边问题持有相反观点的人所争论的立场是相反的(在这个意义上是相反的)。而且,双方对不矛盾的原则有默契的承诺,认为命题及其否定不可能都是真的;或者是这一原则的一个版本:争论者们更可能承诺这一原则,认为一个命题及其否定不能同时被宣称或被认为是真的。尽管无疑,他们无需用抽象的和一般的术语来阐述这一原则,但他们认为回答双边的“是否”问题需要考虑站队(taking sides)问题,也就是说,要么捍卫一方,要么另一方,但不能同时捍卫两方。柏拉图在《理想国》第四卷中详细说明这个原则的一个版本(436ff.)。这些论证的这两个形式元素,即不兼容的概念和 127
对非矛盾原则的承诺,首先适用于被辩护的立场(结论),但它们也适用于在辩护中作为论证的部分提出的理由(前提)。因为,如果在辩护立场p的过程中,论证问题一方的争议者提供了一个理由r,那么,问题另一方的争议者可能会质疑这个论证,并通过提出相反的理由非r,来推进自己的论证,以辩护相反的立场,非p。

例如,苏格拉底捍卫德性不可教的一个理由是:即使最聪明、最好、最有特权的雅典人,尽管他们尽了最大的努力,也不能可靠地成功将他们的德性传给后代(《普罗泰戈拉》319d7-320b3;也参看《美诺》的结尾)。我们可能会认为,苏格拉底指出这一显而易见的事实,是为了指出我们缺乏德性教育的例子(或"范例",*paradeigma*),并且我们不知道从何处去寻找这样的例子。因为,我们希望找到一个德性教育的例子,在这个例子中,最明智、最好、最有特权的人有最大的愿望和兴趣去传授德性(他们自己明显拥有这些德性)。然而,正是这个理由受到了普罗泰戈拉的质疑。普罗泰戈拉在对苏格拉底的回应中论证与之相矛盾的主张:德性可教;他通过提出相矛盾的主张(作为相矛盾的结论的理由)来质疑它。因为他认为,我们可以很容易地指出很多案例作为德性教学的明显例证(特别参见325c-326e),从我们坐在父母腿上接受教育的那一刻开始。并且认为,这种德性教学的例子随处可见,这与以下不可否认的事实是一致的:即使是最聪明、最优秀、最有特权的父母也往往无法将自己的德性传给后代(326e-328d结束了对德性可教性冗长的论证)。这里值得注意的是,普罗泰戈拉明确提到了诸如学习和"依照例子来生活”的案例(*zēn kata paradeigma*,326c8)。

其次,这些围绕“是否”问题的争议,与针对问题任何一方提出的论证的目的和结论的某种概念有关;其目的正是说服另一方放弃他本人的意见,并采纳自己的意见。要点是不仅仅参与这种争论的人们想要相互说服对方,包括苏格拉底在内的一般参与争论的人也许都是如此。毋宁说,要点是此类争议的参与者认为,说服另一方最终是其论证实践和活动 128 的单一的或主要的目的。正如高尔吉亚在试图确定他(在公开场合)擅长的演讲有何特点时,所指出的那样,这种技巧的目的恰恰在于说服(*peithō*)。说服对方是双方在双边问题的对立面上相互争论的目的。因为这就是这类论证的目的和结果,所以这种争论特别适合于,在这些对话中的一些案例中人为设置的“论证比赛”(*agōn logōn*)。

再次,这种论证模式,以及由这些论证所展开的争论是对抗性的:对抗性而不是合作性。这种论证的对抗性是显而易见的;它直接来自争论性的(agonistic)和一般而言基于争论的(dispute-based)论证模式中的论证的目的。既然这样的论点是以说服主张问题的另一方放弃自己的立场,并采纳说服者的立场为目的的单一或主要目的而进行的,那么问题的另一方就被设想成正如一个对手和敌手(an opponent and adversary)一样。

为什么以及在何种意义上说这种对抗论证是不合作的,这一点是很清楚的。关键并不在于那些在问题的对立面上争论的人(即争论者、对手、敌手)相互之间都需要如此恶劣地对待,以至于他们不愿意跨越问题两边的分歧,给予对方帮助。我们已经看到,虽然这些对话中的一些争论或大多数争议都是本着某种敌意进行的,但在某些情况下,敌意是明显的、不加掩饰的,并且是没有礼貌的(如《高尔吉亚》和《理性国》的第一卷),而其他争议则以一种明显友好的精神进行(如尼西亚斯与拉克斯之间的争论)。即使争议者在争议事件中有重大的个人利害关系,仍有余地在相对友好的关系中进行此类争论。柏拉图通过普罗狄科论证了这一点,这一点也在同一对话中苏格拉底与普罗泰戈拉之间的关系中得到了很好的体现。因此,这种对抗性争议的不合作性不是争议双方之间有多少敌意或友谊的问题;因此,这不是争论者的道德品质和道德心理的结果,也就是说,与以下事实无关:人们是否以及在何种程度上倾向于友善地对待反对他的人,并且,即使争议的事情与本人有利害关系也友善地对待他人。129 波鲁斯、卡利克勒斯和色拉绪马霍斯缺乏这种道德品质;但普罗泰戈拉在一定程度上具有这一品质,高尔吉亚看上去更恰当和完整地具有这一品质。相反,这种对抗性争论的不合作是这种争论的结构、逻辑和目标的结果;即主张问题一方的人或派别论证他所认为的与他人或另一方派别不同(与之分离、与之相反、与之不相容)的立场;并且这样做时,唯一的(或者主要的)目的在于说服另一方放弃自己的立场。

作为结果便是争论的双方都不会合作,无论他们在不争论的时候是多么友好、乐于帮助。问题一方的争论者不会接受另一方的帮助,因为在他看来,这可能会使他被对方说服。这种后果并不是因为竞赛的逻辑,即一般的竞赛,甚至是关于论证的争论;如果说有原因的话,这是因为劝说的逻辑和个人简单的或主要的说服另一方放弃他的意见并采纳自己的意见的目的的逻辑。因为如果一个人的目的是劝说另一个人放弃自己的意见并采纳说服者的意见,那么,为了避免不连贯和明显不一致,此人就不能想被说服,放弃自己的意见而采纳另一方的意见。

这种论证的对抗性和非合作性特别重要,因为苏格拉底在这些对话的几处文本中(从特定的论证中抽出一小段时间,并思考论证和活动),他自己承诺了一个要求,即,他和对话者(他们在很多情况下也是争论的对手)之间的争论应该是合作性的。我们将会看到,苏格拉底的这个要求所表达的意义不仅仅在于参与者应该友善地对待彼此,而且应该以某种方式来协助对方。毋宁说,苏格拉底的意思是,两个参与者应该“一起探索”,并且应该将他们的论证设想为“联合探究”。[1]我们将会看到,这涉及参与探究的一位参与者对另一方提出的论证和理由保持开放的态度,以至于他可能会发现自己处于被这些论证和理由说服的危险之中,或者,确定地,把另一方最初提出的那些理由,当作是自己的理由;在这种情况下,他会发现自己处于一种*aporia*的状态:意味着论证和理由之间的冲突,不是在他与他人之间,而是在他与他自己之间。如果这个说法正确地反映了苏格拉底对这些争议的对抗性的态度,即他拒绝这种对抗性的明显含义,而且他所 130

① 参看《卡尔米德》165b-c;《普罗泰戈拉》361d;《大希庇亚》295b。

辩护的是合作性，那么我们就必须假设苏格拉底虽然作为这些争论的一方参与争论（但不是全部；参见《拉克斯》），尽管他肯定能够像任何对话者一样有意获胜，但他想要颠覆这种争议性的论证，或者一般而言基于争论的论证模式，并且想要否定这种论证的概念和其背后论证的目的。

5.3 与争论性论证概念相关的理由概念[①]

正如我们看到的，这些对话中的纷争和争议围绕“是否”问题展开，并指出这些问题的一个功能，涉及某种理由（*logoi*）的概念；理由，即构成由支持双边的“是否”问题的任一边所提出的论证。大体上，这是一个工具性的理由概念。构成这种论证的理由的工具性特征，即争论性的和一般来讲的基于争议的论证，直接来自于这种论证的目标和目的的概念。由于这种论证是以单一或主要的目的进行的，即为了说服在问题的另一方争论的人放弃自己的立场并采纳说服者的立场，所以构成论证的任何事物都必须视作实现这一目的的手段，并且是实现这一最终目标（即说服）的一种手段。

我们可以推断，这里理由的工具性特征在于对某种观点的承诺：即如果在影响说服方面有效，那么某件事就是一个好理由。如何理解这一观点呢？我们应该注意到，我们并不能这样理解这一观点：任何能够有效地说服对方的事物，比

131

① 在第7章中，我们将考虑与这些对话中的“是否”问题的其他功能相关的理由的概念，即表述*aporia*的*aporia-articulating*功能。本节的一些要点，特别是对理由的主要区别，最好理解为预演了第7章中更充分的讨论。

如嘲笑他、讥笑他、对他大喊大叫、甚至暴力威胁(这些战术并不是这些争论中的有些争论者无法获得的),因此可以是一个很好的理由。因为理由是构成论证的东西;而构成论证的东西是主张(断言、命题;*logoi*)。这应该是显而易见的;它直接源于这样一个事实,即这里的一个论证,无论它涉及什么,首先是一个人为特定的主张辩护或反对相矛盾的主张。工具性理由概念背后的理念必须被理解为:某个事物是一个很好的理由,如果它在特定主张中能有效地说服,并且在矛盾的主张中有效地使人不相信。因此,即使在这种工具性的理由中,理由之所以好(也就是说,它在实现说服方面的有效性)必须源于理由作为一个特定的主张(断言、命题),即,理由的有效性来自于其命题内容(its propositional content)。

如果我们认为提供理由的目的恰恰是说服另一个人,那么我们如何理解理由呢?特别是,要说服另一个在双边问题上持相反立场的人呢?这是一个大问题,但也许下面的答案此刻对我们已经足够。基本上,如果提供理由的唯一目的(或主要目标)是说服另一个人,那么最重要的目标就是将自己的理由和命题内容调整成适用于试图说服的人的信念,并将其调整到为了最有效地设计这种说服力。从这个意义上说,一个人的论证方法从根本上说就是“针对人身的”。

这开始指向一个普遍的理由概念,因为我们可以从总体上得出这些理由的某些特征,也就是说,这些从属于说服目的的理由。总而言之,理由将首先是“针对人身的”或与人相关的(person-relative),而不是与人无关的(person-neutral);其次,它们是表面的好理由,而不是真正的好理由;再次,它们是比较性的理由,而不是绝对的理由。[①]人们关注的是提供对试图说服的人来说令人信服的理由(一个人的争论对手、敌手、反对者),可能对他来说,比他自己的信念和他所持有的理由更为可信。理论上有可能存在着在与人相关的和与人无关的理由之间的区别,或者在某人(试图说服的人)看来是好的理由,和对于特定的人或甚至对任何人都不是看起来的好理由之间的区别;或者绝对的好理由与相对的好理由之间的不对应。但是,如果一个人的主要和最终关切是为了说服,那么,似乎对此人来说,这些可能性仅仅在理论和学术上很有意思,但是基于论证的考虑,却对此没有明显的兴趣。

132

在第7章中,我们将更加适当和充分地处理这个重要问题;这个问题指论证中的理由的概念与"是否"问题的两个功能都有关联:呈现纷争的功能和表述*aporia*的功能。我们在本章中的目的是要说明这些对话中的"是否"问题呈现纷争的功能;并且要以相对简短的方式来做到这一点,特别是在预期到我们目前将转向的另一个表述*aporia*功能的情况下。人们一般都熟悉,柏拉图将苏格拉底展现为批判地对待一种与智者联系的实践和论证观点,即,一种争论性的观念;对此,我们现在提供了一个概括的分析。然而,确定柏拉图想要对抗这个概念而主张的论证概念,以及他所主张的构成论证的理由,是一个更大和更难的问题。该问题构成了本研究剩余部分的主要内容。

---

① 有关这些区别的理由,请参阅第7章。

第六章 “是否”问题和对 *aporiai* 的阐明

众所周知，纷争(controversies)和争议(disputes)构成了柏拉图早期对话的重要组成部分；而且，我们迄今的结论不应该显得令人吃惊，即在纷争和争议中，“是否”问题起着重要作用。但是，这不是“是否”问题的唯一功能。因为我想论证，在柏拉图的早期对话中，“是否”问题一个明显不同的功能是表述特定的 *aporiai*(*aporiai* 指的是同一个人之内理由之间的冲突)。

这一说法，即这些对话中的“是否”问题具有实质性的表述 *aporia* 的功能，与这些对话中关于 *aporia* 的地位和特征的传统和根深蒂固(well-entrenched)的观点相矛盾。因此，我准备(在第 1 节)通过考察这个观点来开始我的论述，提出对它的深入分析，并用此来评估其合理性。在本章剩余部分(第 2—5 节)，我将详细陈述四个关于“是否”问题表述 *aporia* 的案例研究：

(1)在《游叙弗伦》开头的 *aporia*，以及它是如何引入“是什么”的问题，即“什么是虔敬？”

(2)在《卡尔米德》中途提出的*aporia*,以及它如何激发、构建,并为对话的剩余部分提供探究的目标。这通常是针对“是什么”的问题,即“什么是节制/心灵的健全?”

(3)《普罗泰戈拉》结束时的*aporia*,以及它如何激发并证成了对德性定义的需求。

(4)《美诺》结束时的*aporia*,以及它如何激发和证成了相同的需求。

这些*aporiai*的共同之处在于,首先,它们由一个“是否”问题(或这些问题的组合)来表达。其次,它们来源于同一个人(通常是但并非总是苏格拉底)论证问题的两方面。我认为,值得注意的是,在柏拉图式的对话和构成这种对话的探究中,这些*aporiai*位于三个不同的位置:开始(《游叙弗伦》);中间(《卡尔米德》);最后(《普罗泰戈拉》和《美诺》)。我们将回到这一点(在第8章中),即,构成早期柏拉图对话的研究中关键性的*aporia*的特殊地位;以及*aporia*可能会在对话的开始、中间或结尾出现的事实。我们认为这对于理解这些对话中的探究结构具有特别重要的意义。同样值得注意的是,这些*aporiai*不涉及“是什么”的问题,并且可以在不考虑“是什么”的问题或对定义的需求的情况下被理解。最重要的是,它们提供了引入相关的“是什么”问题以及对定义的需求的(非常亟需的)动机和证成。

134

6.1 针对现有研究的回应

柏拉图早期对话中的“是否”问题具有实质性的表述

*aporia*的功能，这一点并不为学界所熟悉。不仅评论者并不总是将这些对话中对特定的*aporia*的表述，与柏拉图使用的“是否”问题联系在一起，而且存在着一种长期占统治地位的解释传统，认为这些对话中的*aporiai*，即双边问题所表达的*aporia*（同一个人认为问题的两边都有很好的理由来支持），是缺席的。关于柏拉图早期对话中的*aporia*的传统观点，已经被人们普遍接受。这种观点总是被默认，很少得到说明或辩护（梅乐斯·伯恩耶特于1977年发表的明确辩护这个观点的论文是少有的例外）。传统观点可以归纳为两个主张的结合：[①] 首先，柏拉图早期对话中的*aporiai*是精神状态（the mental state）意义上的困惑，这些困惑来源于人们的追问，具体来说是对某物“是什么”的问题的追问失败之后。其次，这些对话中的*aporiai*的含义并非是“特定问题”（particular problems）；这里说的“问题”指亚里士多德在《论题》中描述为“被双边问题表述，双方都有可信的理由”的问题，并将之

135

① 在这些对话中采用*aporia*的传统论述的评论者包括：伯恩耶特（1977a），他认为“早期的对话重视困惑（perplexity）仅仅是为了去除某些人在知识上的自负的一个必要的步骤”，而后来，在《泰阿泰德》中苏格拉底被形象地描述为知识的助产师，*aporia*才被视为“创造力的状态，创造性思维的第一次刺激（stirring）”（p. 11）；卡恩（1996年，例如p. 99）；马修斯（Matthews，1999）认为，“亚里士多德使用希腊词*aporia*……以寻找可识别的谜题（conundrums）或困惑（puzzles）……相反，柏拉图在这个（《拉克斯》）和其他早期的对话中，倾向于使用*aporia*及其同源词来表达一种精神混乱（confusion）、困惑或无助的状态”（pp. 29-30）；贝弗西留斯（Beversluis，2000）；沃尔夫斯多夫（Wolfsdorf，2004）。即使是埃勒尔（Erler，1987），他总体上对早期对话中的*aporia*的各种用途和功能特别敏感，但却将*aporia*的概念完全与aporetic这个概念联系起来（见p. 18）。但后来在这本书中（p. 92），他认识到*aporia*的状态也与双边的“是否”问题有关。基于对证据的考察，对柏拉图在这些对话中使用术语*aporia*及其同源词的适当论述，参看奥普索姆（Opsomer，2001）。

(《论题》A.11,104b12-14)归入*problēmata*这一术语之下。根据传统观点,在柏拉图早期对话中并没有这样的*aporiai*。

我对第一个主张并无异议。至少如果将这理解为是针对在这些对话中的某些*aporiai*的主张时,我并无异议。因为不可否认,在这些对话中,存在着以下意义上的*aporiai*:由于一个人在追问已经失败时,产生的精神困惑的状态(无论是针对“是什么”的问题或任何其他问题,尤其是针对“是否”问题);当然,这就是为什么我们通常将这些对话称为“aporetic”(疑难式)的原因。我不认同第二个主张,即认为这些是柏拉图早期对话中仅有的*aporiai*。在这些对话中可能有不止一种*aporia*,这符合柏拉图对*aporia*这个术语及其同源词的使用。因为我们可以假定,柏拉图是在基本含义上使用术语*aporia*及其同源词:它源自在论证和探究中,人们遇到了障碍物而产生的精神状态,这一障碍阻碍了人们推进并完成论证和探究。但是他可以通过区分这种障碍可能采取的不同形式,来区分不同类型的*aporia*。这个建议与*aporia*这个术语的原始词源是一致的,即“不能通行”“无法前进”“不能跨越”(最初是指跨越河流)。

让我们更仔细地考察一下,传统观点对柏拉图早期对话中的*aporia*的地位和特征的论述。应该清楚,这种观点是实质性的,而且远非清楚明白。显而易见,并且仅仅基于对这些对话的普遍熟悉的程度:它们通常以*aporia*的方式结束,因为它们以未能确定所讨论的“是什么”的问题,以及与困惑相关的状态而告终。但是,还远远不能证明,这便是*aporia*

在这些对话中的唯一位置。更不明显的是，*aporia*并没有以一种特别不同的方式起作用，也就是说，正如一个人意识到一个具体的问题而引起的困惑（这一具体的问题通过双边问 136 题来表述，并且两边都有很好的理由）。的确，值得注意的是，在柏拉图使用术语*aporia*及其同源词的实例中，一个明显的情况就是*aporia*的语法对象（grammatical object）可以是一个“是否”问题。因此，普罗泰戈拉对苏格拉底说：

> 苏格拉底，你是否对“德性是否可教”感到惊奇（*thaumazeis ei*）和困惑（*aporeis ei*）？[①] 但是，我们不应该对此感到惊奇，如果它不能被教导，那将是更令人惊奇的事情。（《普罗泰戈拉》326e3-5）

从我所能够确立的观点来看，传统观点被认为是非常熟悉、毋庸置疑的，甚至可以至少追溯到半个世纪前，而且不仅仅是使用英语的学术界；这表明它的起源相当久远。我们可能会怀疑它是现代学术的产物。当然，这与学园怀疑论者相抵牾，他们认为自己是柏拉图的正式接班人，因为他们强调这些对话中两难论证的存在和重要性；并且他们认识到*aporia*的地位以及*aporia*这个术语在这方面的地位。[②]学园怀疑论者对柏拉图的困境式（dilemmatic）、基于*aporia*的论

① 我们可能会注意到，在间接问题（indirect questions）中，*ei*的意思是“是否”（*poteron*，见史密斯[Smith，1920，§2671]）；因此我们做了这样的翻译。

② 参见安纳斯（Annas，1992，pp. 65-66）；布里顿（Brittain，2006）在他为西塞罗的《学园》一书所做的简介写道：“他们（学园怀疑论者）主要通过他们的哲学问题的‘两边论’（on either side）的方法来描述他们的立场”（xii）；和格勒（Görler，1997，第三部分）。

证方式的引用的力量和影响力在几个世纪之后仍然能明显感觉到。努梅尼乌斯(Numenius)花费了大量的精力,竭力替柏拉图反驳。[①]我的推测是,传统观点起源于19世纪的柏拉图学界,可能开始于爱德华·策勒(如果不是更早的话)。

我没有在此处将这个传统对柏拉图的早期对话中*aporia*的地位的论述的起源进行适当的历史考察,只想对这个观点的实质内容提出以下分析,并利用这一分析来评估其合理性:首先,传统观点认为,这些对话中产生*aporia*的原因是,通常是在对话结束时,找不到正在讨论的问题的答案。现在,说这是造成这些对话中的*aporia*的一个原因(a cause)并不是什么新鲜事。但为什么认为这是唯一的原因(the cause)呢?或许,由于承诺了以下观点——这是一个时间不会更短、长期占统治地位的解释传统的一部分(我们推测它同样可以追溯到策勒,如果不是更早的话):当然,在这些对话中有各种各样的问题,并不是所有的问题都以"是什么"的形式出现,显然,定义问题是核心问题,它决定了这些对话是关于什么的,即追求某些事物本质的知识,特别是道德品质。但是,我们已经看到,这种观点忽略了这些对话中明显存在的,并且被柏拉图区分为另一种形式的问题,即"是否"问题。

137

其次,传统观点将*aporia*放置在对话的结尾;它认为在这些对话中出现的*aporia*等同于它们通常以*aporia*结尾的事实(因此是所谓的"aporetic对话")。因此,它将*aporia*放置在

---

① 参看努梅尼乌斯(Numenius)(依据佩蒂[Petty,2012]),在729b4 ff.对阿尔凯西劳的论述和737b1 ff.对卡尔内亚德的论述。

探究结束时;延伸的探究即构成了柏拉图早期对话的探究。现在,认为在这些对话中,这是*aporia*的一个位置(a place)并不新鲜。但为什么认为这是它唯一的位置(the place)? 因为有明确的证据证明相反的情况;甚至我们先不考虑如下事实:在这些对话中使用*aporia*这一术语及其同源词的众多例子中(奥普索姆在2001发表的论文中做了全面记录),仅有两个例子出现在对话结尾处(《拉克斯》200e和《大希庇亚》304c)。例如,在《卡尔米德》中,苏格拉底明确提到了一个特定的*aporia*(明确说是*aporia*),他这样做是在对话的中途(167b7)以及对话的一个特定阶段(当大部分的对节制的探究仍然是悬而未决的,是否他们的探究会成功,是否他们会找到什么是节制仍是个开放问题)。早期在《普罗泰戈拉》(324d2-e2)中,重复使用的术语*aporia*和*aporein*就说明了一切。*aporia*位于探究的结尾,并指示其失败的假设当然不是由*aporia*这个术语的基本含义确定的,即“不可通过”“无法前进”“无法跨越”(最初指跨越河流)。*aporia*这个术语的基本含义所许可的毋宁说是*aporia*所处的是这样一个位置:*aporia*位于一个探究的节点,在这个节点上,存在一个障碍阻碍了人们进一步推进并成功进行探究。但是,这种障碍可能会以挑战的形式出现,并成为进一步探究的动机和起点;即进一步探究,其目的正是为了克服这一障碍并解决这一*aporia*。

传统观点为什么在对话结束时找到*aporia*? 为什么评论者很容易认为这些对话中的*aporia*位于探究的最后,并表明

探究的失败？以下答案本身已经很清楚。让我们再次回顾
138 一下这个观点，这个观点是一个历史并不短暂，且占统治地位的解释传统的一部分（第一个前提）："是什么"的问题是这些对话的核心问题，它决定了这些对话是关于什么的，即追求某些事物本质的知识，特别是道德品质。现在再补充一下这个观点（第二个前提）：在这些对话中，没有任何一个对话呈现了（即便直到对话的结尾以及它所构成的扩展探究的结尾）苏格拉底已经得到了一个令人满意的对于"是什么"问题的答案。这个问题是他在对话中原先负责提出的问题。在这两个前提下，并不是一个很大的步骤（a large step）就可以断定这些对话中的 *aporia* 位于探究的最后，并表明其失败，特别是对"是什么"问题的探究；并且，并不是一个很大的步骤就可以为这一对 *aporia* 位置的论述找到很好的证据：毫无疑义的和不可否认的事实是，通常这些对话以 *aporia* 结尾，并且之所以如此是因为未能找到所追问的"是什么"的问题的答案。

那么，认为对话中的 *aporia* 是在探究的结尾处，并表明其失败，这种推理有什么错呢？从这两个前提得到这个观点的推论，似乎并没有错。第二个前提显然是正确的。错误恰恰在于第一个前提。它认为，"是什么"的问题是这些对话的核心问题，它决定了这些对话的内容。正如我们所看到的，这种观点忽视了这些对话中突出的一点，这一点被柏拉图认为是一种不同形式的问题，即"是否"问题。假设我们取消了这个前提，并且用一个修正后的论题来代替它（修订后的前

提):在柏拉图的早期对话中,"是什么"的问题并不是唯一的核心问题;相反,还有一种不同形式的问题。这种形式的问题被明确区分,并且其占据的地位,其被讨论的充分程度,并不亚于"是什么"的问题。我们现在所能得出的只是:在这些对话中,*aporia*的一个位置,即由于失败(通常是在对话结束时)未能找到答案的*aporia*,位于探究的结尾并表明其失败。我们不能得出结论,认为这是这些对话中*aporia*的唯一位置。现在很明显,诉诸这个明显的和不可否认的事实,即这些对话通常以*aporia*的方式结束,并且之所以如此是因为没有解答"是什么"的问题,尽管这当然对于一些位于探究(用以处理"是什么"的问题,并且表明了这些探究是失败的)结尾处的*aporiai*来说(即由于未能找到"是什么"的问题的答案 139 而引起的)是一个很好的证据,但这并非所有这些对话中的*aporiai*都是如此的证据。

6.2 第一个案例研究:《游叙弗伦》开头的*aporia*

我们习惯于把《游叙弗伦》想象成一个早期的柏拉图对话中一个清晰明确的例子,认为这些对话以一个"是什么"的问题开始,而追问这一问题就是这个对话剩下的篇幅的主题。然而,这个对话引入"是什么"问题的方式,值得仔细研究一下。因为可以表明,仔细分析4b-e可以看出,当苏格拉底问道:"告诉我,你说的虔敬是什么?不虔敬是什么?[*lege dē, ti phē(i)s einai to hosion kai ti to anhosion;*]"从而引入(5d7)"什么是虔敬/圣洁(*hosiotēs*)"这个问题,是在以下的

"是否"问题之后,而且被这一问题推动,并在某种程度上被这一问题证成:假设如游叙弗伦对事实所做的陈述(即他父亲让家奴死亡和所有这些情况)以及他关于案件的思考,以及由此产生的起诉的决定,游叙弗伦的行为是虔敬的,或者相反,是不虔敬的?

在立即回应游叙弗伦的论述(在4b7-e3)和他的行为理由时,苏格拉底(4e4-8)提出了一个尖锐的问题;可以表明,这是"是否"问题:根据他自己的考虑和他认为他对自己的行为所持的理由,游叙弗伦起诉他父亲是否是虔敬的,或者相反,是不虔敬的。苏格拉底提出的问题如下:

> 宙斯在上,游叙弗伦,你怎么认为你能确定地知道神圣事物是怎样的,也就是说,涉及虔敬和不虔敬的事物,如果事实正如你所说的那样,你不担心在起诉你父亲时,你有可能相反是在做不虔敬的行为吗?①

苏格拉底在这里提出他的问题等于"是否"问题:根据他140自己的考虑和他所认为他行为的理由,游叙弗伦起诉他父亲是虔敬的,还是相反,是不虔敬的。这一点可以通过以下观察来表明。首先,苏格拉底并没有挑战游叙弗伦的论述,相反,他明确地以它为前提开始他的考察(参见 *toutōn houtō*

---

① 对于翻译,"你不担心在起诉你父亲时,你有可能相反是在做不虔敬的行为?"[*ou phobē(i) dikazomenos tō(i) patri hopōs mē au su anhosion pragma tunchanē(i)s prattōn* (4e7-8)],参看史密斯(1920, §2230);除了史密斯故意省略引用,并将 *dikazomenos tō(i) patri* 翻译成"起诉你父亲"并且将 *au* 翻译为"相反"(并参见§2802中的这种意义上的 *au*)。

prachthentōn hōs su legeis，“如果事实如你所说的那样”，4e6-7）。其次，苏格拉底问游叙弗伦的并不是：

> Q1 你怎么认为（或者：你确信）你确切知道哪些行为是虔敬的，哪些行为是不虔敬的？

而是：

> Q2 你怎么认为（或者：你确信）你确切知道事情在这方面是怎样的，也就是说，涉及虔敬和不虔敬的事情，如果事实上这个情况如你所描述的，你不担心在起诉你的父亲时，你的行为是一种不虔敬的行为吗？

Q1和Q2这两个问题之间的差异是相当大的。前一个问题，Q1，等于问“你怎么确信你一般地知道什么是虔敬，什么是不虔敬”。这就是说，这就等于质疑并要求一个人证明他为何自信地知道一般地如何将“虔敬”一词应用于某一特定的事物（即任何特定的事物）以做出真实的判断。因此，这个问题必须被理解为已经等同于或者已经隐含了对事物之所以是虔敬的标准的要求，即对“什么是虔敬”的要求。也许它甚至可以被理解为已经隐含了对一个事物虔敬的一般标准的要求（也就是对虔敬的定义）。因为当苏格拉底在5d1-7引入了“是什么”的问题时，他立即说明（在5d1-5）他期望答案是普遍的，事实上，他期望答案是普遍的和统一的。[①] 柏拉图

① “在一切行动中的虔敬都与虔敬自身一样，同样，不虔敬的是与虔敬相反的一切，因为它与它本身是相同的，并且有一个单一的特性，只有与之符合，所有不虔敬的事物才是不虔敬的，不是这样吗？”（5d1-5）

让游叙弗伦立即明白地忽略这种期望和需求的力量，并提出一个答案：他只是简单地诉诸他认为是虔敬行为的范例，即他所确定的特定行为："我宣布，我要做的事情就是虔敬"

141 (*legō toinun hoti to men hosion estin hoper egō nun poiō*, 5d8-9)。因此，依据对苏格拉底在4e4-8所提问题的这一解读，苏格拉底在5d6中明确地提出"是什么"问题，必须被理解为明确地提出公式化(formulaic)的请求，并且已经立即回应了游叙弗伦声称他起诉他父亲的行为是虔敬的。这意味着，根据这种解读，苏格拉底直接从一个人的判断出发，即某个特定的事物，O(在这种情况下，是一个特定的行为)，是虔敬的，过渡到对一个事物之所以是虔敬，实际上是一个普遍的标准的需求——对"是什么"和对虔敬的定义的要求。[①]

后一个问题，Q2，恰恰相反，不能被理解为等同于或隐含了对一个事物虔敬的标准的要求。因为这个问题，并不是关于一个人声称知道什么是普遍的虔敬，什么不是，即他声称知道任何行为是不是虔敬的；相反，它是关于一个人声称要知道为何一个非常具体的特定事物(我们可以说特定的一件事)是虔敬的。在这种情况下，这是游叙弗伦决定在这种情况采取的行动，以及他决定采取这样的理由而行动。

可能会有人反驳说，苏格拉底提出的问题虽然明显表达了问题Q2，但也表述了问题Q1；因此，他的问题是关于一个人声称一般地什么是虔敬，什么不是的理由，以及一个人声

---

① 这种解读在研究文献中非常普遍，没有例外。因此，本森写道："苏格拉底似乎在4d9-5d1这里承认关于圣洁(holy)的知识蕴含了'什么是圣洁'的知识。"(本森[Benson]，1990，34)

称知道一件非常具体的事情是虔敬的理由。这种反对意见是基于对这句话的某种解读：“你怎么认为你确实知道事情在神圣问题上是怎样的，就是说，涉及虔敬和不虔敬的事情”（4e4-6）；也就是说，一种依据这个短语来表述问题的解读，Q1：“你怎么认为（或者：你确信）你确切地知道什么行为是虔敬的，什么行为是不虔敬的？”然而，这一解读并不合理。首先，这一解读充其量只是有点别扭；如果读者不希望回头将5d提出的“是什么”的问题带入到对这些话的理解中，那么，读者很难想到这一解读。游叙弗伦肯定不会想到这种情况，因为在理解“是什么”问题时，一旦它被明确地提出并且其含义被阐明（在5d1 ff.），游叙弗伦就面临足够大的困难。其次，这种解读涉及对“具有这种精确性”（*houtōsi akribōs*）这一短语的明显误读。因为这句话不能脱离语境来理解，因此意味着诸如“非常精确”之类的意思。相反，它必须作为*houtōsi ... hōste*建构（construction）的一部分来理解（“具有这种精确度……那么……”）。这表明苏格拉底在提出他的问题时，所说的话只能表述一个问题，即关于游叙弗伦是否知道这种非常具体的特定行为是虔敬的。 142

尽管如此，这种建构（construction）的确表明（“具有这样的精确性……那么……”），苏格拉底认为，游叙弗伦声称要知道这种特别具体的行为是虔敬的，应该是由更一般的知识产生，并且应该基于更一般的知识；而且这些知识是通过“（知道）事物在神圣问题上是怎样的来表明的，也就是说，对于虔敬和不虔敬的事情”。以上这些都是不可否认的。当然,苏格拉底在某种程度上希望从一个人声称知道特定的知识过渡到要求这个人声称知道更多的一般知识。然而,问题在于苏格拉底是如何进行这一过渡的;特别是,我们是否可以假设他想直接从一个人声称,“我知道这个特定的东西 O 是 Φ”,过渡到需要这个人声称知道一个事物之所以是Φ的一个一般性的标准(即,声称知道“什么是Φ”的知识,甚至是恰当的定义)。我的观点是,我们不能根据苏格拉底对游叙弗伦关于这一事例的说法,以及他行动的理由的说法的问题,来设想这种直接的过渡。

这两个对苏格拉底问题的解读之间有着很大的差异。依据认为他(也在)追问前一个问题,Q1,的解读,或者,苏格拉底没有提出任何特殊理由来提出质疑,并且要求说明游叙弗伦对这一特定知识的主张,或者,我们必须假设理由可以在以下论题中找到,这一一般性的论题明显没有说明,至多是隐含的:

> 关于定义的优先性的论题,涉及宣称知道一个具体事物是什么样的主张。

以“O是Φ” 的形式出现的主张,如果它是对知识的主张,则必须基于关于一个事物之所以是Φ的普遍标准的一个论述。

另一方面,依据认为他仅仅是在追问后一个问题,Q2,的解读,苏格拉底明确地提出了一个特殊的理由,质疑了游叙弗伦的知识主张,即根据游叙弗伦自己对该案件的说明和他的行为理由的论述,如果他做了他已经决定要做的事情,并且在这些考虑的基础上这样做(即,起诉他的父亲)他的行为是虔敬的,而不是相反,是不虔敬的。 143

这也体现在两者之间的区别上:

A. 一个人是否知道,一件特别的事情是Φ(如前一种解读所示)以及

B. 一个人是否知道,一个特定的事物是否是Φ,或者相反,是Φ的反面[如后一种解读所示;参见 *au*(“相反的”)... *anhosion*(“不虔敬的”),4e7]。我需要立马补充的是:以上二者的区别不是以下二者之间的区别(就像依据前一种解读,依据这样的一个对其的变体)。

C. 一个人是否知道一个特定事物是否是Φ(例如,白色)或者是不同于Φ的事物(*heteron*)(例如,灰色、黑色、红色或者甚至是正方形)和(就像依据后一种解读一样,依据这样的一个对其的变体)

D. 一个人是否知道一个特定事物是否是Φ(例如,白色)或者是Φ的反面(*antitheton*)(例如,黑色)。

毋宁说,这一区别指的是(依据前一种解读):

E. 一个人是否有充分的理由和证明(justification)有权声称知道某个特定的事物O是Φ,和(依据后一种解读)

F. 一个人是否有理由断言某个特定的事物是Φ,或者是否有理由否定它是Φ并断言它不是Φ。

以上的区分意义重大。在前一个的解读中(E,即我质疑的传统阅读),苏格拉底这样来反对游叙弗伦对于知识的主张:在缺乏一些更一般的知识,尤其是关于一般定义的知识的情况下,游叙弗伦有足够的理由有权声称知道某个特定的事物O是虔敬的。这与认为苏格拉底允许以下这一点是一致的:即使在缺乏这种一般知识的情况下,游叙弗伦可能有理由相信这件事是虔敬的,只不过这种理由不符合知识的要求。评论者总体上和我们前面提到的一样,都热衷于利用这种不符合知识的,在严格意义上的知识(knowledge proper)与被证成的真信念(justified true belief)之间所做的区分。[①]然而,在后一种的解读中(F,即我正在辩护的解读),目前还尚不清楚是否在知识与不符合知识的真信念之间所做的区别有何重要意义。因为,在这一解读中,苏格拉底质疑的是,根据他(即游叙弗伦)对案件和他行为的理由的描述,游叙弗伦是否有更多的理由,或者更好地证成,认为这种行为是虔敬的,而不是相反地认为是不虔敬的。当然,苏格拉底认为,为了解决这个问题,需要知识本身,确切地说是“准确的”(exact)和“明确的”(clear)知识(参看,*akribōs*,4e5 和 5a2,*saphōs*,5c8)。但是,根据这一解读,他之所以认为如此,是因为他认为存在有待解决的理由的冲突;而不是因为他认为关于知识的主张[相对于认识论上更谦逊(modest)的主张]已经被提出。

144

① 参看芬恩(Fine,1992,p. 215)。

根据苏格拉底对游叙弗伦关于这一事例及其行动理由说明的正确解读——也就是说,他所追问的只是Q2——我们应该预料到,根据游叙弗伦的说法,就他依据这些考虑自信地认定他的这一行为是虔敬的,也有理由认为它恰恰相反是不虔敬的。我们的确在游叙弗伦的论述中发现了这种相互矛盾的理由(即在4b7-e3)。[①]游叙弗伦所提出的起诉理由是:虔敬要求通过起诉行动者来净化行动者和他的亲属所犯下的杀戮罪行,即使它是在某种应该减轻惩罚的情况下(因此,正如我们所说的那样,是“误杀”而不是“谋杀”)。[②]另一方面,反对起诉和拒绝起诉的理由是(至少根据游叙弗伦的家人和一般的观点):“儿子起诉他父亲谋杀罪是不虔敬的行为(*anhosion*)。”(4d9-e1)

我们必须问:游叙弗伦自己是否认为行动者(agent)是他父亲这一事实至少是反对他起诉的一些理由?当他说“在死亡的人是一个陌生人还是一个亲人之间做区分(*ti diapherein*)是荒谬的(4b7-8)”,这当然给人的印象是他甚至不承认这一事实作为任何反对他起诉的理由;我们可能会说,甚至没有初步的、不确定的理由——甚至没有表面上的(*prima facie*)理由。然而,我们并不能很快地单单从这个短语(*ouden diapherei*)中得到的印象而推断出,在他对案件和他的行为的

145

---

① 埃尔文(Irwin,1998)很好地记录了这一点。

② purify 的动词是 *aphosiein*, 4c2;我们可以比较拉丁文 *expiare*,“接受惩罚”(to expiate)。动词 *aphosiein* 由动词 *hosioō* 构成,“使之圣洁”,“纯净/净化”,以及介词 *apo*,意思是“回报”(in return),“恢复”(back)。因此它意味着:“恢复圣洁”,“恢复圣洁特有的纯洁”。

理由的总体论述中，游叙弗伦根本没有考虑行动者是他父亲这一事实。首先，如果接受了 the *ouden diapherei* 的这种解读，就很难看出为什么苏格拉底被认为主张：基于游叙弗伦自己的论述，有理由（并且可能是更重要的理由）来反对游叙弗伦的起诉。为了理解游叙弗伦将自己与他家人的观点和人们普遍的观点相对立，不需要将 *ouden diapherei* 做这种解读（并且它没有提供适当的对比）。因为，游叙弗伦将之归为他的家人和人们普遍的观念，并不是认为行动者乃他父亲是反对他起诉的一些理由，甚至是重要的理由。毋宁说，（游叙弗伦认为他的家人和人们普遍的观念是）行动者乃他父亲是反对他起诉的确凿理由；把它看作是确凿的理由：即使与公认的事实相反，假定没有减轻惩罚的情况，父亲所做的只是单纯的谋杀（*phonos*，见 4d9-e1）。为了理解游叙弗伦为何将自己与主流观点对立，以及在他的观点和他自己反对的观点之间提供恰当的对比，所需要做的是两件事情。首先，我们必须假设他自己的看法是：即使行动者是他父亲这一事实是反对他起诉的理由，这也不是确凿的理由。其次，我们必须假设，游叙弗伦对考虑周全之后有什么理由很有信心（游叙弗伦对他知道他应该做什么有信心），他认为应该做的恰恰是起诉。

根据这一解读，把游叙弗伦的道德观点与他的家人和周围人（*tōn pollōn anthrōpōn*, 4e5）的道德观点区别开来的，并不是他想全盘否定某些传统的、根深蒂固的道德理由；诚然，孝敬是虔敬的重要条件，这是希腊虔敬概念的一部分。毋宁说，他的道德观点的独特之处在于：首先，他拒绝在他看来是过于僵化、无差别、毫无洞察力的对那些理由的使用；其次，他认为自己认识到，他面临的这种情况需要权衡彼此不同且可能相互冲突的理由；再次，他相信他有能力进行这种估计（estimation）并准确地（*akribeia*，见4e5和5a2）确定这样做的正确结果是什么。我们可以设想，这些特征合在一起，揭示了游叙弗伦的傲慢自大和他对自己所拥有的知识品质和准确性的信心。 146

但是，这种解读与游叙弗伦的话是否一致，当他说“在死亡的人是一个陌生人还是一个亲人之间做区分（*ti diapherein*）是荒谬的”（4b7-9）？有人可能会论证：如果我们观察到这些词构成了两个相互对立从句的前者；而后者所说的是“唯一应该注意的事情”（*touto monon dein phulattein*）是行动者是否有理由[*en dikē(i) estin*]像他一样行事（即，让家仆死亡是正确的，或者至少是允许的），在这种情况下，他应该不被起诉，或者相反，他是不合理的（即让家仆死亡是不被允许和错误的），在这种情况下，他应该被起诉；而且这是唯一需要注意的事情，不管行动者是否与潜在起诉人（4b9-c1）是家人关系（shares home and hearth）。为了确定前一句的含义，我们需要弄清楚后面与之对立的后一句的意思；因为我们需要清楚游叙弗伦在这里做对比的意图。关于后一句，我们必须具体地追问，在这里，“唯一应该注意的事情”（*touto monon dein phulattein*）这个词是什么意思，也就是说，当它被游叙弗伦用来描述考虑时（对他来说是典型的考虑），导致他得出的结论恰恰是他父亲应该被起诉。这个短语的意思是在一个人要考虑的事情中“唯一需要考虑的事情”,还是意味着作为考虑的目标“唯一需要考虑的事情”? 除非我们假设游叙弗伦说的这句话是纯粹空洞的言辞,否则我们不能合理地认为它意味着前者,我们必须假设它意味着后者。因为很明显,在一个人是否对某人进行谴责(例如起诉他)的考虑中,行动者的行为(在这种情况下,父亲让某个家奴死于某些特定情况)是否正确或至少是被允许的问题并非是一个特殊的考虑。相反,当人们考虑和权衡对这件事情的讨论中的多种因素时,就会注意到这一点。因此,游叙弗伦断言并强调这里的所有的重点(在后面的句子中)是:作为人们考虑的目标,这是人们唯一必须考虑的事情。因此,我们可以认为,他在这里所否认的东西(即在前面的从句中,*ouden diapherei*)是:正如他的家人和人们普遍认为的,对解决这个问题有意义的仅仅是147 行动者是陌生人还是亲属。我们可以得出这样的结论:在《游叙弗伦》中,一个特定的“是否”问题促成和激发了对“是什么”的问题(“什么是虔敬?”)的引入;即,这样的“是否”问题:根据游叙弗伦关于案件和他的行为理由的假设,游叙弗伦起诉他的父亲,正如他根据这些考虑决定做的那样,是虔敬的,还是相反,是不虔敬的?

现在我们可以看到,根据苏格拉底对游叙弗伦论述所做的回应,以及根据游叙弗伦关于这一事例及其考虑的说明,这个“是否”问题表达了一个特定的*aporia*;这意味着同一个人内部(即游叙弗伦)理由的冲突。诚然,我们必须补充:与苏格拉底(例如在《普罗泰戈拉》的结尾)承认自己内部存在这样的理由冲突,并准备向其他人承认这一点不同,游叙弗伦似乎没有意识到在他之内有理由的冲突;或者说,如果他对此有所了解(也许他坚持相信这一点),他会承认这一点。因为根据苏格拉底的回应,但显然也是依据游叙弗伦的论述,游叙弗伦提出并似乎认可的支持起诉的理由以及反对起诉的理由;虽然他确信自己在考虑周全之后知道自己该如何行事,但他显然忽略了在他的考虑中,他以何种方式和通过何种途径得出了这个结论,而不是相反的结论——他所提出的考虑不亚于一个范例。因此,游叙弗伦提出并似乎认可了这个“是否”问题双方的理由:我起诉父亲的这种行为在这种情况下,是虔敬的还是不虔敬的?同一个人内部的这种理由的冲突被恰如其分地描述为一个*aporia*;虽然柏拉图在这里并没有使用这个术语,但他确实在其他地方(例如见《普罗泰戈拉》324d2-e2)在此意义上使用了它。

有两件事特别值得注意。首先,这种理由的冲突并不是不同义务或不同德性之间冲突的结果。比如说,一方面是虔敬的义务或德性,另一方面是与之不同的义务或德性,例如孝顺或孝道;或一方面是不偏不倚(impartial)的公正的德性或义务,另一方面是有所偏袒的爱的德性或义务。因为根据游叙弗伦关于案件及其行为理由的论述,虔敬本身似乎需要,或者确定地证成了,这些相反的理由。其次,这种基于单一概念(即虔敬)的理由之间的冲突并不涉及应用这一概念的边缘情况——一些哲学家有时称之为边缘情况(borderline

148 cases)。相反,理由的冲突处于这个概念的核心位置(我在第8章第4节进一步捍卫了这一观点)。

很显然,这种理由的冲突要求用一种方法来决定在考虑周全后,哪一组理由更有力;是赞成起诉的理由,还是反对起诉的理由?总的来说,很明显,如果一个人在自己内部遇到特定的理由冲突——只要他正确认识到理由的冲突,这些理由就会将他拉向相反的方向——那么他就会有理由想要解决,并寻找方法和手段来解决冲突。这一点同样很明显:在这种情况下,理由的冲突通过一个关于某种特定事物的"是否"问题来适当地表达出来,即,如此这般的特定事物O是否是Φ(例如,儿子起诉他父亲在这种情况下犯下的这种罪行的行为是虔敬的,还是不虔敬的?)。当然,以下内容显然要容易得多,也无可争议:"O是Φ"这种形式的主张是正确的(如果它是一个对知识的主张)必须基于对一个事物之所以是Φ的普遍标准的说明。

然而,并不明显的是,要求解决这种理由的冲突的方法必须被认为等同于对事物的标准(*paradeigma*)的要求(即对什么是Φ的要求)。这一点并不明显,不管"是什么"的问题的答案必须采取什么形式以及它的要求有多严苛(demanding);特别是,它是否必须采用普遍的、统一性和解释性定义的形式,或者可以简单地诉诸一个范例。(当然,如果认为对"是什么"的问题的答案必须采取普遍的、统一的和解释性的定义,那它就更不明显了。)让我们想象一下布鲁塞尔一位高级官员面临有关整个欧盟的交通规则是否应该统一的理由之间冲突；让我们假设他在这种情况下，有解决冲突的理由和愿望，并试图寻找方法解决冲突。为了解决这场冲突，他必须设想“精心设计的交通秩序是什么”这个问题在解决冲突中起了什么作用？也许他必须将这个“是什么”问题的提出和解决，想象为起了一些作用；也许甚至是解决这个冲突的必要条件。但是，即使如此想象也是有问题的。因为他可能会认为这个问题过于笼统和抽象，对解决冲突没有特别的帮助。或许，他可能会更微妙地争辩说，或者这个问题过于笼统和抽象，无法对解决问题有特别的帮助，或者，如果要通过 149 诉诸一个设计良好的交通秩序的典型例子来解决这个问题，比如说瑞典的交通秩序，那么它会产生太多的困难，因为将一种特定形式的交通秩序应用到显然非常不同的情况，比如爱尔兰或希腊，会产生很多难题。然而，即使他承认他可能将这个“是什么”的问题的提出和解决视为在解决冲突中发挥了一定的作用，甚至是解决冲突的必要条件，但是，他是否必须将它想象为发挥一个决定性的作用(decisive role)，并且也是解决冲突的充分条件，则是可疑的——柏拉图显然设想解决这种形式的冲突时，“是什么”的问题所起的作用是“决定性的”，而且也是解决冲突的充分条件。我得出这样的结论：柏拉图从寻求解决特定的理由冲突的手段，过渡到要求对“是什么”和适当的定义的一般性描述(这是柏拉图的决定性步骤)(如果我们目前对《游叙弗伦》引入的“是什么”的问题的考察大体上是正确的)，是一个实质性的步骤；我们需要识别并评估其内在逻辑及合理性。

6.3 第二个案例研究:《卡尔米德》中途开始的 *aporia*

在《卡尔米德》中途开始的 *aporia*(明确地称为 *aporia* 是在 167b7)是一个这样的障碍[我们可以称之为"一个会引起探究的障碍"(an enquiry-generating obstacle)],它阻挡了苏格拉底、卡尔米德和克里蒂亚对节制以及什么是节制进行的探究(或者说"心灵的健全",就像我们也可以这样翻译难以把握的 *sōphrosunē* 一词)。一方面,这是他们争论和探究的障碍,阻碍了进一步推进论证和探究并成功地将之进行到底;在这种情况下,探究是针对特定的"是什么"的问题。另一方面,*aporia* 是进一步探究的动机和出发点;也就是一个具体的进一步的探究,探究的目的正是为了克服这个障碍并解决这个 *aporia*(这项探究占据了这一对话的剩余部分,并确定其结构)。

他们探究的最初问题是"什么是节制"。这个问题首先在 159a 被提出,并与 158c 之前的问题一起被提出(即,这个年轻人卡尔米德是否知道他是不是节制的)。在这次探究的过程中,他们开始认为,无论结果如何,节制都涉及关于自我的知识(self-knowledge);而关于自我的知识反过来又涉及"一个人对知识和缺乏知识的知识"(*epistēmē epistēmēs kai* 150 *anepistēmosunēs*,首先在 166c-e 中被提到),即知道知识的范围和限度:知道自己知道什么,以及知道自己知道,知道自己不知道什么,以及知道自己不知道。苏格拉底在对话中途提出的 *aporia* 是关于这种知识的;他通过以下问题表述了这一点:这种知识是否首先是可能的,其次是有益的(167b1-4)。

很明显,这个问题妨碍了他们探究什么是节制。如果无论其结果如何,节制都涉及关于自我的知识,而且如果关于自我的知识涉及知识的范围和知识的限度,那么这后一种知识必然是可能的,也是有益的(因为可以很自然地认为,节制是可能的和有益的)。因此,如果人们质疑后一种知识是可能的,并且是有益的话,那么在探究什么是节制时,将严重阻碍他们进一步推进这一探究。与此同时,这一障碍并不是在探究的结尾处并表明探究的失败,它位于对这种知识进行深入研究的开始,即“对知识和缺乏知识的知识”,其可能性和价值,及其与节制和一般德性的关系;这个探究实际上占据了该对话的后半部分。

苏格拉底提出的“是否”问题表述如下:

> 那么,让我们重新开始,首先考虑是否有可能存在这样的事情,即知道自己知道什么,知道自己不知道什么,知道自己知道以及知道自己不知道;而且,如果这是非常可能的(perfectly possible),那么,我们知道这一点会有什么好处。(167b1-4)

他立即指出,这些“是否”问题是他的*aporia*的来源,同样也是他的*aporia*的对象和内容:

> 那么,克里蒂亚,考虑一下你是否会比我对这些事情(*peri autōn*)少点困惑(*euporōteros*),因为我确实感到困惑(*aporō*)。我可以告诉你我感到困惑的方式吗?[*hē*

(i) de aporō, phrasō soi;](167b6-8)

在这里,很明显的是,“对这些事情”(*peri autōn*)指的是之前的几行,也就是苏格拉底刚刚提出的两个“是否”问题。

接下来,直到对话结束(175a8),针对这两个问题提出了151 四个论证:

> (1)关于自我认识(reflexive knowledge)(依据关于这种知识是关于什么的特定假设)是不可能的结论(167b10-169d2)的论证;
>
> (2)关于自我认识(依据关于这种知识是关于什么的特定假设)没有益处(169d2-171d2)的结论的论证;
>
> (3)对自我认识大有裨益的结论的论证(171d2-173c7);
>
> (4)关于自我认识(依据关于这种知识是关于什么的特定假设)没有益处的结论的另一个论证(173c7-175a8)。

让我们仔细看看这些论证。我们的目标是:特别是要认识到,通过167b中的两个“是否”问题所表述的*aporia*,如何引起接下来的探究,确定其结构和目标,并且占据了该对话的剩余部分。

总之,苏格拉底的论证如下。首先他认为,假定自我认识只是一个人对知识和缺乏知识的知识,那么就不可能有这样的知识。其次,为了回应克里蒂亚对此论证的反驳,他继续论证说,如果认为自我认识是可能的,那么,再次假设这种知识只是一个人对知识和缺乏知识的知识,那么拥有这些知识是没有好处的。再次,他认为,另一方面,受制于承认自我认识的可能性,拥有自我认识是非常有益的。最后,他认为(回到最初的一面)自我认识只是一个人的对知识和缺乏知识的知识,这种知识不涉及好坏(of the good and the bad),因此它不会是有益的(即,内在的和本质上是有益的)。

苏格拉底在这个问题的两边都论证了自我认识是否有益;因为论证2辩护了否定的答案,而论证3辩护了肯定的答案。至于自我认识的可能性的问题,我们应该注意到,在首先反对了这种知识的可能性之后,苏格拉底继续承认这种可能性,为的是考虑拥有自我认识是否有益。很明显,他做出这一让步是因为下面的假设:如果我们假设拥有一件东西是有益的,那么我们就应该假设有可能存在这样的东西。此外,依据这个假设可以得出,自我认识的有益性论证(论证3) 152 也暗示着是对其可能性的一个论证。这意味着苏格拉底直接反对自我认识的可能性(在论证1中),并间接地论证了它的可能性(作为论证3的结果)。

在这些论证中假设了如果我们拥有的一件东西是有益的,那么我们就应该假设有可能存在这样的东西。首先,当苏格拉底提出关于自我认识的可能性和有益性的问题时(167b1-4),他将对可能性问题的肯定答案作为有益性问题的前提条件(“并且,如果这是非常可能的,我们知道这会有什么好处”)。其次,他断言,提出这个自我认识是否有益的问题,需要“承认”其可能性(169d2-7和172c6-d2)。为什么这个假设被认为是可信的呢?关于自我认识可能性的问题是这种知识是否能够一致地被理解。正如我们所说,这是一个逻辑或概念可能性的问题。我们认为如果我们假设某种事物是有益的,那么我们就可以假设有可能形成一个关于这个事物的合乎逻辑的概念。我们可以得出这样的结论:苏格拉底在回答有关自我认识的可能性和有益性的问题时,他进行了两方面的论证,他直接反对,并直接支持这种知识的有益性;他直接反对,并间接支持这种知识的可能性。

显而易见且重要的是,反对自我认识的可能性的论证是基于这样的假设:即这种知识只是(only)一个人对知识和缺乏知识的知识。但是,关于自我认识的有益性的论证及其可能性的暗示并没有做这个假设。这有什么意义呢?也许苏格拉底认为这个假设显然是错误的。当然,在那种情况下,苏格拉底在两方面的论述,并且这样做是为了捍卫不相容的结论,可以被视为仅仅是表象而忽略。因此,我们需要考虑为什么苏格拉底要在两方面论述自我认识的可能性和有益性,特别是他为什么这样做,即在论证否定的一面时,参照并建基于“只是”(the only)(即假设这种知识只是一个人的对知识和缺乏知识的知识的简称),但在论证肯定的一面时,却没有这种参照。我们将看到,没有理由认为苏格拉底认为自我认识只是针对一个人的对知识和缺乏知识的知识显然是错误的;我们将会看到,当他论证自我认识的有益性时,有很好的理由忽略它,但当他在回应克里蒂亚反对自我认识的可能

153

性时,也有很好的理由考虑它。

首先考虑正面的一面,即自我认识的有益性。苏格拉底在这里所做的事情是自然的,而且我认为是无可置疑的(见171d2):如果我知道我知道什么,并且对于我不知道的事物,我也知道自己不知道,如果我能够在这方面对其他人进行研究,那么这对我和其他人都将是非常有利的,并且会给我们带来各种重要的好处。如果有人反对这种推理(即,如果这种知识被理解为只是针对一个人的知识和缺乏知识的知识),那么,即使这种知识是可能的,也是没有益处的。那么,肯定会有人对此做出回应:我并不是以这种特殊的方式来理解这些知识,我并未考虑知识是否只是针对一个人的知识和缺乏知识的知识。自我认识的核心概念,就像这个知识在其可能性和有益性(167b1-4)的最初问题中所描述的,指的是:对知识和缺乏知识的知识。但是,这个概念并不意味着,更不用说解决了,是否这种知识只是对一个人的知识和缺乏知识的知识。因此,如果被问及这种知识是否有益,自然而恰当的是:人们应该在不涉及“只是”的情况下解决这个问题。

关于否定的一面,也就是说,反对自我认识的可能性和有益性,苏格拉底为什么在这一方面进行论证,并反复提到唯一的理由的直接原因是,克里蒂亚刚刚为这样的观点辩护:自我认识,即涉及节制的知识,只是一个人对知识和缺乏知识的知识(特别是166b5-c3);苏格拉底希望研究这种观点的后果。我们可以假设,其根本原因在于,在克里蒂亚捍卫关于自我认识的观点时,应该至少是合理和具有足够有动机的(well-motivated),因此值得认真考虑,不管它是否最终是正确的。因此,我们需要考虑克里蒂亚对此观点的论证。

概言之,该论证如下(165c4-167a8)。克里蒂亚认为,自制是(或者涉及)对自我的认识(164d3-4)。但是苏格拉底想知道这些知识是什么,因为每种特殊的知识(*epistēmē tis*)都是对某种事物的知识(*tinos*,165c4-6;同时参看171a5-6)。他向克里蒂亚提出了这样的建议:这些知识是针对由它产生的一些独特的产品(*ergon*)的(*apergazetai*,165c8-e2),正如医学的产品是健康,而建筑知识的产品是房子。但是克里蒂亚回应说,并不是所有的知识都可以产出(productive),而且这种知识不是那样的(165e3-166a2)。苏格拉底接受这种回应(166a3),但坚持认为我们仍然需要知道这些知识具有哪些独特之处,为何它与其他非生产性的知识不同(166a3-b6)。此外,他还坚持认为,这些知识必须是知识本身以外的知识,因为所有其他知识,比如计算或权衡的知识(166a5-b3),除了是针对知识本身之外,还针对其他事物。在这一点上,克里蒂亚的回应非常关键:这种知识区别于其他任何知识,正是因为它不是针对除了知识之外的任何东西——这只是涉及某人的知识。苏格拉底补充说,在这种情况下,这种知识同样也是针对人们缺乏知识(*kai anepistēmosunēs epistēmē*,166e7-8)。克里蒂亚接受这一点。

那么,克里蒂亚如何(以及如何可信地)指出,这些知识只是针对一个人的知识和缺乏知识的知识?看起来,他的论证是建立在关于知识种类个性化的原则的基础上的,即:

> 每一个独特的知识都是针对某一特定事物，这一特定的事物专属于这一知识，并且凭借这一东西而与任何其他知识不同。

这个原则是由苏格拉底引入的(165c4-6)，当他区分不同种类的知识，如医学、建筑学或计算、称量、编织等知识时，他使用了这一原则。克里蒂亚很容易接受(当他反对苏格拉底，得出自己的结论时，充分地利用了这一原则)，认为自我认识只是对于某人自身的知识。苏格拉底稍后简洁地表述了这一原则，这一表述与165c4-6最初的陈述相呼应：

> 或者，不是因为这个事物，每一种知识才被区分为不仅是知识，而且是一种独特的知识吗？也就是说，它凭借针对(of)某些独特的东西而成为独特的知识？(171a5-6)

当然，克里蒂亚对自我认识的看法似乎足以满足这个原则。如果自我认识只是一个人对知识和缺乏知识的知识，那么它确实是针对一件事情的，即一个人的知识和缺乏知识；正如克里蒂亚认为的那样，因为这件事情是独特的，而别的知识都不是针对它的。它将与其他知识完全不同，正是因为它是针对这件事情的。但是克里蒂亚关于自我认识的观点(强调只是)，是否必然(necessary)满足这个原则？有人可能会反对说：显然，没有“只是”(the only)的自我认识概念同样可以满足该原则，因此，这一推理显然是错误的。因为，人们 155

可能反对说,将自我(和一般的二阶)知识与一阶知识区分开来所需的一切就是声称一阶知识只是某种东西(x)如健康、数字或颜色,而自我认识不仅仅是针对那件事(x)同时也是针对一个人的知识或缺乏知识。

这个反对当然是重要的,但这是否具有决定性呢?我想不是。因为它会引起以下回应。假设与期望的结论相反,关于自我的知识本质上是二阶的,不仅是针对某人对一个事物(x)的知识和对其知识的缺乏,而且也是针对该事物(x)的知识。那么,自我认识中的两个要素如何才能(即,知道或不知道某个事物,以及知道或不知道什么)有助于将自我认识与其他任何知识区别开来,特别是一阶知识?自我认识是否与一阶知识有区别,因为它们是一阶知识针对的东西,比如健康、数量或颜色?显然不是。但是,显然它只能凭借针对一个人的知识和缺乏知识才能区别于一阶知识。因为如果一个元素本身没有贡献任何东西,那么连接这两个元素产生的贡献必须完全归因于另一个元素。由此,连同上述对知识种类的个性化原则,可以得出:自我认识在本质上是二阶的,并且不同于一阶知识,只是在于它仅针对一个人对某些事物(x)的知识和知识的缺乏,而不是同时也针对那个东西(x)。

当然,我们可能会怀疑在这个推理中存在一个错误,我们可能会想知道这个错误是什么。看起来我们可以说,如果有错误,那就是假设自我认识中的两个元素是相互独立的。正是这个假设允许一个人首先考虑前一个元素(那个人知道或不知道某件事情),而不依赖后者(知道或不知道什么事物);其次,认为由于后一元素本身的考虑,自我认识与一阶知识并无区别,实际上它与它无法区分;再次,得出这样的结论:自我认识不同于一阶知识,之所以如此是因为就前一元素自身而言。但是,这个错误(如果它是一个错误的话)不是一个明显的错误,人们确实很难认识到它。而且,即使这一错误被承认,它应该如何被纠正也不是很清楚。因为,并不清楚的是:自我认识中的两个要素(即知道或不知道什么东西,以及知道或不知道它)是相互关联的,以及它们之间如何 156 互相依赖。我们可以得出这样的结论:克里蒂亚也认为(即使不是确凿地),自我认识只是针对一个人的知识和缺乏知识;因此,当苏格拉底开始考虑自我认识的可能性和有益性时,他有充分的理由认真对待这一观点,并且他的一些论证也依赖于它。

6.4 第三个案例研究:《普罗泰戈拉》结尾处的*aporia*

我们在本研究中一直关注的一个核心问题是:柏拉图为什么,并且以什么理由,提出了“是什么”的问题,并且还赋予它以如此重要的意义?我相信《普罗泰戈拉》为解决这个问题提供了一条非常好的线索。在对话的尾声(从360e6至结尾),柏拉图指出了对德性定义需求的背后的动机和理由;他如我们所愿,清晰而明确地指出了这一点。在尾声中的主要陈述并不是通过任何人物之口,而是通过对话论证结果的拟人化而表达(*hēmōn hē arti exodos tōn logōn*:目前论证的结果)。根据对拟人化论证和苏格拉底对此回应的评判,之所以提出“什么是德性?”,并且之所以要求定义德性的理由是:这是回答“是否”问题——在整个对话过程中一直关注的问题,即德性是否可教——以及解决这个问题已经表达出来的*aporia*的唯一方法。可以看出,因为苏格拉底和普罗泰戈拉这两位主角每个人都在这个问题的两个方面进行了论证,并且没有达成一个稳定的(stable)结论。

如果我们适当地概括和阐明,这意味着如下内容:

柏拉图对定义需求的证成。

证成提出“什么是Φ?”的问题和对Φ的定义的需求的理由是:

如果(1)关于Φ是否是Ψ存在一个一般性的问题,并且(2)这个问题明确表述了一个*aporia*(在如下意义上:对于“是否”问题的探究导致了对于同一个人来说,问题的两边有很好的理由来支持,而且这个人不知道如何在它们之间做出选择),那么,提出并回答“什么是Φ?”这个问题,是回答“Φ是否是Ψ”并解决它所表达的*aporia*的唯一方法。

157

如果我提出的关于《普罗泰戈拉》结尾处的解读是合理的话,那么我们就必须认真对待,并且考虑到由拟人化的论证提出的对对话论证的总体结果的评价。然而,这一点并不容易,正如评论者普遍认为的那样,它必须被理解为具有讽刺意味，意味着它所说的是相反的东西。[①]这个共同认可的对拟人化论证的评价是基于大多数评论者所认为的：《普罗泰戈拉》在苏格拉底关于德性是知识的最终结论的长期而复杂的论证中达到高潮，由此他推断德性可教；因此，对话并不是在作为拟人化论证中的*aporia*结束，而是在对“什么是德性”这一问题明确且坚定的答案中结束。对《普罗泰戈拉》论证的全面考察因此是必需的，如果我们想确定当这些论证被整体对待时，是否可以被合理地理解为：它们的结论就是柏拉图在结尾处所说的结果。然而，这超出了本研究的范围。[②]

那么，让我们更仔细地审视对话的尾声。《普罗泰戈拉》可能给人的印象是两个参赛者之间争论的对立（*agōn logōn*）。[③]但是，苏格拉底在结尾处做的第一件事就是抵制对对话及其论证的这种理解，并将之代替为肯定了彻底的“探求式的”（zetetic）或“好奇式的”（inquisitive）理解：

---

① 这种观点至少可以追溯到博尼茨（Bonitz，1886，pp. 263-264）：“根据熟知的柏拉图式的方式，我们解读苏格拉底要求重新开始研究并且公然揭示自身立场自相矛盾恐怕就不是不正确的，如果我们在此读到了其反面，即这一对话本质上引向德性概念的发现，同时柏拉图自己坚信，这里所展示的矛盾已经被化解。对于德性的可教性和其统一性的追问通过将德性回溯到知识被化解了。”泰勒（Taylor，1991，pp. 213-214）和麦纽瓦德（Manuwald，1999，p. 442）也认为如此。有一些值得注意的例外，例如加加林（Gagarin，1969）。反对“没有具体证据”和“因为没有比错置的宽厚行为更好的理由”的反讽，参见塞德利（2002，p. 41）。

② 读者会在珀力提（2012a）的第3节中发现对《普罗泰戈拉》论证的一个全面解读。

③ 见335a4，普罗泰戈拉把他们的对话描述为一个“关于论证的比赛”；另见他在360e3提到的*philonikein*。为了让评论者接受这种“争论性”（agonistic）的理解，请参阅弗雷德（Frede，1992a，p. xix），他认为对话以“普罗泰戈拉的‘倒台’”（Protagoras' downfall）结束。博尼茨（1886）和克劳斯科（Klosko，1979）也如此认为。至于更细微的论述，请参阅斯科菲尔德（Schofield，1992）。

> 我说过,在提出所有这些问题的时候,除了考察对于德性的看法以及德性本身是什么的愿望,我没有其他的目标。(360e6-8)

他澄清说,他提问的目的是探究(*skepsasthai*):一方面,158 对于德性的看法(*pōs pot' echei ta peri tēs aretēs*),这似乎是对在整个对话过程中他们关注的"是否"问题的提及;另一方面,德性本身是什么(*ti pot' estin auto, hē aretē*)。他早就提出了基本相同的观点,甚至用更加明确的话来说:"我说:你(普罗泰戈拉)不应该假定,我会以任何其他愿望与你进行对话,而不是想要调查(*diaskepsasthai*)那些令我自己在每种情况下都感到困惑的东西(*ha autos aporō hekastote*)。"(348c5-7)当他说他们必须准备从头开始重新进行同样的探究时,他会立即再次重申这一观点。

苏格拉底继续说道,回答有关德性是什么的问题是回答从一开始他们就一直关注的问题(也就是说,德性是否可教)的一种方式或手段,[①]并且因此是一个充分条件:

> 因为我很清楚,一旦对后一个问题的答案清楚了,那么对前一个问题的答案就会变得非常清楚,即,你和我,我们每个人对这个问题进行了漫长的论证,我断言德性是不可教的,而你认为德性是可教的。(360e8-361a3)

如这段文字所示,苏格拉底在尾声中所关注的与对话的

---

① 将 *toutou phanerou genomenou* 作为工具分词。

整体论证有关，包括他对德性不可教的最初论证（319-20），普罗泰戈拉后来对德性可教的论证（320-8），以及后面的论证，并最终在结论中达到高潮，在尾声之前得出了普罗泰戈拉不情愿接受的结论，即，德性即知识。[①]苏格拉底所关注是确定一种使整体论证得出明确（*katadēlon*）结论的方式。他建议，其中的一种方法就是明确德性是什么，因此他声称知道什么是德性是一种知道它是否可教的方法（因此也是一种充分条件）。这种主张是以假设和渴望的模式表述的[“一旦对后一个问题（即‘是什么’的问题）的回答变得清晰了，那么对前一个问题（即‘是否’的问题）的回答也会变得清晰”]；这意味着，在苏格拉底看来，他们尚没有得出德性是什么的知识。这当然表明，他的最后一个论证的结论，即德性是知识，不能作为一种令人满意的对德性的定义。 159

现在让我们考察苏格拉底所援引的拟人化的论证（the Personified Argument）：

> 但是让我感到吃惊的是，我们论证的当前结果，好像它是一个人，正在指责我们并且嘲笑我们，而且如果它会说话的话，它会说出以下指控。（361a3-5）

柏拉图在这里借助拟人化的表述具有深意吗？在对话早些时候已经指出有一个真正的问题，这就是柏拉图要回应的问题。谁有权以及根据什么理由和权威，来确定在单个问题上冲突论证的总体结果是什么？只要论证是由竞争对手

① 苏格拉底最后的论证始于352a（或351b），并在尾声（361e）之前结束。

提出的，似乎公平性要求这种全面的评估应该不能由任何一方进行，而要由第三方和中立的权威机构（或许是一个裁判）来做出——就像希庇亚在关键时刻提议引入裁判（337e-338b）一样。围绕两位主角赞成其中一位或另一位，竞赛者的观众的投票同样有效。然而，我们知道苏格拉底反对引入裁判，并且总的来说，为了确定其进展，不引入任何在争论之外的人（或任何观众、人群或选民）。他反对的理由是，如果任何人能够对他们的论证和反驳论证（counter-arguments）和他们的总体探究的进展等进行裁决，那么他们就不是第三方，相反，他们是真正的直接参与者（338B-E）。

因此，这种全面评估的可能性意味着，一个人——真正的辩证法者（the true dialectician）——应该能够站在两种立场上并完成两个功能：从论证中冲突的立场出发，就像在回应问题中个别论证的支持者那样；旨在获得总体上能确定论证的力量和最终情况。[①] 柏拉图通过诉诸拟人化的论证取得的一个成就，就是他认为这是一个真实而必要的区别。为了评估他们论证的总体结果（与为已经提出的论证简单添加另一个论点相反），苏格拉底不得不承担一个与他迄今为止正在进行的工作明显不同的职能，这个职能的公正（detachment）和权威是通过其结果而被把握。[②]

160

那么，这便是对话中那一被结论评估的论证的总体

① 以下内容暗示了这一点：苏格拉底早些时候坚持认为，提出论证的人也必须同时行使整个论证的 *epistatēs*（"站在上面的人"，"监督的人"）的功能：见337e-338e，请注意在这早期的方法论的段落中反复使用的术语 *epistatēs* 和 *epistatein*。

② 稍后我们会更详细地讨论和阐发这个想法（见第7章第4节）。

结果:

> 你们两个肯定是荒谬的,苏格拉底和普罗泰戈拉。你(苏格拉底)一方面,虽然最初认为德性是不可教的,但现在你却坚持相反的观点,试图证明这些事情,正义、节制和勇敢,都是知识。根据这一观点,德性肯定会是可教的。因为如果德性不是知识,就像普罗泰戈拉试图论证的那样,显然它不可教;但是如果现在整个事物都以知识的形式出现,正如你苏格拉底所坚持的那样,如果说它不是可教的,那将是奇怪的。另一方面,对你(即普罗泰戈拉)来说,虽然当时你认为它是可教的,但现在却恰恰相反,你似乎坚持认为德性不可能是知识,以这种方式它是最不可教的。(361a5-c2)

正如拟人化的论证所阐明的那样,对话的结果是苏格拉底和普罗泰戈拉最终在有关德性的两难处境中进行对两边同样有力的论证。他们直接论证一边,间接论证另一边。苏格拉底最初认为德性是不可教的(319-320),现在通过主张它是知识(351-361)而捍卫了相反的结论;普罗泰戈拉最初认为它可以被教导(320-328),但现在却否认了它是知识的主张,于是他承认了相反的结论。

这种评估的推理是基于明确指出的原则,即只有德性是知识时它才可教;这似乎是作为以下一般原则的一个例子:

> (TK)只要某个事物是知识,它就可以被教。

这一点被当作是显而易见的(参见*saphōs*)以及对它的否认被看作是令人惊奇的(*thaumasion*),但它是真的吗?如果对这个原则或对它的使用有所怀疑,那么这将严重影响到尾声中对对话结果的整个评估。这个原则意味着什么呢?德性是否可教的问题是德性——一种特定的状态或者一个人的性情(disposition)——是否可以通过教学获得的问题。因此,这个原则应该被理解为这样:一个人的这种状态或性情,即德性,可以通过教学而获得,当且仅当此人拥有一定的知识。

为了评估苏格拉底论证结果而诉诸的TK原则的部161分是:

(A)如果某件事是知识,那么它可以被教授。

很显然,苏格拉底在最后的论证中,与德性相关的知识类型,即基于度量(measurement)的知识,是可以被教的(*metrētikē technē*,356d4;特别是,度量仅在数量级上不同的项目之间的相对差异),因此,尾声是不是应该使用狭义的原则(A')来评估苏格拉底的论点?

(A')如果X是基于度量的知识,那么可以教X。

与柏拉图在尾声中实际陈述的原则不同,这适用于我们可以称之为"敏于模式"(a mode-sensitive)的解释:

(A")如果X是基于度量的知识,那么X可以以一种这类知识所特有的方法教授。

然而,在那种情况下,这个原则不能用来指责苏格拉底自相矛盾。因为在他最初的论证中,苏格拉底认为德性不可教,他显然不认为,它不能以对基于度量的知识的独特的教学方式而被教授。显然,他的目标不仅仅是表明德性不能以某种方式教授,而只是认为它不能被教授。

为了评估普罗泰戈拉的论证结果而诉诸的原则的部分是:

(B)如果有东西可以教,那么它就是知识。

用这一原则来指责普罗泰戈拉自相矛盾需要如下条件:当普罗泰戈拉反对苏格拉底关于德性是知识的主张时,他不仅应该反对这样一种观点,即苏格拉底刚刚构想出的关于知识的观点,也就是说,基于度量的知识,而仅仅只是知识,包括如他(即普罗泰戈拉)所认为的知识。这尤其包括通过实践获得的知识,特别是模仿和符合范例(*paradeigmata*)的做法,例如,通过追寻和复制教师认为是模型和蓝图的文字来获得写作的知识(见326d)。这确实是普罗泰戈拉主张的知识模型(见325c ff.;并在326c8注意到*zēn kata paradeigma*)。

针对“拟人化论证”对他们论证的冷静评估,苏格拉底立即做出了反应:辨析了评估的特征和全部力量,而没有失去希望: 162

> 现在,我(即普罗泰戈拉)观察到所有这些事情都严重失衡(badly out of balance),非常渴望它们变得清晰。(361c2-4)

正如苏格拉底所认为的那样，他们对论证结果的评估表明，他们每个人在他们探究的核心问题上所提出和捍卫的答案都已经变得严重失衡；从字面上看是“上下推搡”的意思（*anō katō tarattomena deinōs*）。结论的彻底失衡的这一意象非常重要。这不仅意味着他们每个人都在关于德性的两难问题的两边争论不休，而且他们在两方都有同样有力的论证，因为没有出现任何坚实或明显的印象支持一方的理由而不支持另一方的理由。如果这种印象出现了（例如，如果苏格拉底最后争论的理由明显优于他最初论证中的理由），那么即使在事实上也有支持相反结论的理由，对话也会有一个坚实和稳定的结果。对于单个人来说，面对双边的“是否”问题，有同样好的理由来支持双边问题的任一边。这种情况是*aporia*这个概念通常与亚里士多德以及后来怀疑论者相联系而不是柏拉图早期对话相联系。*aporia*这个术语本身并没有在这里使用，但当它在这个意义上使用时，它出现在这篇对话稍早的地方（324d2-e2）。[①]《普罗泰戈拉》中的论证的结果，如拟人化的论证和苏格拉底在回答中所理解的那样，认识到

---

① “这仍然给我们带来了困扰你的*aporia*（*aporia...hēn aporeis*），这是关于好人的问题，也就是说，一方面（*men*），好人教他们的儿子并让他们成为在任何别的依赖于教师的事情上的专家，另一方面（*de*），他们并没有使他们的儿子在每一个德性方面比他们自己拥有的德性更好？在这个问题上，苏格拉底，我不会讲更多的故事，而是一个简单的论证。请问自己这个问题：是否有这样一种品质，即如果要建立一个城邦的话，所有公民就应该具有的品质。这个问题上取决于对困惑你的*aporia*（*hē aporia hēn su aporeis*）的解决”（324d2-e2）。在这段文本中引人注目的是这句在几行中被使用了两次的短语，这就是*hē aporia hēn su aporeis*（困惑你的*aporia*）。这种语法上的重复（类似的宾格形式出现）用来表示，*aporia*的精神状态（动词*aporein*所指的）与这种精神状态的内容和目标（一个具体的令人费解的特殊困惑，由名词*hē aporia*所指涉）之间的区别。

了“德性是否可教”这一问题的两边都可以找到实质性的理由，而且即使在深入探究之后，也不清楚究竟什么原因是决定性的，或者这是如何被确定的。 163

那么，在面对他们整体探究彻底失败的情况下（这个拟人化的论证已经断言），而且苏格拉底也接受的观点，苏格拉底如何仍然能够对进一步推进探究保持希望呢？他这样说道：

> 已经讨论过了这些事情，我们应该也（kai）转向追问德性是什么，并且再次考察它是否可教，免得厄庇墨透斯在我们的考察中制造更多困惑、欺骗我们——就像你所说的，他在[好东西（goods）的]分配中让我们失望。（361c4-D2）

苏格拉底想知道他们如何应对，以及努力克服这样的困境：即使深入对“是否”问题的探究之后，仍然发现自己自相矛盾。而且他提出了一个积极的建议：他们必须从关注“是否”的问题转向也（*kai*）关注相关的“是什么”的问题。如果他们不这样做，他断言他们就不能确信：即使经过进一步探究，他们将不会再陷入类似的困境。苏格拉底的建议包含了这样的论点：知道德性是什么是知道它是否可教的一个必要条件；而这一点如果与他在尾声处表述的相应的论题结合起来，意味着知道德性是什么是知道它是否可教的唯一方法。这一补救措施的提议同时包括了对他们的困境之源的诊断——在他们论证结果中出现的 *aporia* 源头的诊断——即他们在没有去探讨德性是什么的情况下，已经去讨论“德性是否可教”的问题。

这种解读依赖于两个语法点。首先，分词 *tauta diekselthontas*（361c4，“已经讨论了这些事情”）为不定过去式（aorist），并且因此可能具有表示完成而不是连续的力量。[①]

164 其次，在 *hēmas ekselthein kai epi tēn aretēn hoti estin*[c5，（我希望）我们也转而去追寻德性，追问它是什么]中的 *kai* 也意味着“也”，并且具有副词的力量，而不是一个连接词（“和”）。苏格拉底的祈使（imperative）语气并不是指他们必须继续进行相同的探究，并且最终他们会得出德性是什么。相反，如果他们希望探究得出清晰、明显和稳定的结果，则他们必须将探究的路线从探究“是否”的问题也转变为探究“是什么”的问题。这当然意味着在尾声之前，“是什么”的问题不应该被适当地提出。

关于尾声的意义，我们首先可以大体说它是被非常谨慎地安排（carefully wrought）、系统地建构和紧密地论证，以至于我们可能会对普通持有的观点产生严重的疑虑——普通

---

① 许多译者忽略了分词 *tauta diekselthontas* 表示完成（pefect）和 *kai* 表示副词的力量，所以他们认为苏格拉底所说的是，他们必须继续他们目前的探究路线，并最终得出德性是什么：“我想进行讨论，直到我们终于确定德性是什么”（乔伊特[Jowett]和奥斯瓦德[Oswald]在弗拉斯托斯[Vlastos]1956，p. 69 中的译文）；“我希望我们对这个问题进行彻底的解释，直到我们能够理解德性是什么”（哈伯德[Hubbard]和卡尔诺夫斯基[Karnofsky] 1982，p. 66）；“我希望我们能够继续这样走下去，直到我们知晓德性本身，然后再回来探讨它是否可教”（隆巴尔多[Lombardo]和贝尔[Bell] 1992，p. 59）；“我非常希望我们能够仔细地研究这些问题，进而理解如何成为一个好人，然后回去……”（贝雷斯福德[Beresford]，2005，pp. 79-80）。值得注意的例外是泰勒和格思里，他们说得对：“我想通过考虑德性的本性来接续我们的讨论……”（泰勒[Taylor]，1991，p. 56）；“我想接续我们目前的谈话，通过对德性本身及其本质的坚决探究”（格思里[Guthrie] 1961，p.351）。

观点认为拟人化的论证(尾声的核心)应该基本上被理解为具有讽刺意味,并且意味着与它所说的相反。很难看出这种观点是如何与苏格拉底所做的深刻严肃的评论相一致——毫无疑问带着感染力(with an unmistakeable touch of pathos),最终在普罗泰戈拉礼貌地为自己找借口并且各行其是之前:

> 因为即使当你在讲神话,我也更喜欢普罗米修斯而不是厄庇墨透斯,因为他是我在追问这些问题时——通过普罗米修斯式的对我整个生活的关照——所依赖的人。而且,正如我刚开始所说的那样,除了和你一起考察这些东西(如果你愿意的话),没有什么事情能够取悦我。(361d2-6)

尾声的真正意义在于,柏拉图在这里直接指出了提出“是什么”问题和提出定义的需求背后的动机和理由。我们可以得出结论,这就是尾声的功能和目的:说明为什么、在什么条件下、为了什么目的有必要提出“是什么”的问题。

在我们离开尾声和《普罗泰戈拉》之前,我想强调的是,苏格拉底诊断的教训,以及他提出的前进方向,并不是说他们现在必须单独讨论“是什么”的问题,而不考虑“是否”问题。如果他们的彻底失败的根源在于他们一直在处理“是否”问题而没有处理“是什么”的问题,那么很明显,前进的方向是一并处理“是否”问题和(in conjunction with)“是什么”问题。这里有一个值得注意的哲学观点。一项探究的终点(例如:探究“是什么”的问题)提供了唯一的方法来确定——知

165 道、证成——另一项探究的终点(例如:探究“是否”问题),这并不意味着:前一项探究应该(或可以)在后者之前进行并独立于后者进行。这与认为这两种探究必须一起进行是相容的——认为它们必须相互交织并要适当交织在一起。我们将在第8章中回到这一点,这对于理解这些对话中的探究结构至关重要。

6.5 第四个案例研究:《美诺》结束时的 *aporia*

在《美诺》的结尾处(从86c开始),两位主角在深入地追问了什么是德性之后,得出了这样的结论:很明显,这样的追问如何可能都是一个问题,苏格拉底和美诺回到对话的始点,即“德性是否可教”的问题。苏格拉底提出,他们处理这个问题而没有诉诸“是什么”的问题,即“什么是德性”,而是有条件地在一个具体的假设上(*hupothesis*)处理这一问题,即当且仅当它是或者就像(*hoion*,87b8)知识时,事物才可被教。苏格拉底(直到89c)首先认为,德性是某种知识,根据它们的明确假设,可以得出它可以被教导。总而言之,这个论证是,只有在知识的指导下,行为才能可靠地获得好的和有益的结果;从中可以看出,具有德性的行为最可能是可靠的和有益的,必须以知识为指导,因此是某种知识或者至少依靠某种知识。他根据他们的假设得出结论,德性可教。然而,他接着对这个结论提出质疑,因为他继续论述(直到对话结束):在一个特别引人注目的基于范例的论证中,我们缺乏可靠和可信的教师和德性教学的例子和范例,因此有理由认为德性是不可教的。对话并不是以承认这些相互冲突的结论中的一个结论,而是以“是什么”的问题结尾——当苏格拉底宣称,只有“在我们试图找出人们以何种方式拥有德性之前,我们首先试图探究这件事本身是什么,即德性是什么”(100b4-7)时,两个结论中的一个(either conclusion)才可以恰当地确立。

评论者并没有特别重视苏格拉底在“德性是否可教”的两个方面都做了论证,相反,人们轻视这一点,其理由是我们可能认为苏格拉底把所有的重心都放在第一个论点上,即可教性的论证,并且认为他或者不认为第二个论证(即反对可教性的论证)有任何力量,或者他不认为它的结论与他的第一个论证的结论相矛盾(因为,人们会认为,在这两个论证中的德性概念是不同的概念)。这是一个令人困惑的观点。苏格拉底显然非常重视他对双方的论证,因为他从这里得出结论:两个矛盾的结论都不能被认为是已经确立的;而且,他进一步通过诉诸他的最终论证结果的不确定性,来表明他的最终研究以失败而告终,并且,这样做是因为它是在没有涉及“什么是德性”的问题的情况下独立进行的。开始这些论证之前,“什么是德性”这一问题被他故意搁置在一边,不予探究。如果《美诺》的这种结局模式在早期的对话中是独一无二的,那么这一点的意义可能就不那么清楚了。但是,我们目睹了《普罗泰戈拉》非常类似的结局模式:苏格拉底在“德性是否可教”问题的两方面都做了论证,从这点可以得出结论,他的论证都不是确凿的,而且没有任何一个结论被认为

166

是已经确立的,并且苏格拉底提出这种彻底失败的原因在于,这些论证没有处理“是什么”的问题(然而,“是什么”的问题应该是这些论证的基础)。

如果苏格拉底清楚地表明他把所有的重心都放在可教性的论证上,或者他认为他反对可教性的论证不具有任何力量,或者他不认为它的结论与他的可教性论证的结论矛盾,那么不要为两面论证的事实赋予太多的意义就是正确的。但是,这一点并不明确。根据苏格拉底的论述,他对可教性的论证有多少力量?为了表明他认真对待这个论证,以至于在没有对该论证的答案的情况下,他的可教性论证的结论不能被认为是已经确立的,没有必要证明他认为可教性论证具有同样的效力。有必要表明的是,他认为它有一定的力量;也就是说,苏格拉底认为,显然缺乏可靠和可信的教师和德性教育的例子和范例(即使没有确凿的理由反对德性是可教的)。

首先要指出的是,这似乎是一个很好的理由,只要我们区分确凿的理由和不确定的理由,并且我们不认为这个理由(即明显缺乏可靠和可信的教师和德性教育的例子和范例)要么是确凿的理由,要么根本不是反对德性可教的理由。如果有人认为可以教授德性,那么大概人们应该能够回答这个问题:“那么,如何教它?”或者,至少有人应该对如何教授它有一些想法。因为如果人们不知道如何教X,就没有办法确信X能被教。但是,如果有人认为没有可靠和可信的教师及德性教育的例子和范例,那么人们就会认识到(如果一切顺利的话)一个人不知道如何教德性;至少不是诉诸教师和德性教育的例子和范例。当然，人们可能会因为更多的抽象的和一般性的关于如何教德性的论述，而对如何教授德性有不同的看法。那么，苏格拉底的第一个论证，即可教性的论证，是否指出了德性的教导是以抽象的和一般的说明为基础，而不是基于诉诸特定的德性教学的例子和范例吗？我们可能记得，这个论点认为：首先，只有在知识的指导下，这种行动才是可靠地成为好的(reliably good)以及有益的；从中可以看出，如果有德性的行为是可靠地成为好的以及有益的，就必须以知识为指导，因此它是某种知识，或者至少依靠某种知识。苏格拉底认为，只有当某物是知识，或者可以像知识一样，才能被教授。目前尚不清楚，这一论证是否有助于解决如何教授德性的问题。当然，它并没有明确地阐述如何教授德性；它似乎并未直接暗示。因此，苏格拉底的第二个论证提供了一个很好的理由来反对德性可以被教授的结论，即我们没有关于如何教授德性的具体想法。虽然这个理由并非确凿，因为它可能被我们持有(或者可能发展和捍卫)的关于如何教授德性的抽象的和一般的概念赋予可能性，但这种可能性并没有在《美诺》中提及、追问或实现(《普罗泰戈拉》也是这样)。

我们可以得出这样的结论：认为苏格拉底反对德性可教的论证没有任何力量，而因此忽略它的做法是可疑的。如果这个论证是《美诺》独有的话，那么这也许不会很成问题。诚然，我们在这个对话中发现的论点是粗略的，没有得到适当或完全的发展。但是，我们发现苏格拉底在《普罗泰戈拉》

(319d7-320b3)中的相同论点是有效的,不同之处在于普罗泰戈拉继续对它进行反驳。普罗泰戈拉认为我们可以轻松地 168 指出任意数量的例子,从我们坐在父母的腿上接受教育那一刻开始,作为德性教育的明显例证(特别参看325c-326e);他认为,这种可以信手拈来的德性教学的例子与以下不可否认的事实是一致的:即,即使是最有智慧、最好和最有特权的父母也常常不能将自己的德性传承给后代(326e-328d)。普罗泰戈拉的这个反对论证的一个显著特征是,可以通过论证有可能毫无困难地展示如何教它的例子,来捍卫德性可教的结论。值得注意的是,普罗泰戈拉明确提到了比如学习的这类例子,并且一般而言,是“依照例子来生活”的例子(*zēn kata paradeigma*,326c8)。但是,苏格拉底在这场对话中是否曾回答过这个反驳的论证却并不明确;因为他转而去谈关于德性统一性的问题(329de ff.)。

然而,我们需要表明,苏格拉底认真严肃地对待他反驳可教性的论证,认为在没有对这一论证答案的情况下,他对可教性论证的结论不能被认为是已经确立的。为了表明这一点,有必要证明他认为其结论与他对可教性论证的结论相矛盾。许多评论者认为,我们不能认为苏格拉底或柏拉图如此认为;理由是苏格拉底对可教性的论证和不可教性的论证可能涉及不同的德性概念。这种批判的观点作为对如下事实的回应,最为人所熟知:在《普罗泰戈拉》中,苏格拉底最初反对可教性(319-320,其中包括缺乏可靠教师的论证),但最

终他主张可教性(在他最后的论证中:德性即知识)。[①]然而, 169
认为苏格拉底的两个论证所涉及的德性概念是不同的,却并不容易捍卫;而且代价很高。因为它意味着对话中提到的问题“德性可不可以被教”根本不是一个单一的问题,而是(至少)两个不同的问题:“德性(在某种意义上)是否能被教导”和“德性(在另外一种不同的意义上)是否能被教导”。我们必须承认,这与柏拉图事实上给人的印象恰恰相反。我们(不同于柏拉图)可能会,也可能不会,认为所有这些论证和反驳都可以针对一个问题。但这似乎是柏拉图所认为的,并没有迹象表明他认为德性是否可教的问题是不明确的(ambiguious)。

我的结论如下。我们可以而且应该以现有的样子阅读《美诺》的结尾:苏格拉底论证“德性是否可教”双方的立场;他从这个结论中得出:他的两个论证都不是确凿的,也没有

---

① 因此,泰勒(Taylor,1991,pp. 213-214)写道:“矛盾的出现是虚幻的,因为苏格拉底正在处理的德性概念与他原来主张的‘德性不可教’中的德性概念是不同的;就像苏格拉底的情况一样,其实在整个对话中普罗泰戈拉的立场也并不矛盾……柏拉图坚持认为学习如何成为一个好人,必须获得准确和统一的科学致使他转嫁给普罗泰戈拉以不一致,但其中实际上没有不一致。”麦纽瓦德(Manuwald,1999,p. 442)认为,“苏格拉底断言的人格化的‘研究结果’的矛盾(361a3-b7),就其内容而言其实仅仅是表面的”。博尼茨(Bonitz,1886,p. 267):“难道这种结合不应该通过这一对矛盾的强调(在结尾处)而被证成:这一所谓的矛盾对于柏拉图而言根本不是矛盾,而是通过《美诺》中进一步详细论述的区分而被化解,即来源于幸运的自然天赋和习惯的德性与建立在伦理洞察之上的德性的区分?”另见弗雷德(Frede,1992a),pp. xiii-xiv。一个充满活力的不同于一般观点的例外是由加加林(Gagarin,1969)辩护的:“许多评论者,一想到苏格拉底可能永远改变他对事物的想法并自相矛盾,就感到害怕,都力求否认这种‘逆转’(reversal)(逆转指的是:苏格拉底被在对话结尾的拟人化的表达所指责),通常断言普罗泰戈拉式的(假)德性不能被教导(只能通过灌输来获得),而苏格拉底式的(真)德性则可以被教导……当然,他们(即两位主要的参与者)从不同的角度来处理(德性是否可教的)问题,但是在任何地方都没有发现关于‘德性’这个词含义的任何改变。”(p. 161)

任何结论可以被认为是已经确立的；并且他提出，这种彻底失败的原因是："是什么"的问题被排除在这些论证之外，然而它恰恰是这些论证的基础。

6.6 苏格拉底所做的是反对自己

在《大希庇亚》中柏拉图引入了一个非凡的策略（device），让一个虚构的发问者和苏格拉底对话，苏格拉底将他的功能描述为"永远地反对他"（"这个总是反驳我的人"，*houtos ho anthrōpos ho aei me elenchōn*，304d2；另见287a5-6，"我对另一边的这个人有一些经验"），而且他将之描述为"亲近的"和"住在同一个房子里的"（304d3-4）；因此，将这个人物描述为"苏格拉底的替身"（Socrates' double）是很自然的。[①] 很难说清楚这种策略的目的是什么。但我们可能会认为：它允许柏拉图提及，并引起人们对他的论证和探究方法的某些特征的关注，而同时让苏格拉底参与到显然具有这些特征的一个特定的探究中。如果是这样，这个策略可以被认为是柏拉图自己对实践的论证和探究方法的某些特征的拟人化表达；显然，这就像在《普罗泰戈拉》结尾中对"当前我们的论证的结果"的拟人化表达服务于类似的方法论上的目的。 170

柏拉图的这种方法，即采用"苏格拉底的替身"的策略，有哪些特征呢？它们首先包括定义优先性的论点，其功能被强调为激发并可能证成引入"是什么"问题的合理性；它们也

① 参见伍德拉夫（Woodruff，1982），pp. 43，107和注释47。

包含了定义的一些或全部要求(普遍性、统一性、解释性)。[①]但是,我认为最重要的是,它们包含了苏格拉底最想要进行检验和反驳的人,那就是他自己。

① 请参阅第4章第1节中关于《大希庇亚》的章节。

第七章　旨在获得知识的基于*aporia*的探究

我们已经看到,在这些对话中,“是否”问题占据了一个中心位置,尽管这些问题的一个功能是促成了纷争和争议的表达,或者可能被描述为人际(inter-personal)理由的冲突,一个与此不同的,可以说是主要的功能是表达特定的*aporiai*,或个人之内(intra-personal)和内部(internal)的理由的冲突。因此,让我们考察一下柏拉图关于这类理由(*logoi*)的概念,即一个“是否”问题的相反两方面的理由;让我们专注思考这类理由(如果“是否”问题的两方面是由它们来质疑,从而明确表达了一个*aporia*,并且,一般来说,如果理由是由*aporiai*产生的探究的一部分)。

柏拉图关于理由的概念问题,特别是在探究的某一阶段,导致产生*aporia*的理由本身对我们有极大的意义。但它也承诺会带来一个特别的好处。自古以来,至少在过去的四十年中,困扰评论者的一个重要问题是:弗拉斯托斯于1985年发表的论文《苏格拉底否认具有知识》已成为辩论的标准对象，正如埃尔文在其1977年出版的《柏拉图的道德理论》一书中的分析(特别是第39—41页)。苏格拉底可以毫无矛盾地，一方面否认对某些问题的知识，例如，行不公正之事是否比遭受不公更好，而另一方面，他对于同样的事情又持有特定的信念，例如，相信遭受不公比行不公正之事更好，并且坚持认为他有非常强的理由来支持这些信念？这两种立场的结合[我们可以称它们为持"怀疑态度"(sceptical)和"教条态度"(dogmatic)]为何能够一致呢？对这个问题的经典表述，同时也是评论者一直关注的一段话是在《高尔吉亚》508e6-509b1，在其中几行文本内，苏格拉底说，他不知道该如何理解一些特定的事情(509a5)——他首先想到的问题是：行不公正之事是否比遭受不公更好，和行不公正之事是否比遭受不公更高尚？——而且，由于他认为的理由(*logoi*)具有铁一般坚实的力量(of iron and adamant strength)，他在这些问题上得出了坚定的观点，即，遭受不公比行不公正之事(508e6-509a2)更好和更高尚。我想论证，　172

(1)如果我们首先假设，这些对话中的探究是基于 *aporia*，其次，我们在柏拉图的理由概念中确立了某些基本要素，并且在这个假设下这样做，那么，我们将能够认识到苏格拉底的怀疑态度和教条立场的结合是一致的。

当然，有几位评论者最近试图证明苏格拉底的双重立场是一致的；由弗拉斯托斯和埃尔文提出的论证可谓设定了人们讨论的基准(benchmark)。然而，我们的论证思路可能会有显著的不同。因为,这些评论者并不同意我们关于一致性的论证所基于的一般假设,即认为这些对话中的探究是基于*aporia*的。因此,我们的任务之一就是比较我们对苏格拉底两种立场一致性的论证和别的评论者对一致性的论证,特别是弗拉斯托斯和埃尔文的论证(尽管还有别的评论者的论证)。

我建议我们通过解决以下问题来思考柏拉图的理由概念:

> 柏拉图必须如何理解理由,尤其是“是否”问题中双方的理由(如果该“是否”问题表达了一个*aporia*,并且由这一*aporia*产生的探究旨在获得知识)?

这似乎是探索这种理由性质的一个好方法。这些理由是由*aporiai*产生的探究的一部分,也一般的是这些对话中探究的一部分。一方面,我们知道这些对话中的探究旨在获得知识。我们从对这些对话的总体印象和理解,以及从苏格拉底所做的个别的和经常性的陈述中,知道这一点:知道Φ是什么是知道Φ是否是Ψ的唯一方法(定义的优先性)。另一方面,我们可能感到疑惑:从一个双边问题所表达的一个特定*aporia*(同一个人认为一个特定*aporia*的两边都有好理由来支持)产生的探究是如何旨在获得知识的?我们可以从更广阔的视角来看待这一困惑,在古代怀疑论者那里,无论是学园派(Academics)还是皮浪主义者——皮浪主义者们不仅自称为*skeptikoi*(“探究者”“求索者”),而且自称为*aporetikoi*

173

（“和*aporiai*打交道的人”）——都致力于基于*aporia*的探究（在这种意义上，是怀疑式的探究）和相反的推理两者地位平等（*isostheneia*）的两难推理，最终都导致认为知识或许是可能的，或许是不可能的。

然而，因为这些对话中有更多具体的原因，我们可能会对这一观点感到疑惑。在这些对话中，虽然信念的稳定性（stability）被单独列为知识的标志（参见《美诺》97c-98a），但*aporia*的精神状态通常与信念的不稳定性有关，而信念的不稳定性恰恰是缺乏知识的特征（《游叙弗伦》11bd或《普罗泰戈拉》361c中）。最重要的是，有一个清晰而有力的迹象表明，柏拉图认为，与特定的*aporia*相遇是在寻找知识方面潜在的主要障碍。柏拉图笔下的苏格拉底反复说明了定义的优先性的论点，并且通常是在苏格拉底和对话者关于一个“是否”问题的两边进行了广泛争论的地方陈述它，并且根据苏格拉底对他们论点的总体结果的判断和评估，并未达到一个确定的或稳定的结论。通过这样做，柏拉图指出，如果一个“Φ是否是Ψ”的问题表达了一个真正的*aporia*，那么就不可能从在解决和尝试回答这类问题的通常实践已有的资源中找到回答这个问题的答案；相反，柏拉图可能会认为，这不亚于要求对Φ的普遍的、统一的和解释性的定义，其目的正是为了回答问题和解决*aporia*。因此，追问柏拉图如何理解一个“是否”问题的每一边的理由是恰当的——如果首先，这个问题表述，而且这些理由产生了一个*aporia*；其次，这样一个*aporia*在获取知识的道路上构成障碍，这一障碍从一开始就被认为不是不可逾越的。

我想澄清的是,我们目前的任务不是考虑如何由特定的*aporia*产生的探究能够实现其目标并找到所追求的知识,而是考虑这种探究为何可以旨在获得知识。我还想澄清并强调,为了本章的目的,我们将考虑这个问题:对于柏拉图而言,为何一个特定的*aporia*产生的探究旨在获得知识? 尽管基本上将柏拉图关于定义优先性的论点和他的相关主张放在一边,即基于*aporia*的探究只有在与适当的探究问题结合,并基于适当的探究问题时才严格说来是旨在获得知识的。关于定义的优先性的论题,以及相关的"是什么"的问题在推进基于*aporia*的探究中的作用,对于柏拉图关于基于*aporia*的探究如何旨在获得知识的论述确实是重要的;因此,我们可能会认为,它们是对柏拉图的理由概念(基于*aporia*的探究的理由)的适当和完整的说明的核心。然而,我认为,为了考虑柏拉图的理由概念,并不是立即依靠这些主要的和特殊的柏拉图主义的主张,而是,如果我们仅仅假设,这些对话中的探究是由*aporiai*驱动的,而且是以获得知识为目标,那么,我们就必须设定怎样的基本要素是柏拉图理性概念的一部分。以基于*aporia*旨在获得知识的探究为出发点,可以被任何哲学家接受,虽然他们可能会对柏拉图主义主张的"定义优先性"的论题持有怀疑态度。而且,最重要的是,这种处理方式能够向我们展示柏拉图如何得出"定义优先性"的论题,以及相关的"是什么"的问题在促进基于*aporia*的问题中的作用(我们将在下一章,即最后一章,处理这一问题)。

174

总而言之，我想论证：

> （2）如果柏拉图早期对话中的一个探究是由一个“是否”问题产生的一个*aporia*，而且如果这个探究旨在获得知识，那么柏拉图必须在理由内部和关于理由的性质中做出以下区分：
>
> （i）不确定的（inconclusive）理由与确凿的（conclusive）理由；
>
> （ii）表面的好理由与真正的好理由；
>
> （iii）主观理由与客观理由。
>
> 以及
>
> （3）有证据表明柏拉图做出了这些区分，并且是为了解释这种探究，即基于*aporia*旨在获得知识的探究。

作为准备工作，我首先考察这些对话中*logoi*这一术语的用法（在第1部分中），这正是“理由”的含义。接着，我论证柏拉图需要做这样的区分（在第2节和第3节中），而且他也确实是这样区分的（即i-iii）。之后，我转而关注（在第4节）作为怀疑论者的苏格拉底与作为独断论者的苏格拉底之间的关系。作为处理这个问题的关键，我引用《高尔吉亚》508e6-509b1中的经典表述。我认为，如果我们假设，首先，这些对话中的探究是基于*aporia*的，其次，柏拉图对理由做出了这些区分，那么我们将能够认识到，苏格拉底的怀疑立场和教条立场是一致的。最后（在第5节中），我会简要地反思：这些对话中是否存在以及存在哪种意义上的怀疑维度，

175

而且是否存在以及存在哪种意义上的反怀疑的维度(anti-sceptical dimensions)。这本身就是一个巨大而迷人的话题，我只能在这里从略。重要的是要看到，我们的主要总体论点(即，柏拉图早期对话中的论证和探究是基于*aporia*的)对于这个话题具有直接重要的影响；其蕴涵的意思与朱莉娅·安纳斯在其1992年论文《怀疑论者柏拉图》中所辩护的观点(已为学者们广泛接受)直接矛盾。

7.1 *Logoi*和两难推理

我从这个著名的多义的(且不是说变化莫测的)希腊词*logoi*开始；当然，这样做的目的并不是要记录柏拉图作品中(或一般而言)使用它的多种方式，或者在多种含义中找出一个秩序，而是要记录它被明显地在“理由”的含义上的使用，特别是，表述一个*aporia*的“是否”问题的每一边的理由。我将集中讨论一段特别重要的段落，即《普罗泰戈拉》361a3-5，在对话结束时，为了阐述他评语中的“是我们论点的总体结果(或者‘理由’，*logoi*)”，苏格拉底说：

> 令我感到震惊的是，我们的论证(*logoi*)目前的结果，就好像它是一个人一样，在指责并嘲笑我们，并且如果获得一个声音，它会发出以下指控(*kai moi dokei hēmōn hē arti exodos tōn logōn hōsper anthrōpos katēgorein te kai katagelan, kai ei phōnēn laboi, eipein an hoti ...*)。

根据苏格拉底的后续评论(361a5-c2)，即通过将抽象事物(即他们的论点的结果)拟人化之后所表达的结果,是两位主角苏格拉底和普罗泰戈拉论证了这个问题(即"德性是否可教")的两个方面。而且,正如苏格拉底马上观察到的那样(*kathoran*, 361c2-3),其结果是针对"德性是否可教"的问题,他们提出和辩护的立场已"严重失衡"(badly out of balance),或者,从字面上看是"上下推搡"(*anō katō tarattomena deinōs*)。[①]换言之,苏格拉底认为,他们在对话中的论证的总体结果恰恰是一个*aporia*;这意味着信念十分不稳定,这是由于双方在双边的"是否"问题中争论的结果导致人们被拉向了相反的方向。[②]

176

考虑到柏拉图在"理由"这个意义上使用术语"*logoi*",这段话在其语境中具有特别的意义,特别是,"是否问题" 所表述一个*aporia*的每一方面的理由。这一点可以从以下观察看出。首先,在《普罗泰戈拉》的结尾处,同一个人在双边的"是否"问题的两方面论证的现象不是简单地展现在当前的特定论证中,而是明确地以明显的方法论的方式表达出来;以及已经进行并完成的一系列论证,被用来指出并例示它(exemplifying it)。其次,根据苏格拉底对"我们争论的现在结果"的评判,这种现象表现出的论证不仅仅是这个或那个

① 比较艾伦高质量的翻译(1970, p. 96):"这种反复扰动"(this agitated back and forth)。一些译者使用"混乱"(confusion)来理解柏拉图的含义。但是,在我看来,这完全是误导性的:在这个双边的"是否"问题的表述 ——是否可以教授德性 ——或者在两个主角的每一位对双边问题的论证中都没有任何混乱之处。

② 在同一个对话中,*aporia*和*aporein*这两个术语的这一用法(即意味着双方都有明显理由支持双边问题的两方面),见《普罗泰戈拉》324d2-e2;这是我们在第6章第4节(特别是第18个脚注)中已经评论过的一段话。

偶然的论证，它们是构成整个作品骨干的论据，即《普罗泰戈拉》这一作品的骨干论据。第三，这个现象是为了以下目的而加以阐述的：首先是为了说明针对特定的“是否”问题的探究可能失败的原因，即由于“Φ 是否是 Ψ”的问题已经提出并进行了处理，但却没涉及“什么是Φ?”的问题；其次，指出为了成功或至少能够取得成功，必须进行这样的探究，即联系“什么是Φ?”的问题来解决“Φ 是否是 Ψ”的问题，并且后者基于前者 。最后，这种现象与一个人的信念的严重失衡现象，以及一个人处于*aporia*的状态有关。

因此，我们如何理解和翻译这句话(361a3-5)，尤其是短语 *hēmōn hē arti exodos tōn logōn*，至关重要。这个短语的意思是否是“我们讨论的当前结论”——意味着他们已经在他们之间的对话中达成了这个最终结论(end-point)？或者，这个短语的意思是“我们论证的当前结果”——意味着综合考虑他们提出的论证和理由之后的结果？在前一种理解中，这个短语并不是特别重要。在后一种解读中，这个短语用来全面评估在对话过程中所提出的针对“德性是否可教”的问题的两个方面所有的论点和理由——仿佛是画出一张完整的、最终的资产负债表(final balance-sheet)。

177

在我看来，有确凿的证据支持后一种解读。“*hoi logoi*”一词应被理解为“论证”(arguments)或“理由”(reasons)，而不是“讨论”(discussions)。它接续前面几行文本中的同一个短语：(在回应问题中)我们每个人都为这样一个漫长的论证而辩护，我认为德性是不能教的，而你们认为可以(*egō te kai su makron logon hekateros apeteinamen, egō men legōn hōs ou didakton aretē, su d' hōs didakton*)。苏格拉底之所以把他们的*logoi*描述为“漫长的”,是因为他指的是整个论证,即从对话的开始到结束,对“德性是否可教”的每一面的论证。也就是说,苏格拉底一开始反对德性可教(319-20);通过普罗泰戈拉长篇大论的为德性可教性的辩护(320-8);然后通过苏格拉底同样详尽的对于德性统一性的论述,即对善和恶的知识(这是一个可教性的论证),以及普罗泰戈拉对这个统一性论点持续的反对,直到对话结尾处(328-60)。他们对于“德性是否可教”这个问题的论证确实是一个漫长的过程;但是这是因为它内在的复杂性,而不是因为它碰巧无法符合苏格拉底一般的对*brachulogia*(“言简意赅”)的要求。而且,最重要的是,当苏格拉底继续(通过拟人化及其声明)阐述和证实他的评判和判断时,他是这样做的:通过评估苏格拉底和普罗泰戈拉这两位主要人物在对话过程中所提出的针对“德性是否可教”问题的两方面主要论点和理由。他接下来要评价的并不是讨论,而是明确被描述为论证和理由(参见*epicheiro apn apodeixai*,“试图证明”,361b1)。

可能有人会反对,认为柏拉图在《普罗泰戈拉》结尾处使用的“*logoi*”表示的意思就是“讨论”,而不是“论证”和“理由”。因为,人们可能会提出,将*logoi*解读为“论证”或“理由”,忽略了这是对话的结尾这一事实——一种柏拉图创造的最有力和最戏剧化的表现——对具体人物在特定具体环境中,在其中的一个特定场合,他们提出并讨论了一些特定 178

的问题的呈现。谁能否认这一点？然而，在我看来，真正的问题在于，柏拉图是否认为，讨论和对话中的要素（诸如论题、论据和一般的问题）是否应该与其中具体的、它们最初所处的环境密切相关。如果对这个关键问题的答案是肯定的，那么这些要素就像我们所说的那样，完全是具体的；在这种情况下，把*logoi*翻译为"讨论"便是必需的。另一方面，如果对这个问题的答案是否定的，那么这些元素虽然起源于一个具体的情景，并且在某种程度上是具体的，但与这种环境是可分离的，因此也是抽象的。[①]在这种情况下，我们可以将*logoi*翻译为"论证"或"理由"。

有理由认为柏拉图注意到了这个问题——在对话中起重要作用，并且是在结尾处单独列出来的要素，如论题、论点以及问题等，是否应该与它们最初所处的环境密切相关——并且打算给予否定的答案。首先，我们将看到，在对话更早的时候（331和333），他已经借苏格拉底之口提了一个明显密切相关的问题。其次，"我们的*logoi*的结果"的人格化似乎是故意的不能很好地被对话接纳；如果"对话"这一术语，我们指的是具体的、彻底情景化（thoroughly situated）讨论的代表。因为这个拟人化的形象所针对的，不是对他们的*logoi*的结果的某些看法，而是那个结果本身。这个结果本身就是通过这个最奇特的拟人化来说明他们的*logoi*的结果。但是，似

---

① 我们可以回想一下麦克劳德（Macleod）对修昔底德"一个戏剧性元素"概念的描述："因此，通过修昔底德语言中的戏剧性元素，我的意思是，在最广义上，特殊的方式使得普遍性的表达具有力量和精确性。"（1983，p. 53）

乎很明显，如果要被对话很好地接纳，那么这种拟人化就必须将其*logoi*的结果和某种观点拟人化。为了支持这种拟人化在对话中被很好地接纳，我们不得不假设它的角色本来可以通过一个实际的角色来完成。（当然是对话中的角色）让我们称他为丰那克勒斯（*Phōnaclēs*），他在对话结束时介入，并发表他的评判。但是，除了他对他们的*logoi*的结果的看法之外，丰那克勒斯在拟人化及其声明中事实上所说的，可能是什么呢？当然，柏拉图本可以写下这类结局，但事实上没这么做。我们有理由认为他并不想要这样写。在对话的较早时候（337e-338e），苏格拉底忽略了希庇亚提出的在辩论中引入仲裁者的建议（*diaitētēs*，这是用于这一角色的几个名称之一），苏格拉底认为这一建议是错误的，并且他这样做的理由是：可能没有理由认为第三人或第三方，以及没有直接参与辩论的人或一方，能比他们更好地对他们的*logoi*的进展进行判断（他和普罗泰戈拉是辩论的两个主要参与者）。但显然，丰那克勒斯就是这样的一个人（无论把他作为他们的*logoi*结果的最后评估者的正式名字叫作什么）。而他所能做的最好的事情，就是陈述他对他们的论证结果是什么的看法，而不是结果本身。 179

这意味着（他们的*logoi*的结果是由结果本身“说出”的）我们*logoi*的结果一词应该表示（或主要表示，或者至少也表示）抽象实体。只有当它的“结果”和“*logoi*”表示抽象实体时（或主要表示抽象实体，或至少也表示抽象实体），它才能做到这一点；就如同“结果”被理解为“净和和平衡”（net sum and balance),“*logoi*”被理解为意思是“论证”或更恰当是“理由”。如果这是正确的,它就解释了为什么柏拉图需要一种拟人化和它的“声音”:因为抽象实体从字面上看并不可以说出任何东西。此外,如果它是正确的,这意味着当苏格拉底将这种结果(如拟人化及其声明所述)描述为一种极为失衡的结果时,这种对其论证结论的极为失衡的指涉,必须本身理解为对抽象实体的指涉(或主要是指涉;或至少也是指涉)。只有当“结论”不是(或不是主要地;或者至少不仅仅是)它们的信念状态,而是它们的信念状态的内容时,才能理解它;如果他们提出论证以回应的问题不是(主要不是,或者至少不仅仅是)在特定场合某人提出的问题,而是这样一个问题的内容,即它所问的内容。 180

7.2 不确定的理由与确凿的理由

我们必须假设,柏拉图在这些对话中区分了不确定的理由和确凿的理由(我们假设在这些对话中存在双边的“是否”问题,由于问题的两边都有看起来很好的理由支持,所以表述了 *aporiai*)。很明显,我们必须假设这一点,至少如果我们假设:首先,柏拉图不认为,至少在事先不参与之前,*aporia* 是不能解决的(因此他不认为一个 *aporia* 等于一个自相矛盾的命题);其次,他不认为会有真正的矛盾。例如,如果我们回想一下苏格拉底在《普罗泰戈拉》的结尾处所做的判断,即他和普罗泰戈拉都在“德性是否可教”问题的两方面做了论证,而且以 *aporia* 的状态结束。这种 *aporia* 的状态的特征是以这种方式反对自己。回想一下苏格拉底最终要求他们必须再一次回答他们原来的问题,并要格外小心以免再次失败,那么,我们就不能假设柏拉图认为问题两边的论证中每一个都是成功的论证(或驳斥)(也就是说,认为构成每一个论证的单个理由或一组理由都是确凿的)。我们不能假定这一点,而同时不认为柏拉图认为这个*aporia*必须从一开始就被认为是无法回答的,或者是对真正的矛盾的承诺,或者只是令人难以置信的混淆。另一方面,我们也不能假定,柏拉图认为构成每一个论证的单个理由或一组理由都要么视为确凿的理由,要么就是根本不好的理由;就好像他在用"1-0"或者"要么所有要么全无"(all-or-nothing)来衡量理由的力量。因为,如果我们假设这一点,我们就不能认为这些理由能够产生一个*aporia*。

毋宁说,我们必须假设,其中一些理由,以及由它们构成的论证虽然不一定是确凿的理由,并未构成无可置疑(*apodeictic*)的证明(或驳斥),但柏拉图仍然认为这些理由是相对于它们的结论的好理由。例如,如果我们回想一下苏格拉底在《普罗泰戈拉》中反对德性可教的一个论证(319d7-320b3,《美诺》结尾处也有类似的论证),我们必须假设:虽然柏拉图显然认为,构成这一论证的理由,即,似乎缺乏可靠和可信的德性教师和教学的例子和范例,并不是一个反对德性可教的确凿理由,它可能仍然被柏拉图认为是一个好理由。事实上,我们可能会认为这是对这个论证的一种可能且合理的解读;即是说,如果这个解读是沿着如下的思路来阐明的: 181

如果有人认为德性是可以教的,那么大概人们必须能够回答"如何才能教授德性"这个问题,或者至少有人应该知道大致如何教。因为我们可以合理地认为:如果人们根本不知道如何教授X,那么人们就无法自信地宣称X是可教的。但是,如果有人认为没有可靠和可信赖的德性教师和教学的例子和范例,那么人们就会认识到(如果一切进展顺利)人们并不知道如何教授德性(至少不是基于对德性教师和教学的例子和范例的想法)。当然,人们可能会对德性如何可教有不同的看法,因为可能有更抽象和更一般对德性可教的看法。这就是为什么,即使上述理由认为德性不能教,也不是一个确凿的理由。但是,苏格拉底在《普罗泰戈拉》中反对德性可教的最初论证中,这样的说明,即关于如何教授德性的一般和抽象的说明,仍然有待讨论;并不清楚它是否曾经在《普罗泰戈拉》或《美诺》中出现过。因此,考虑到德性不能被教的上述理由,即使它不是确凿的(尤其是在探究"德性是否可教"的某个特定阶段),也是该结论的好理由。

我们是否必须假定在柏拉图看来,这些理由和论证(例如在《普罗泰戈拉》中"德性是否可教"这一问题的两方面理由和论证)没有一个是确凿的?更加简洁地说,我们必须假设的只是:并非所有这些理由和论证在柏拉图看来都是确凿的。但是,让我们假设柏拉图认为这些论证中有一个论证和它构成的理由是确凿的;让我们假设他希望我们读者能够立即毫无困难地说出这是哪一个论证。在这种情况下,我们再一次不能认为这些论证以及它们构成的理由能够产生

aporia；至少是一个需要被认真对待的*aporia*，就像苏格拉底在对话结束时严肃对待了*aporia*一样：当面对*aporia*时，他呼吁重新进行探究并努力回答他们最初的问题。我们可以得出这样的结论：即使我们假设柏拉图可能会有意使他（通过对话中的人物）在某个特定的"是否"问题的一方提出的一个论证及其构成的理由成为确凿的，我们也不能假定他希望读者可以立即毫不费力地说出这是哪一个论证；我们不能假设这一点，如果我们认为问题的两边都存在明显的好理由，从而应该产生一个*aporia*。我顺便注意到，如果这是正确的，那么，它使一个重要的观点变得可疑。这一观点便是通常认为苏格拉底是柏拉图的"代言人"（mouthpiece）的观点。这一观点认为，我们可以认为，柏拉图通过苏格拉底之口说出的观点是确凿的，或者至少明显优于其他角色所提出的观点。[①] 182

评论《普罗泰戈拉》的注释家普遍认为，我们可以马上或毫无困难地分辨，柏拉图认为对话中的哪一个论证是确凿的，或者肯定优于对话中别的论证；他们认为，这一论述就是苏格拉底最后的论证（351b-360e），这是对德性是知识的完美结论（the consummate）的论证。但是，如果我们观察到对话不是以这一最终论证结束，而是以苏格拉底后来对"我们论证的结果"的评语结束，这些论证指的是，他和普罗泰戈拉在对话过程中提出对"德性是否可教"每一方的论证，以及涉及德性统一的一些"是否"问题的论证，并且，他认为评判论证

① 对于这个原则的最新辩护，见沃尔夫斯多夫（2004b）。

的结果等同于由他和普罗泰戈拉反驳他们自己而得出 *aporia*,那么,我们必须拒绝这个通常的关键假设。

那么,是否有任何具体的迹象表明,柏拉图不打算将苏格拉底的最后论证及构成它的理由(即论证德性是知识的结论)看作是确凿的?这是一个棘手的问题,需要对这个论证进行详细的考察。但我认为,似乎有这样的迹象。这个论证的一个关键前提是假设"善"(the good)是统一的;以至于不同的好的事物(goods)仅在数量上有所不同。这个假设是(而且显然被作为)如下主张的一个直接结果。这一主张是:首先,"善"与幸福(即享乐主义的教义)是相同的,其次,不同的快乐仅在数量上有所不同(355d6-e2)。正如人们早已认识到的,并且我认为最近已经被迈克尔·莫里斯(Michael Morris,2006)所证实:通常认为的 *akrasia* 是不可能存在的,以及错误行为完全是由于缺乏知道正确行动是什么("做得好",*eu prattein*)。——"德性是关于善的知识"的完美结论也蕴涵此意——非常依赖于这个假设。但是,值得注意的是,183 为了辩护认为不同的快乐仅在数量上有所不同,好的事物(goods)也因此仅在数量上有所不同,能够做的无非是"我们除了这个以外无话可说"(*ouch heksomen eipein allo ē touto*,355e1-2)。此外,柏拉图不仅承认这种假设是非常有争议的;在对话稍早时候(333e-334c),他表现出这种争议,即,苏格拉底和普罗泰戈拉争论"善"(*agathon*)是统一的还是(相反的)根本上是"众多的和多样的"(*poikilon ... kai pantodapon*,字面意思是"各种颜色和种类",334b6-7)。

关于不确定的理由与确凿理由之间的区别，我们会马上澄清一些要点；这些关键的要点将在随后出现。首先也是最重要的一点，不应将不确定理由与确凿理由之间的区别和可错理由（fallible reasons）与不可错理由（infallible reasons）之间的区别混为一谈。当然，确实，p的一个不确定的理由将是p的一个可错理由；“一个对p来说可错的理由r”，我指的是对于p的一个理由r也是和非p兼容的。因此，p的一个不可错的理由也将是p的确凿理由；“一个对p来说不可错的理由r”，我指的是对于p的一个理由r是和非p不兼容的。但是，p的一个确凿理由不一定是p的一个不可错的理由。我认为这是明显的。如果我们考虑一种情景，那就是有一个对p而言强有力的理由r，但是在探究的某个阶段，我们追问是否p，r被认为是不确定的理由，因为对于非p来说也有很强的理由r*，并且在研究的这个阶段，尚不清楚哪个理由更强。关于这种情况，如果在探究的后期阶段显示出两个理由中哪一个更强（或者如果显示了这一点并且还显示了为什么一个更强的理由是更强的），那么一个确凿的理由r**就会被找到；或者说，如果我们假设已经考虑了所有相关的理由，就会发现这一点。但是这并不意味着这个理由r**（我们可以称为“所有相关事物被考虑并被一起考虑”的理由）对于p来说是一个不可错的原因（即，它将与非p不能兼容）。

其次，认为总是能够表述不确定的理由，或者应该以非理性的痛苦的代价为理由，总是试图以中等强度的理由来表述这种理由是错误的。在上述意义上考虑一个涉及*aporia*

的场景。在这种情况下,对于p的理由r似乎不仅仅是有力的,而且是非常有力的。如果在这种情况下,r看起来非常有力,那么就不得不认为它是p的一个不确定的理由,不是因为184 r是薄弱的,而是因为对于非p存在非常有力的理由r*,在探究的这个阶段,并不清楚哪个理由更强。

再次,关于p有完全有力的理由的论述并不意味和与对非p而言的任何理由的力度的对比;事实上,在探究的这个阶段,可能不存在任何人可以进行这种比较的基础。在上述意义上的一个涉及*aporia*的场景中,在探究的这个阶段,它可能表明p不仅有有力的理由,而且有完全有力的理由;但它似乎也可能表明,对于非p来说,也有完全有力的理由。在这种情况下并不意味着,两种理由的强度之间可以进行比较;的确,在探究的这个阶段似乎没有做这种比较的基础。当然,我们可以这样总结这种理由冲突的结果:“双方似乎都有同样好的理由”,但是说理由“同样好”并不是基于比较;这仅仅意味着在这个阶段的探究中,如何进行比较并不十分清楚。

7.3 表面的好理由与真正的好理由;主观理由与客观理由

使用“表面的好理由”,我并不是指“只是看起来,但却不是真正的好理由”;我的意思是说,“看起来很好的理由究竟是不是真正的好理由还有待确定”。很明显,我们必须假设,在这些对话中,柏拉图区分了表面的好理由和真正的好理由(如果我们假设在这些对话中存在由*aporiai*产生的探究)。

而且，我们可以不用太担心地确定，柏拉图事实上使用了这样的区分。这种理由是在一个探究点提出的，在这个探究点上，知识正在被探寻，但仍然没有获得。在这一点上，探究活动的参与者将认识到（如果一切进展顺利），不仅他们提出的捍卫主张的理由并未对该主张提供知识，而且，他们不清楚这些个别的理由到底有多好、多有力；也就是说，这些理由到底离构成有关正在讨论的主张的知识有多远，或者多近。因为，只有当他们的探究结束并且已经到达知识的时候，这才会变得非常明显。看起来，这似乎便是苏格拉底通过经常自称无知所承认的事情之一，特别是通过许多事例，通常在对话结束时，他根据对他们总体结论的评判宣称：他们未能达成一个明确的或稳定的结论。与此同时，由于参与探究的人确实提出了辩护某些命题的论证和理由——如果他们不这样做，探究就很难进行——他们必须看到他们提出的理由是好理由。 185

我们可以得出这样的结论：这样一种探究的开明参与者（enlightened participant）——参与者在方法上和认识上都像苏格拉底那样是自觉的（self-conscious）；并且，由一个问题产生的探究，在回应中，不同的和相互矛盾的答案被提出并被辩护——既然有兴趣认真追求这一探究，他就会提出在她看来是好的理由。提出这样的理由，是因为他认为它们是好理由，并且他会认识到，只要这项探究仍在进行中，并且没有成功完成，他提出的理由就只是看起来好的理由，而它们究竟是不是真正好的理由（以及在多大程度上是）还没有确定。

当然,我们可以得出以上这样的结论,如果是同一个人倾向于提出不同的、相互矛盾的理由,或者是倾向于承认这两套相反的理由都有效力,即使它们实际上是由不同的人提出的。

然而,在这个问题上还有很多可说。这个问题就是,这些对话在看起来的好理由和真正的好理由之间所做的区分。因为看起来,柏拉图除了按照刚才所指出的思路设想出这种区别之外,似乎还以一种更强有力的和不太简洁的方式思考这一区别,即一方面,主观的理由(相对于某些特定的人,相对于某个思想家以及一般的与某人相关的理由),也就是说,“对于某个特定的主张p而言,存在一个特定的理由R”就意味着:一个人N认为,有一个对于p来说是一个理由的R;另一方面是客观的理由(不是相对于特定的人)。此外,主观理由与客观理由之间的这种区分似乎是由这样的事实引起的:即组成这些对话的探究的理由倾向于引起理由的冲突或者产生*aporiai*。

《普罗泰戈拉》中的两段涉及方法论的文本(331bd,333bc)及其对于理由的地位的意义

在《普罗泰戈拉》一个值得注意的涉及方法论的段落中(331b8-d1),苏格拉底暂时置身于激烈的、微妙的争论之外,并且做了可谓能最好地反映和评论他们的论证和探究的方法的事:苏格拉底反对普罗泰戈拉让步的倾向,因为后者承认了(如果仅仅为了辩论的缘故)他实际上并不相信的前提

186

（这回顾了《高尔吉亚》495a和500b以及所谓的“说你所信”的原则）。因为（苏格拉底接着澄清）目的并不是测试（*elenchein*）不由任何特定的人持有的假设，而是测试“我和你”。他补充说，我们应该注意到，这是测试论证（*ton logon*）的最佳方式。然而，仅仅几页之后，在另一段涉及方法论的文本中（333b8-c9），苏格拉底似乎直接与这种方法论的观点相矛盾，他说普罗泰戈拉是否相信目前论证的前提无关紧要。因为（他继续澄清）他的目标是主要检验（*eksetazein*）论证（*ton logon malista*），并且仅仅作为潜在的后果（*sumbainei isōs*），他也测试“作为提问者的我和回答问题的你”。

现在，如果我们假设表面的好理由和真正的好理由之间的区分，以及主观理由和客观理由之间的区分，是柏拉图论辩法和探究方法的一部分，那么我们就拥有用来克服这种表面矛盾的材料，并能够表明这两种方法论陈述是一致的，而且，确切地讲，它们是一致和互补的。我认为，通过仔细阅读这两段文本，柏拉图认为这两个区分是可信的。

考虑到第一段涉及方法论的文本（331b8-d1），我们必须问，为什么柏拉图应该认为，如果论证的前提并不仅仅是假设，而是被某个人相信或被某人发现似乎是合理的，那么，这一论证就可以得到最好的检验。这可能是因为他认为，首先（1a），争论的前提有助于为其结论提供理由；其次（1b），不可能确定什么是真正的对特定结论的理由，而不考虑在某人看来或某人相信的一个好理由。第一个要求显然是正确的。第二种说法是合理的，至少如果正如柏拉图在这些对话中明确表达的观点，人们不仅仅把理由简单地或者主要地看成是抽象的实体，而且，当人们提出辩护一个主张的理由时，这个理由首先被当作人们提出的理由。事实上，即使一个人认为总的来说，一个理由与我们对某个理由的主张无关，但认为我们获得理由的途径并不独立于我们对某个理由的主张仍然是可能的，因此，理由并不是独立于"某人认为有理由"或"某人相信有理由"。当然，如果像柏拉图那样认为，人们是通过运用理由来与他人进行争论、探究和对话的话，这是有道理的。

187

考虑到第二段方法论的文本(333b8-c9)，我们必须问，为什么柏拉图应该认为主要目的是检验论证，而考察提出并参与论证的人只是一个派生目标。这可能是因为他认为，首先(2a)，为了评价论证，有必要检查与之相关的人，即检查在他们看来是或者相信对一个结论来说的好理由(从1b开始)；但是，其次，(2b)研究这个问题的目的是要确定对一个结论的真正理由，而不是在人们看来或认为的好理由。然而，很显然，2b背后的假设是，并非因为理由R对于N来说是p的一个好理由，或者被N认为是p的一个好理由，R就真正是p的一个好理由。这意味着，应该区分客观理由(不是相对于特定的人的理由)和主观理由(相对于特定的人的理由)。

现在，让我澄清一下，根据这一解读，这两段涉及方法论的文本不仅是一致的(从迄今为止的阅读中可以清楚地看出这一点)而且是连贯的，此外，也是相辅相成的。第一段方法论的段落(331b8-d1)表明：(1b)：不可能确定什么是真正的相对于特定结论的理由，而不考虑在某人看来或认为的好理由。然而，有人和像普罗泰戈拉这样的相对主义者可能会认为这一点是用来表明或者暗示：(1b-相对)：某人看来或某人认为是一个特定结论的理由决定了这个理由为真正的好理由。第二段方法论的段落(333b8-c9)用来抵制这种过渡，并拒绝1b-相对。我们应该注意到，虽然我们只需要区分表面的好理由和真正的好理由，就可以理解第一段方法论的文本，但为了理解第二段方法论的段落，以及它与第一段方法论之间的关系和一致性，我们还需要区分主观理由(相对于特定的人的理由)和客观理由(不是相对于特定的人的理由)。

那么，让我们假设在柏拉图的这些对话中，他运用了表面的好理由和真正的好理由的区分，以及主观理由和客观理由的区分；而且，他这样做是他的论证和探究方法的一部分。我们必须问：是什么促使柏拉图做这些区分呢？关于表面的好理由和真正的好理由之间的区别，我们已经给出了柏拉图为什么采用它的原因：因为这些对话中的人物提出的理由是在探究中作为探究的一部分而提出，并用以回应对我们来说是活生生(live)的问题，我们在追寻由这些问题产生的知识也是当场的，并且我们尚未掌握这些知识。并且，也因为至少有一个角色，即苏格拉底，被描述为彻底地意识到了这种求索，或者探索时刻(在这个时候论证和理由展开了，并且意识到其中或多或少的直接影响)。 188

但为什么柏拉图要进一步区分主观理由和客观理由

呢？考虑一下如果一个人认识到，虽然她倾向于为某个特定的问题辩护某个答案，但她并不知道答案，而是正在通过他提出的论证和理由来寻找答案。这样一个人会认识到（如果一切进展顺利），他的理由到目前为止只是一个很好的理由，并且她不能确定这些理由是否（以及在多大程度上）是真正的好理由。但是为什么他应该认识到（我们假设他不是已经持有一个柏拉图主义式的理由概念！），对于某个特定的主张p而言，存在一个特定的理由R，不仅仅意味着一个人N认为有一个对于p来说是一个理由的R？为什么他不应该认为，一个真正的好理由是一个看起来好的理由的建构和功能，而因此采用了某种关于理性的建构主义呢？让我在这里谈一谈这个问题；我将在下一章，即最后一章中，更全面地阐述它。

如果这样一个人似乎有足够的动机去超越看起来的理由和真正的理由之间的区别，并且在主观理由和客观理由之间加以区分，那么他必须进一步认识到她的对于一个命题p的理由不等同于对于命题的知识。承认这一点与她的以下思想是一致的：他的理由虽然不足以构成完整和严格的知识，但仍然等同于某种证成，甚至是高度的（high degree）证成；因此，承认这一点与她的以下想法一致：他有资格确信，如果他一如既往地继续前进，那么他将尽其最大努力更好地接近知识并追求真理。如果这是他的想法，那么我们并不清楚，他是否有理由在主观和客观的理由之间做区分，而不是将真正的理由设想为是出于表面的好理由的一种功能和建构(因此对理由和理由的客观性采取一种建构主义的态度)。

那么,这样的人必须要承认,除了认识到她对命题p的理由并不等同于对该命题的知识之外,如果她有适当的动机去区分主观理由和客观理由的话,还要意识到什么? 这是一个 189 宏大而困难的问题。幸运的是,这个问题对我们来说更容易处理,因为我们不是在抽象地思考它,而是就组成柏拉图对话中的探究来思考。我们发现,这些探究包括由双边的"是否"所产生的问题。正如苏格拉底所认为的那样,问题的两边都有好理由,而且根本不清楚这种理由的冲突该如何解决。我认为,在这一点上我们的问题是这样的:柏拉图为什么,以及有什么正当理由,认为解决Φ是否是Ψ这个问题所表达的*aporia*需要的至少是对Φ(或Ψ;或者Φ和Ψ)的定义? 因为,在我看来,对于柏拉图来说,正是这一要求(即,对定义的需求)标志着从表面的好理由与真正的好理由的区分(以及我们可以从这个基础出发构建的任何理由),走向了主观理由和客观理由的区分。因为,柏拉图认为,客观的理由恰恰是定义单独提供的东西。我将在下一章,即最后一章中,讨论这个关键问题。

我们在这一点上的结论是这样的:如果我们假设柏拉图区分了主观理由和客观理由,并且他不是理由和理由客观性的建构主义者,那么,我们可以期望在柏拉图哲学和这些对话中找到,这种对理由做区分的动机和理由,只有当我们在其中发现对普遍的、统一的和解释性定义的需求的动机和理由时(我们将在下一章,即最后一章中,讨论这一任务)。

7.4 调和苏格拉底的两种明显相反的立场：教条式和怀疑式的立场——对《高尔吉亚》508e6-509b1的解读

让我们假设，柏拉图在这些对话中的询问是基于*aporia*，而且，柏拉图提出了这三种区别：(i)不确定的理由与确凿的理由；(ii)表面的好理由与真正的好理由；(iii)主观理由与客观理由。我现在想用这些材料(materials)来解决一个问题并辩护一种答案。这一问题在过去四十年中被评论者们广泛地讨论(它已经存在于西塞罗的思想当中)。[①]这一问题便是，苏格拉底怎么可以毫无矛盾地一方面否认对一些事情有知识(例如，"行不正义是否比遭受不公更好")，另一方面，对于同样的事情又持有特定的信念，例如，相信遭受不公比行不正义更好，并且坚持这些信念，因为他认为这是完全有力的。这两种立场(我们可以称为怀疑立场和教条立场)如何结合才能成为一致的？[②]

190

我通过讨论如弗拉斯托斯和埃尔文这样的评论家来解决这个问题，并且专注于一段最引人注目的文本，即《高尔吉亚》508e6-509b1。这也有助于将我们对苏格拉底的两种立场

---

① 参看格鲁克尔(Glucker，1997)。

② 彼得森(Peterson，2011)已经广泛地讨论了苏格拉底表面上所持的怀疑态度，或者说apretic(疑难式)态度的立场与他明显的教条主义或教义主义立场之间的关系。她认为，"柏拉图所有对话中的苏格拉底都声称是无知的和正在考察的(examining)苏格拉底"(p. 12)，并且"苏格拉底所阐述的许多观点不应该归于苏格拉底，而应该归于他的愿意倾听的对话者……这些明显的教义性段落可能是考察的开始"(p. 12)。她说："教义式的对话中的苏格拉底可能会做一些其他事情，而不是提出教义。他可能不会对他明显的学说负责任，而是疑难式(aporetic)对话中考察式(examining)的苏格拉底要对他的质疑所引发的东西负责任。"(pp. 11-12)。然而，彼得森的论点假设这两种立场并不完全相容；它涉及对教义方面做出限制，直到否认它。

一致性的论证,和这些评论家对一致性的论证相对照。因为在这篇对话这一关头(juncture)的几行文字内,苏格拉底既说,他不知道事情在某些事情上的是怎样的(509a5;另见506a3-4,“我并未像一个知道的人那样断言我所说的事情”)——他首先想到的问题是,行不正义是否比遭受不公更好,抑或行不正义是否比遭受不公更高尚——而且说,由于在他看来是铁一般坚实的理由(*logoi*),他对这些问题的看法是坚定的,即遭受不公比行不正义更好且更高尚(508e6-509a2)。这是苏格拉底所说的:

> 在我们之前的讨论(*logoi*)中出现的对我们来说是如此这般的(*hēmin houtō phanenta*)这些东西(*tauta*),我想说的是,它们被铁一般坚实的论证(*logoi*)所约束,即使这么说真的很粗糙。无论如何,似乎是这样的。如果你或者某个比你更有活力(vigorous)的人不能撤销这些论证,那么任何除了我现在所说的,任何人如果说了别的话都不算说得很好。然而就我而言,我的表述(*logos*)[①]总是相同的,即我不知道这些事情是如何的(*tauta ouk oida hopōs echei*);但是在这种情况下,我所见过的人中没有一个可以说别的事情而不会变得荒谬。所以,我再一次确认这就是这些事情的样子(*tithēmi tauta houtōs echein*)。《高尔吉亚》508e6-509b1(泽尔翻译,引文有改动)

① 或“我的位置”。对于509a4的*logos*翻译,另见弗拉斯托斯[1994b(最初发表于1985年),p. 41,注释9和59]。

191 我们的任务是分析并解决这段文本中显而易见的逻辑上的紧张关系。因为，就表面的矛盾和不一致的意义上，这段文本中存在着明显的逻辑上的紧张关系。解决这种紧张局势，我指的是，表明苏格拉底表面上矛盾的言论是一致的，我想澄清我们并不是想论证：苏格拉底的两个表述不仅是一致的，而且是连贯和互补的，因为它们一起属于一个更广泛的理论。这将是一项不可能实现的、雄心勃勃的任务。根据柏拉图的论述，这一任务目前无法妥善完成。因为，按照柏拉图的论述，完成这项任务需要问“什么是知识”；回答了这个问题才能解决在《高尔吉亚》段落中所表述的*aporia*（因为这可能被认为是另一个*aporia*，虽然在不同的层面上）。然而，我们的有限(limited)任务是建立两个表述的一致性。[1]

最近有一位评论者认为，这段文本没有逻辑张力，甚至不存在矛盾和不一致之处。因此，沃尔夫斯多夫(2004a，89)坚决地摒弃了弗拉斯托斯著名的解决逻辑张力以确立一致性的尝试(我们马上考虑弗拉斯托斯的尝试)。沃尔夫斯多夫说道：

> 弗拉斯托斯认为这段话表面上是矛盾的。一方面，苏格拉底强烈地肯定了p1(即认为遭受不公比行不公正之事更好)；另一方面，他否认对这件事的知识。但这不是矛盾。不管苏格拉底多么坚信p1的真实性，他的信念和坚定的肯定不等于知识。这正是该段落所传达的观

---

① 我非常感谢科里·斯威策(Corey Switzer)指出了这一点。

点：虽然苏格拉底可能强烈地相信一个道德命题是真实的，并且有信心断言它是真实的，但这并不意味着，也不应该推出他认为他知道这个命题。

在我看来，这种解释不可能是正确的。如果在这段话中，与苏格拉底否认（在509a5）他知道所讨论的命题相对的是，他对这个命题的真实性有坚定的信念、肯定和信心，那么，沃尔夫斯多夫很可能是对的。因为在一个人的坚定信念p，和他同时否认他知道p之间很可能不存在逻辑上的张力。但是，说“这正是这段文本所传达的观点”则是无的放矢。因为在这段话中，与苏格拉底否认他知道这个命题相对的，不仅仅是他坚定地相信它为真，而且，他坚定地相信它为真是因为他认为，这些理由具有铁一般的力量，并将这一命题赋予坚实的基础。如果一个人断言，他相信p是因为，存在着在他看起来具有铁一般力量的原因，那么这个人可能被认为暗示他自己知道这个命题。因此，可以得出：如果这个人继续否认他知道这个命题，那么，要么我们必须得出结论说他是自相矛盾，要么我们必须拿出真正的资源（serious resources）并用它们来论证他的双重立场终究是一致的（就像弗拉斯托斯、埃尔文和其他评论者都认为的那样）。 192

在我提出解决这种逻辑张力和明显的不一致的方案之前，并且在我将之与弗拉斯托斯和埃尔文的解决方案对照之前（因为他们是我认为唯一值得认真对待的对手），让我们通过将其他两项尝试的解决方案设置为一方（我不认为它们是可信的尝试),做进一步的澄清。

首先,一些批评家认为,柏拉图将一般知识本身当作解释性的知识(即关于为什么的知识)。普赖尔(1998)对此观点进行了辩护;最近涉及《高尔吉亚》那段文本的辩护可参考沃尔夫斯多夫(2004a,第 vii 节)。[①] 他写道:

> 柏拉图哲学中的*epistēmē*概念和适当的被证实的真信念(appropriately justified belief)之间的根本区别在于,前者蕴涵理解,并且有能力解释已知的内容。相反,具有命题知识的人(像当代哲学家理解这种情况的方式)当然可以传达已知命题的内容,也可以证成相信它的理由。但"此人"也可以不一定能解释这个命题。(p. 136)

我们现在的问题不在于柏拉图在早期对话中是否支持这种普遍的知识概念。我们的问题是,他支持这种普遍的知识概念这一假设,是否可以用来解决《高尔吉亚》段落中的逻辑紧张和明显不一致的问题。在我看来,文本并不支持这种解决方案。柏拉图在这里用来描述苏格拉底对知识的否定的表述是这样的:"我不知道这些(事情)是怎样的。"(*egō tauta ouk oida hopōs echei*, 509a5)这清楚明白地意味着,"我不知道这些事情是否如此";具体来说,遭受不公是否比行不公正之事更好。这是 *hopōs echei* 的直白含义。紧接着的句

① 沃尔夫斯多夫立即在他对上述引用《高尔吉亚》508e6-509b1 的评论中说道:"我在第 7 节中更深入地讨论了这一点。"也就是他为柏拉图辩护的部分,即知识涉及知道为什么。

子中的*tauta houto es echein*这一短语(509a7-b1)也印证了柏拉图所表达的就是这个意思,当苏格拉底说:“而且因此,我 193 再一次确信这些事情就是如此(*tithēmi tauta houtōs echein*)。”类似地,它也被*tauta hēmin houtō phanenta*这一短语所确证[这些事情(*tauta*),对我们来说是如此这般的(*hēmin houtō phanenta*)]。这一短语最初出现在508e6-7,被用来表明苏格拉底认为有铁一般坚实的理由来支持的坚定观点。这表明,在这两种情况下(苏格拉底都肯定p,并且这样做是因为他认为这样做的理由是铁一般的有力;以及他否认关于p的知识的情况)所讨论的是p的真实性:是否是p。我不认为有一种方法可以证明p的真实性(这些是毫无疑问的)但却主张另外一种情况,即否认具有的知识是关于为什么p是如此的。

其次,一些评论者,特别是格吕克(1997,特别是pp. 79-80)和最近的库珀(2007),试图在苏格拉底的否认知识与他持有坚定信念之间建立一致性(即,在苏格拉底的怀疑主义和教条主义之间),他们是这样论证的:当苏格拉底持有这种疑问态度时,他所肯定的,并不是一个特定的命题是真实的,而是它是可信的,比对它的否认更可信,而且可信的多(在值得称之为“信念”的意义上来理解“可信”)。让我们称之为卡尔内亚德式(Carneadean)的对苏格拉底的教条立场的解读。如果这一解读是为了确立《高尔吉亚》中那段文本的一致性,那么苏格拉底必然会暗示尽管p比非p更可信,但仍然非p是可信的,尽管不那么可信。否则,如果卡尔内亚德式的解读被理解为与苏格拉底将所有可信度置于p这一面是相容的，那么，我们就不能进一步确定这与苏格拉底否认他知道p是一致的。因此，根据卡尔内亚德式的解读，苏格拉底意味着比较支持p的理由的强度和支持非p的理由的强度。但我不得不承认，我不明白如何将p的理由描述为“铁一般坚实”（这就是苏格拉底描述它们的方式）这一描述允许这样的比较性的解读。如果（很没把握的“如果”[a big “if”]）对于“铁一般坚实”的描述被理解为“相对地”，那么，当然，这些理由被描述为“铁一般坚实”的含义便是，它们相对于支持非p的理由来说是无比强大的（incomparably stronger）。在那种情况下，我们不会更好地确定这如何与苏格拉底否认他知道p是一致的。（读者可以参看上文第2节的末尾，在那里，我论证了有关p的有力或完全有力的理由的声明，并不意味着与有关非p的理由进行比较）。

194

我们如何才能在《高尔吉亚》的那段文本中建立一致性呢？让我们更加仔细地考察一下苏格拉底对知识的否定，他说：“但就我而言，我的表述总是一样的，即，我不知道这些事情是怎样的。”（*epei emoige ho autos logos estin aei, hoti egō tauta ouk oida hopōs echei*，509a4-5）苏格拉底在他的表述（即他不知道这些事情是怎样的）的前缀（prefix）中明确表示这是他“始终”（*aei*）做的陈述（*logos*）。这是什么意思呢？他为什么要这样说？如果把*tauta*理解为仅仅涉及遭受不公是否比行不正义更好的问题，那么，这个句子的前缀就只是强调否认这种知识；当然，这在尝试建立一致性方面没有提供任何支持。或者，前缀意味着，正如苏格拉底所看到的那样，他总是不知道这些问题的答案。在这种情况下，尽管*tauta*也指这里所讨论的具体问题，但*tauta*是更具普遍性的，并以一般方式提及这个问题。对我来说，这似乎为如何解决逻辑张力和确立一致性提供了一条重要，而且可以说是至关重要的线索。[①]一方面，苏格拉底已经得到了命题p（*tauta hēmin houtō phanenta*），这个命题"遭受不公比行不正义更好、也更高尚"因为非常特殊的原因（参见*anō ekei en tois prosthen logois*，508e6-7），在他看来具有"铁一般坚实"的力量（要多力有多有力）。当然，这是对他在473-479对波鲁斯的反驳的回溯。另一方面，通过使用这个前缀，他提醒自己和卡利克里斯（柏拉图提醒读者），基于更普遍的理由（on more general grounds），他不知道这一命题。我认为，这并不是一个矛盾，只要我们能够正确地以一定的原则，确定以下这一区别：一方面，某人确认某个特定命题p，并且确定p是因为在他看来有完全有力的具体理由r；另一方面，这个人否认他知道像p这样的命题，并且是因为更普遍的原因而否认这一点。[②]

柏拉图在《高尔吉亚》所做的以下区分：通过苏格拉底的特殊的，似乎是完全有力的理由来肯定p（即问题"是否是p"　195

---

① 感谢尼克勒斯·克莱蒙特（Nicholas Clairmont）帮助我思考这一线索。

② 我们的任务并不是要正面论证：这不是一个矛盾；而只是指出这一点：人们可能有理由认为这不是矛盾。一个哲学家可以因为对他来说是非常有力的理由而主张p，同时又认为有更多的一般性的和方法论上的理由来怀疑像p的事物。最著名的例子是在笛卡尔的《第三沉思》的开始处：他认为，有一般理由甚至怀疑那些清楚明显地看起来对他而言是真实的事物，并且，当他将他的思想转向其中的任何一种事物时（这些事物就像他自己所说的那样，他是清楚而明确地感知到了），他发现他不得不断言这是真的，并且毫无保留地断言这一点。

的一个方面)以及他否认他知道这些问题答案的一般理由。根据我们对这些对话的解读,我们是否有一个确定这种区别的原则性方法呢?我们在这项研究中的整个论证,特别是柏拉图在这些对话中的探究是基于*aporia*的这一论题,等于阐明了这种区别的原则性方式。苏格拉底拒绝他知道这些问题答案的理由是:他认为,首先,这些问题表达了*aporiai*;其次,这种*aporiai*在寻求对这些问题的正确答案的知识方面提出了一个最严重的障碍;再次,他不知道如何解决这样的*aporiai*,因为他不知道解决方案是什么。然而,他确实认为,为了知道任何这类*aporiai*的解决方案,知道相关"是什么"的问题的答案,并以普遍的、统一的和解释性的方式知道这个问题是必要和充分的。然而,另一方面,苏格拉底没有一丝倾向认为从这些问题表述为*aporiai*中可以推断出这样的结论:人们论证双边问题中的一方,或者在每个具体情况下追随特别有力的论证和理由是没有意义的,并且非常认真地沉浸在这种两难的论点中是没有意义的。而且,正如他在这里强调的那样,在这种情况下,这些理由导致他毫无疑问地得出结论:遭受不义比做出不公正的行为更加高尚。

苏格拉底是否应该有不同的倾向并不是我们目前关注的内容。我的意思是,我们目前关注的问题并不是:苏格拉底认为这些问题表达了*aporiai*,而且这些问题构成了在探索知识方面最严重的障碍,作为结果,苏格拉底没有让自己沉浸其中,陷入这种两难的争论中,而采取一种"悬置判断"(suspending judgement)的姿态,无论针对的是这种问题的一方还是双方(就像后来的怀疑论者,尤其是皮浪主义者所做的那样)。我们目前关心的不是争论苏格拉底的教条主义和怀疑主义的立场是否一致,这种一致性就在于这两种立场是作为更广泛理论的一部分。我们目前关心的只是表明这种立场的组合是一致的,我认为如果否认以下命题,没有人会声称一个思想家犯了不一致的错误:如果一个人认为一个特定的问题表达了一个*aporia*,并且*aporia*是寻找知识最严重的障碍,那么他们应该搁置对这个问题的判断。 196

这种解决《高尔吉亚》那段文本的逻辑张力和争论的一致性的办法,与弗拉斯托斯和埃尔文所辩护的一致性论点相比如何呢?因为我同意弗拉斯托斯和埃尔文的以下看法:在这段文字中似乎有不一致之处,要证明没有不一致需要非常认真的努力。一段时间以来,人们倾向于认为弗拉斯托斯关于这段文本一致性的论点难以置信;即使他们并没有提出别的解释。[1] 我认为这是错位的(misplaced)。弗拉斯托斯在其著名的论证中指出,为了在《高尔吉亚》那段文本中建立起一致性,我们可以假设柏拉图区分了知识的两种类型,或者说知识的两种意义。当苏格拉底肯定p,并且这样做是由于他认为支持p的理由非常有力时,我们可以根据弗拉斯托斯的说法,假设他自己知道p,即他自己有充分的理由相信p,但这些理由是与非p相容的理由。另一方面,当苏格拉底否认他知道p时,我们可以根据弗拉斯托斯的说法,假设他自己否认

① 这一倾向的一个好例子是沃尔夫斯多夫(2004a)。

他有充分的理由相信p,即与非p不相容的理由。依据弗拉斯托斯的论述,我们可以将前一种意义上的知识称之为是"可错的"(fallible);而将后者称之为"不可错的"(infallible)。[①]作为对《高尔吉亚》那段文本的解读,我们并不能简单地无视这一解读。首先,苏格拉底说他肯定p的理由,就像他所认为的那样,是"铁一般坚实有力"。弗拉斯托斯认为,在某种意义上,苏格拉底认为自己知道p。因为,如果一个人认同p是因为她认为有很强的理由支持p,那么我们可以假设这个人认为自己知道p。当然,我们不同意弗拉斯托斯在这里的结论。当苏格拉底出于(如他所说)"铁一般坚实"的理由而认同p时,他并没有像弗拉斯托斯主张的那样,暗示他知道p(无论是什么意义上的"知道")。但是,弗拉斯托斯对于这个结论的推理有何不妥并不清楚,我们需要大量的工作,并依靠主要资源(major resources)来证明弗拉斯托斯的推理是错误的。其次,苏格拉底肯定了p是因为他认为有非常有力的理由支持p之后,他继续说:"如果你或者比你更有活力的人不撤销它们(即理由),那么,除了我现在说的话以外,任何人都不会说得很好"(509a2-4)。弗拉斯托斯认为这意味着苏格拉底指出:他相信p的理由不管多么有力,也都与非p是相容的。再一次,我不认为对于弗拉斯托斯来说这种解读是不合理的。再次,苏格拉底否认他知道p。弗拉斯托斯推断认为,

197

① 参见弗拉斯托斯[1994b(最初出版于1985年),pp. 50 ff.],区分可错的证成和不可错的证成。我更愿意说"理由"(reasons),而不是"证成"(justification),但这并不重要。

他必须在这里在相对照的意义上使用知识的含义，也就是说，基于与非p不兼容的理由的知识。最后，我不认为这是一个不合理的，更不用说是明显无效的推论。

因此，我的直接回应是，弗拉斯托斯对这段话的解读并非站不住脚，而是我们的解读显然是更可取的。之所以更可取首先是因为，它将苏格拉底在509a4-5中对知识的否认置于一个大的主题之内；也就是构成这些对话的探究中的论证和探究方法的主题。在我看来，弗拉斯托斯的论述无法将苏格拉底对知识的否认放置在这些对话的重要主题之内。如果有人做一番彻底的考察，的确可以在这些对话中找到一些证据，认为柏拉图所说的最好的知识就是“不可错的”；虽然值得注意的是，弗拉斯托斯对知识“不可错”的论述是来自《理想国》(477e)；事实上，它涉及一些争论，需要论证这里的术语*anamartēton*不仅仅意味着“没有错误”(not in error)，而且是“不可错的”(infallible)。[①]但是，柏拉图的早期对话中，关于“不可错”的讨论即便有，也并不突出。

于是，我认为，弗拉斯托斯对《高尔吉亚》那段文本的解读有一个特别并且重要的问题。弗拉斯托斯的解读的辩护者可能会强烈主张，在这段文本中，存在着“可错”知识和“不可错”知识之间的区别。辩护者可能会补充一点，我们是否遵循弗拉斯托斯的解读，并将前一个认知状态称为一种知识(或知识的一种含义)并不重要。她可能会认为，不可否认的

---

① 弗拉斯托斯[Vlastos, 1994b (最初发表于1985年)], pp. 49 ff.。

是,在这段文本中存在着一种区别:一方面,一个人相信的p(不管其理由多么有力)是与非p相容的,并且从这个意义上说,其相信p的理由是可错的(fallible)。另一方面,一个人出于与非p不相容的理由而相信p,并且从这个意义上来说是p的“不可错”的理由。这是对我们解读《高尔吉亚》那段文本显然比弗拉斯托斯更好的说法的很严肃的质疑。我认为,这是一个我们需要直接回应的反对意见,而并不能通过从更加广泛的背景来看我们的解读更为可取,从而绕过这一反对意见。

但是,这一反对意见所基于的假设是可疑的。在我看来,关键是虽然柏拉图通过苏格拉底表达的这些原因具有“铁一般坚实”的力量,但可以被“撤销”[参考 *hous su ei mē luseis*,“如果你不能撤销它们(即理由)……”;关系代词 *hous* 198 明确指代的是 *sidēroi kai adamantinoi logoi*]。弗拉斯托斯假定柏拉图的含义是,这些理由恰恰是p的一个“可错的”理由,因为支持p的理由与非p相容。但是,我认为这个假设是可疑的。更弱更简洁,因此更为合理的假定是:柏拉图认为这些理由恰恰是不确凿的(inconclusive)理由。因此,当苏格拉底直接否认他知道p时(509a4-5),我们可能确实认为他的意思是,他缺乏确凿的理由相信p。然而,我们不清楚,我们是否可以认为他的意思是他缺乏支持p的不可错的理由,即支持p的理由与非p不相容。当然,如果一个原因r是不确凿的,那么它就是“可错的”。但是,正如我们在本章前面看到的那样,同样清楚的是:反过来(the converse)是不正确的。

也就是说，一个理由可能是确凿的，而未必是“不可错的”。这表明，为了理解《高尔吉亚》那段文本的逻辑，我们的确需要假设柏拉图区分了“不确定的”理由和“确凿的”理由；与弗拉斯托斯相反，我们不需要假设他区分了“可错的”理由和“不可错的”理由。

最后，我转向埃尔文解决这一逻辑张力，并确立《高尔吉亚》那段文本的一致性的方案。[①]大体上，埃尔文认为，建立一致性所需要的是首先假设柏拉图一方面区分真信念(true belief)，包括带有一定证成的(with some justification)真信念，另一方面是知识；其次，要认识到，对于柏拉图而言，前者可能是“可靠的”(1977, p.40)，后者不是需要任意的(any)证成(不管多强的证成)，而是需要以相关定义或定义的知识为基础的证成。[②] 埃尔文的结论也涉及《高尔吉亚》的那段文本，他写道：“苏格拉底有一些理由相信他的信念，尽管他找不到对正义或善的论述来证成它们。”(1977, p.40)在我看来，埃尔文的论述的一个弱点是，它试图通过引用柏拉图的以下观点来建立《高尔吉亚》那段文本的一致性：基于相关定义或定义的知识才能(完全地、恰当地)证成p，但是这样做却没有考虑柏拉图为什么认为p的(完全的、恰当的)理由必须是基于对相关定义或定义的知识。我必须承认，我不明白，如果我们忽略这个问题，就像埃尔文所做的那样，我们如何能够假定，较不完备的证成(justification of a lesser kind)仍然

---

① 埃尔文(1977)，pp. 39-41；埃尔文(1979)，pp. 228-229。

② 沃尔夫斯多夫(2004a，第vii章)最近再次捍卫了这一观点。

199 可以赋予信念以“可靠性”。如果我们对这个问题的回答是正确的(我们整个研究所专注辩护的答案,并且说明对定义的需求有解决*aporia*的单一目的),那么,我们可以得出结论:关于相关定义的知识,在必要之时和必要之处,对于提供一种非常规的(extra-ordinary)证成,以致我们缺乏这种证成并不会质疑(impugn)我们拥有更多的普通证成,并不是必然的。相反,相关定义的知识仅仅对于以下事情来说是必需的:我们为讨论中的信念p提供的一种证成,使我们有更多的理由相信p而不是相信非p(因此,我们为信念p提供的任何证成都使我们有更多的理由相信p而不是相信非p)。

现在可以总结一下,我们之所以认为苏格拉底,由于他有非常有力的理由而确信p,而且他同时否认他知道像p这样的事物的原因是一致的。苏格拉底肯定p不是纯粹的相信;这是合理的相信(reasoned conviction)。对他来说,有一些理由,而且是完全有力的理由来支持p。正因为如此,他只是肯定了p;他并没有肯定:p只是可能、可信或值得相信的。与此同时,他认识到诸如p之类的东西被*aporiai*所包围;他认为这些*aporiai*是真正的问题。关于这一点的证据不在这段文本的范围内,而是在这些对话的一般性和主要的主题中,也就是基于*aporia*的论证和探究的方法。正是由于这种认识,他认识到,无论支持p的理由有多强,它们都不是确凿的理由。因为,在他提出支持p的理由的探究阶段,他并不具备解决涉及p的*aporiai*的条件,并且他认识到了这一点。正是因为他承认这一点,他否认了他知道p。他认为他缺乏知道p的方法。他将论证,这需要的是相关定义的知识。当且仅当他有这样一种手段时,他才会有确凿的理由。只有到那时,他才能声称他知道p。然而,并不明确p的这种确凿理由必须是p的不可错理由,也就是支持p的理由与非p不相容。有人可能会问,一个人怎么会认为她对p有完全有力的理由,但又认为这些理由不是确凿的呢?答案是,这个人可能会认识到同时出现在同一个人身上的现象,即完全有理由认为p,并且完全有理由认为非p。这是苏格拉底认识到,并且非常认真对待的现象,尤其是柏拉图在《普罗泰戈拉》结尾处所做的。因此,当他声称有非常有力的理由支持p时,他并不意味着可以 200 与支持非p的理由的强度进行比较。最后,如果苏格拉底认为他缺乏解决这种*aporiai*的手段,那么他认为从他目前的,基于理性的(reason-based)和证成的(justified)p(他认为还不构成知识)不能顺利过渡到他所渴望达到的关于p的知识。也就是说,他不能认为他目前支持p的理由和对p的证成(作为他们的理由)可以通过一个被强化的简单过程来产生知识(即,一个接近真理的过程)。相反,知识需要一种完全不同类型的理由,以及当前理由(无论这些理由多么有力)无法产生或构建出的理由。

简单地说,苏格拉底确信p的理由(即遭受不公比行不正义更好)——他描述为"铁一般坚实有力"——可以用我们之前的三个区别来说明:"不确定的"还是"确凿的理由""表面上的好理由"与"真正的好理由"以及"主观理由"与"客观理由”。[①]首先,它们是“不确凿的”理由。它们是不确凿的理由,同时苏格拉底认为它们是不确凿的理由(我们认为苏格拉底在方法论上有足够的自觉性来承认这一点!),我们已经看到,与它们在苏格拉底看来是非常有力的理由是完全一致的;并与他全力支持这些理由相一致,以至于他沉浸在两难论证中,而不是当他否认他知道这种情况p时,采取独立的、怀疑的立场。其次,它们显然在如下意义上是很好的理由:它们是表面的好理由,因为在探究的这个阶段,不清楚它们是否是(以及在多大程度上是)真正的好理由。

我认为,到目前为止,一切进展顺利。然而,至于第三种对理由的区分(即,“主观理由”与“客观理由”的区分)似乎存在问题。一方面,我们当然不希望得出结论认为,苏格拉底认定p的理由只是主观理由。另一方面,我们已经暗示,当他拒绝知道诸如p的命题时,他这样做是因为他认为他缺乏肯定p的相关客观理由。因此,我们也不能说苏格拉底认定p的理由仅仅是客观理由。

以下是我对这个问题的回应。首先,我认为我们必须拒绝认为苏格拉底认定p的理由只是主观理由。毕竟,他直接暗示这样的理由已经过反复测试(反复的 *elenchesthai*[辩驳])。其次,确实,我们不能将这些理由归为客观。因为,正如确凿的理由和真正的好理由一样,我们希望保留客观理由这一称谓(或者“纯粹的客观理由”,或者“完全意义上的客观

201

---

① 我感谢马修·奥多德(Matthew O'Dowd)提出这个请求,并指出了一个潜在的问题。

理由”，或者“真正客观的理由”）以用来描述：能提供知识p的理由，并且因此会克服苏格拉底对这种知识的否定——从而克服这一否定所基于*aporia*的（从这个意义上说是），正如我们所说的怀疑论的基础。然而，还有第三种选择；并且符合主观理由和客观理由之间的区别。如果我们回想一下我们为如下问题所做的论证（我们先前介绍过；下一章，即最后一章，将会详细地阐述）：为什么柏拉图需要进一步明确区分“表面的理由”和“真正的理由”，以及需要尽可能区分“主观理由”和“客观理由”。我们的论证是：对于柏拉图而言，解决“Φ是否是Ψ”这个问题所表达的*aporia*，需要的恰恰是关于Φ（或Ψ，或Φ和Ψ）的定义；而对于柏拉图来说，正是这一要求（即，对定义的要求）标志着从“表面的好理由与真正的好理由”的区别开始，以及我们可以从这个基础构建的任何理由，过渡到区分“主观理由”与“客观理由”。因此，我们不能认为真正的好理由是可以通过对理由进行重复测试的过程来构建的，这些原因最初只是主观的。因此，让我们引入“通过elenctically构造的理由”的概念，即这个理由通过反复测试的过程是由于最初只是主观的理由而构建的。那么我们可以得出结论：苏格拉底认定p的理由是“通过elenctically构造的理由”，而不仅仅是“主观理由”。但它们并不是真正客观的理由（解决*aporiai*所需的客观理由，从而知道p）。

我们一直在努力说明我们论证的一致性（即，苏格拉底因为“铁一般坚实”的理由而肯定了p，又同时否认他知道p）的方式的特别之处（区别于普赖尔和沃尔夫斯多夫；格吕克和库珀;弗拉斯托斯;埃尔文)。现在,人们可能会说,即便说我们论证一致性的方式具有足够的独特性,但它并不比迄今为止的现有方法更具独特性;即使它与所有这些不同,它也不过是彼此不同而已。我想最后说一下,这是非常错误的印象。迄今为止论证一致性的方法,尽管它们之间存在着差异,但都同意一个观点,而这一观点是我们的观点最不认同的。所有这些批评者都同意的观点可以总结如下:当苏格拉底由于"铁一般坚实"的理由而确认p,而没有在更高级的认知状态否认他对知识的否定时,有可能赋予较低的认知状态(即苏格拉底的认知状态)以一个特定的认知状态。或者,用另一种方式来表达同一观点,评论者认为较低的认知状态在高级认知状态之前,并且独立于后者。对于埃尔文来说,这意味着即使没有更高的认知状态,也可以将较低认知状态视为"可靠"的。对于弗拉斯托斯来说,这意味着较低的认知状态可以像人们所期望的那样是证成的(justified),只要它被认为没有达到"不可错"(falling short of infallibility)。对于普赖尔和沃尔夫斯多夫而言,这意味着人们可以知道p,并且可以完全有理由相信p,而不知道为什么会是p。对于格吕克和库珀来说,这意味着可以确定p是可信的,并且比非p更可信(甚至可信的多),而不需要知道p。

我们的论述反对这一观点;评论者之间普遍认同的观点是:认为低级的,更普通的认知状态可以与高级的、非普通(extra-ordinary)的认知状态相隔离。在我们的论述中,当苏格拉底否认他知道p时,他之所以这样做是因为他认识到这个"是否"问题表述了一个*aporia*。因此,如果没有适当的方法来解决这个*aporia*(我们认为提供的解决办法恰恰是对定义的需求的功能),赋予认定p(或者确认非p)任何正面的认知状态将完全是临时性的;而且它会变得岌岌可危(precarious),就像*aporia*所处的一种精神状态一样(即在认识上非常岌岌可危)。

7.5 后记:怀疑论者柏拉图——回应安纳斯

在过去的几十年中,关于柏拉图早期对话中是否存在怀疑维度的问题的框架已由朱莉娅·安纳斯于1992年发表的论文《怀疑论者柏拉图》所确定。这一篇文章以阿尔凯西劳(比柏拉图晚两三代的人)掌管的学园怀疑派为出发点(我们对学园怀疑派的知识依赖于之后的记载,特别是西塞罗的记载)。持怀疑态度的学园将柏拉图看作怀疑论者,或者当然包含一个主要的怀疑论维度。安纳斯的立场可以概括如下。(1)我们需要区分方法论上的怀疑主义(即关于论证的一种怀疑论方法)和知识论上的怀疑主义[即就知识(无论是普遍的还是关于某些事物的)可能是无法获得的而言]。(2)如果柏拉图的早期对话中存在着怀疑论的维度,那么苏格拉底的论点就是纯粹"针对人身的"(*ad hominem*),因为这些论证并没有将苏格拉底自己的正面信念作为前提。(3)如果这种怀疑论的维度存在于这些对话中,它纯粹是方法论意义上的,并不包含或暗示知识论上的怀疑论。(4)假设在早期对话中存在这种怀疑的维度,即纯粹"针对人身的"论证,这与苏

203

格拉底持有正面信念是相容的,但这意味着(implies)他的正面信念完全与他的论证和他的论证方法是分开的。(5)安纳斯总结说,这种暗示(implicaiton)是不可接受的;这致使她(与学园怀疑派以及对这些对话持怀疑态度的读者相反)总结道:我们不应该过多地强调柏拉图早期对话中存在的怀疑论。最后,(6)在这些对话中,并不存在基于两难困境(dilemmatic)或基于*aporia*的论证的方法论上的怀疑主义。

我们对柏拉图怀疑主义问题的解决方法是截然不同的,因为我们否认论点6,而主张相反的论点(整个当前的研究是辩护这种相反的论点)。我承认我发现安纳斯对论点6的信心是奇异的(remarkable)。因为她认识到,包括西塞罗和对《泰阿泰德》的匿名评论家在内的古代传统都否认论点6,并主张相反的论点(pp. 65-66),但是她驳斥了这种证据,说道:“但是,怎么会有人把这种论证模式归于柏拉图呢?”(p. 66)那么,我们对柏拉图怀疑论问题的处理方式与安纳斯的方法相比如何呢?我们同意有必要区分这些对话包含方法论上的怀疑论和柏拉图在这些对话中怀疑(某些或全部)知识的可能性的主张。我们也同意在这些对话中存在一个“针对人身的”论证,并且,我们认为这是怀疑论方法的一部分。我们也同意,如果这是纯粹的“针对人身的”论证,那么柏拉图在这些对话中的怀疑论方法就是这样,那么在这些对话中就没有知识上的怀疑论[“知识怀疑论”认为(某些或全部)知识可能是不可能的]。因为,纯粹的“针对人身的”论证显然并不意味着对(部分或全部)知识有任何怀疑。然而,我们不同意

204

这种纯粹的“针对人身的”论证就是柏拉图在这些对话中持怀疑态度的方法。因为我们认为柏拉图在这些对话中的论证和探究方法是怀疑论的,尤其是在这些对话中大量存在基于*aporia*的论证。我们关键地注意到,这种方法论怀疑主义的含义意味着对(某些)知识的认识上的怀疑(epistemic scepticism)。因为,如果一个人认识到,某些“是否”问题表述了*aporiai*,并且人们认为这些*aporiai*是真实的,并且并不清楚如何解决它们,那么人们有理由怀疑是否可能回答这些问题(当然不一定必然是因为确凿的理由)。当然,这并不是否认知道这些问题的答案的可能性,而是有理由怀疑这种可能性。最后,我们对这些对话中的怀疑维度的描述,并不意味着苏格拉底的正面信念完全与他的论证及论证方法可以分开,而意味着他的正面信念直接是他怀疑论方法的一部分。因为,如果一个人论证和论证方法和她的正面信念毫无关系,那么我们就不清楚:在她的论证中,以及作为她的论证方法的一部分,她怎么可能发现自己陷入了是否是p的困境,或者怎么认真对待这样的*aporia*。

我们可以这样来总结:柏拉图的早期对话存在一个主要的怀疑论维度,当然,这种怀疑主义植根于这些对话中的论证和探究的方法。这种方法首先包含在基于*aporia*的论证中,并且因此涉及知识上的怀疑论,也就是对(某些)知识可能性的合理怀疑。然而,说这一点并不是说柏拉图在这些对话中是怀疑论者。因为它并不意味着这个主要的怀疑维度没有对应之物(counterpart)(从而因此怀疑维度是主导性的)。正如我们一直在论证的,也正如我们将在下一章(即最后一章中)进一步讨论的,对定义的需求提供了一个有益的(salutary)反对怀疑的对应物。对于这种需求,恰恰是提供了一种解决 *aporiai* 的手段;如果没有这种方法,柏拉图在早期对话中的论证和探究方法就的确会倾向于怀疑论。

第八章 “是什么”问题背后是什么?

8.1 对定义需求的证成依然有待完成

本项研究的一个主要观点是,在这些对话中占据如此重要位置的“是什么”的问题,以及与之相关的对定义的需求都需要证成;并且,在研究文献中,这一证成仍有待完成。换言之,我们仍然要在对话中发现到底是什么提供了证成的理由(假如这样的理由确实存在的话)。

让我简要回顾一下,为什么我认为在研究文献中关于“是什么”问题的证成和对定义的需求仍然有待完成。评论者把这个“是什么”的问题与对定义的需求以及柏拉图的知识理论联系在一起;他们认为柏拉图致力于一种一般的知识理论,并且认为正是这种理论导致了他对定义的需求。有些评论者认为,虽然柏拉图允许我们在没有定义的情况下,可以拥有信念(belief)和被证成的信念(justified belief),但他认为,严格的知识(knowledge proper)必须基于定义。其他评论者认为,虽然柏拉图允许我们在没有定义的情况下可以有非解释性知识(知道事情是这种情况,但不知道为什么会是这种情况),但他认为正确的知识必须是解释性的知识(为什么会是这种情况),而且这些知识必须基于定义。我对这些尝试的回应大体上这样的:虽然他们把柏拉图对定义的需求放置在一个特定的理论框架内(所谓的框架是这样或那样的对知识的一般理论),但他们并未开始证成对定义的需求。这些尝试未能证成柏拉图对定义的要求,并且,也未能证成一般而言他为何提出“是什么”的问题,并在构成这些对话的探究中赋予它这样一个突出的地位,因为我们认为柏拉图之所以在这些对话中承诺了一种一般性的知识理论的主要理由(实际上是唯一的理由),就是在这些对话中对定义的需求。如果我们因为某些独特而明确的原因,不知道这些对话在促成和证成对定义的需求方面起到了什么作用,并且总体上提出了这样的问题并赋予其一个突出的地位,那么我们就应该出于同样的原因,不知道在这些对话中,什么可以促成和证成一个普遍的知识理论(其基本的、主要的要素正是对定义的需求)。

206

到目前为止,在这项研究中,我们做得更好吗?当然,我们在这些对话中提出了一个非常不同的对什么促发和证成了“是什么”的问题和对定义的需求的论述。根据我们的论述,构成这些对话的探究根本不是由一个“是什么”的问题或一个对定义需求开始,而是各种各样的问题,这些问题的一个显著特征是它们的两难结构(dilemmatic structure):它们是“是否”问题。我们认为,通过探究,当这样一个“是否”问题表述为一个 *aporia* 时(即,人们完全不知道如何回答这个问题,因为人们会发现,“是否”问题的两边都有很强的理由来支持),苏格拉底提出,如果探究的参与者要在对特定的“是否”问题的研究中取得进一步的进展,那么他们必须提出相关的“是什么”的问题并据此进行研究。这个重新构建的探究将处理两个问题(即,“是否”问题和“是什么”的问题),但是虽然回答最初的“是否”问题是最终目的,回答“是什么”的问题却是服务于这一目的。因为,按照柏拉图的说法,回答“是什么”的问题是回答“是否”问题的一种手段,而且如果这个问题已经表述为一个*aporia*,它其实也是唯一手段。我们在这项研究中迄今为止论证的大致就是这些。

应该清楚的是,我们试图在这些对话中找到问题背后的原因与研究文献中熟悉的尝试有很大的不同。根据我们的论述,“是什么”的问题以及对定义的需求背后并不是一种关于知识的一般理论,而是一系列特定的问题。这些问题以“是否”问题的形式出现;他们在探究顺序上先于“是什么”的问题;并且如果在通过询问而得到的问题上出现了最初的“是否”问题明确表达的*aporia*,那么提出“是什么”的问题以及对严格定义(a definition proper)的需求便是有充分理由并且是合理的。我们的论述的一个非常鲜明的特点是,它意味着:对定义的需求仅仅相对于特定探究而言是有动机的(motivated)和可被证成的。依据我们的观点,对特定的定义的需求背后的动机和理由是柏拉图主张:如果这个问题表述了一个*aporia*,那么,这个定义是回答一个“是否”问题的唯一方法。但是,显而易见的是,一个特定的问题是否确实表述

207

一个 *aporia* 只能通过对这个问题的探究来确定。这与传统论述形成鲜明对比,后者认为“是什么”问题以及对定义的需求背后是一般性的知识理论。因为,以下属于一般知识理论的特征:尽管这个或那个探究可能促使我们提出理论,但理论本身(即它的内容)并没有提到一种特定的探究。

然而,这项确定我们是否找到了柏拉图对“是什么”问题的证成和对定义的需求的任务仍有待完成,而且要说明为何其他人通过认为柏拉图承诺了一种一般性的知识理论来寻求证成是失败的。本章就是处理这一任务。这项任务仍有待完成的原因是我们需要考虑柏拉图为什么,以及有什么正当理由认为,如果通过探究发现某个特定的“是否”问题表述了一个 *aporia*,那么,只有通过提出“是什么”的问题并做出恰当回答(即不是通过举例,而是通过“普遍的”“统一的”和“解释性的”答案)才是解决“是否”问题和 *aporia* 的唯一方法。如果我们想确定柏拉图的核心主张(即通过探究发现……)是否合理,我们就需要完成这项任务。除非我们考虑到这一点,否则我们所认定的柏拉图的核心主张可能并不能解释柏拉图对于“是什么”问题和对定义的需求的证成,就像所谓的柏拉图知识理论不能解释一样。这不是一个简单的任务。为了本研究的目的,如果我可以做出大体上透彻和系统的尝试,我就会感到满意了,而不会有过高的期望。正如我们所了解的那样,即使我们只是更加完整地阐述了柏拉图的核心主张,其任务之重大也是显而易见的:即如果通过探究得出“Φ是否是 Ψ” 的问题明确表述了一个 *aporia*,那么提出“什么是Φ?"(或"什么是Ψ?",抑或这两个问题)的问题,并且不以示例的方式(by example)回答这个问题,而是以普遍的、统一的和解释性的方式回答这个问题,既是必要的也是充分的, 208 并且是回答"Φ是否是Ψ"和解决这个问题所表达的*aporia*的一种手段。(让我们在下面的讨论中将这个命题的任何一个表述都称之为Ω; Ω当然是定义优先性这一论题,但是正如我们已经理解的,这个论题依赖于*aporia*。)

8.2 需要在*aporia*和"是什么"的问题之间建立联系

我在讨论中遇到一些人(我尊重他们在哲学问题上做出的判断),在我的心目中,他们显然已经准备好发现这种说法,即Ω,是可信的。他们并不认为走出*aporia*需要一个定义这一观点,或者寻找定义的想法是尝试摆脱*aporia*的好方法的观点,是令人吃惊与违反直觉的。这样的人似乎有信心在*aporia*和相应的"是什么"的问题之间建立一个直接的联系("直接"至少是在这个意义上来说:这个人确信这个联系能够获得,并且无法想象为什么它不应该如此)。她可以通过捍卫这种信心(因此也表明其来源)来补充道:解决*aporia*的尝试显然要求提出相关的"是什么"的问题;这一点很清楚,因为*aporia*是一个"概念"问题(conceptual issue)的症状,正是这一点(即,它是一个概念问题的症状)提出"是什么"的问题有助于明确地指导我们关注所讨论的特定概念。

我不得不说我不同意人们的这种信心;我也怀疑柏拉图有这种信心。由于存在这些疑虑,我认为我们有必要假设,如果一个*aporia*和一个相应的“是什么”的问题之间存在关联,并且这个关系有可能证明Ω的合理性(这是一个很大的假设),那么肯定有建立这种关系的东西。我将这称之为“桥接原则”(bridging-principle)或“连接”(link)。我们可以立即注意到,我们可能认为这种桥接原则恰恰是*aporia*的一个特征:连接是*aporia*的一个特征,表明为什么任何解决*aporia*的企图都需要提出相应的“是什么”的问题,并寻找一个不是一个例子的答案,而是相反,答案是普遍的(并且是统一的和解释性的)。我们也可以马上注意到,作为我们即将要提到的一个特别重要的观点,我们不需要假设,如果存在这样一种桥接原则,那么它适用于所有的*aporiai*,即为人们熟悉的209 *aporia*:一个“是否”问题所表达的问题。我们的目的是说明桥接原则适用于某些*aporiai*(some *aporiai*),这已经足够;当然,我们可以合理地假设它能够满足我们在这些对话中遇到的各种各样的*aporiai*。最后一章的一个重要任务就是寻找这样的桥接原则,并且我们可以基于一些合理性的理由认为柏拉图在这些对话中使用了桥接原则。

今天的许多哲学家,至少还包括一个古代哲学派别(即,皮浪式的怀疑论者)根本不认为一个*aporia*和一个对定义的需求之间有直接的联系。他们不这样想,因为他们认为没有任何这种联系(不管是直接的还是间接的)。让我简要地指出我的想法,不是为了在这里与这些哲学家进行恰当的对话,而是想强调说明(drive home)关于解决*aporia*问题是否需要一个定义是一个真正的问题。因此,我们必须避免假设

*aporia*和相应的“是什么”的问题的联系,相反,我们必须寻找一种建立这种联系的方式(即,寻找所谓的“桥接原则”或“连接”)。关于这种联系的怀疑者以这样或那样的方式认为,如果一个*aporia*能够被解决,并且表述它的问题能够得到回答,那么它就能够在不借助定义的情况下得到解决(定义或者作为解决问题的必要条件,或者只是一种方式)。今天,在我看来,这样的哲学家包括两类:首先,那些想要将哲学自然化并将其作为经验和实验科学进行研究的人;其次,那些以所谓的“反思均衡方法”(reflective equilibrium)作为探究方式的人。例如,如果我们想象这些哲学家也追问“德性是否可教”的问题;如果我们假设他们愿意跟随柏拉图,认为在对这个问题的研究中的某个时刻会出现一个*aporia*,那么我们可以期望第一类哲学家会认为,如果能够解决这个*aporia*,必须通过在适当控制的条件下与教师和学习者一起设计和进行适当的实验来解决。而且,我们可以期待第二类哲学家认为,如果该*aporia*能够被解决的话,必须通过我们的工作来解决,包括与此事有关的直觉,以及互相冲突且因此不相干的直觉,因此可以说,这些直觉加在一起,直接而自然的期望是,这个过程将逐渐地在相关直觉的集合中引入更大的稳定性(stability),并且因此有可能期望该过程最终导致足够一致和稳定的合理信念(reasoned beliefs)。我们可以期待这两方的观点都会忽视以下两个观点,认为它们是毫无根据和没有效用(unproductive)的:对德性的定义的要求对于回答德性是否可教是必要的,并且认为定义提供了回答这个问题的好方

210

法。至于关于*aporia*是“概念问题的症状”的说法，我们可能会期望这两方将认为这种观点完全无用。同时，他们可能会指出，为反思均衡方法提供材料的直觉，或者进入实验的数据，当然会包含相关词语的意义和使用；并且，这表明已经有足够的概念资源，而不需要对所涉及的概念进行定义，以实现反思均衡或实验的建立。我们暂且可以将皮浪式的怀疑论者看作是反思均衡方法的先驱，但是需要注意，他们既没有断言也没有否认，同时也没有自信也没有自谦：这种通过我们的直觉工作的过程以及事情对我们如何呈现（正如他们所说的那样，通过*phainomena*）将逐渐导致相关直觉更大的稳定性。

让我们暂时把注意力集中在柏拉图与其他各种哲学家之间的这种基本分歧上。通过探究形成了一个特定的“是否”问题来表述一个*aporia*时，对相关定义的需求是否是解决这个问题的必要和良好的手段，这存在分歧。柏拉图认为这是真的；许多别的哲学家都不这么认为。我们可以用形象化和图形化的方式来表达这种分歧，可以称之为“探究线”（an enquiry line）。我说的探究线指的是一条线，它表示从探究的起点到其（假设的）终点的延伸过程，它表明探究的适当结构（如果探究工作得以充分进行）。似乎这样的探究必须基本上和最低限度地表明两件事：首先，启动探究的问题；其次，在探究过程中的任何决定性时刻，即表明探究结构变化的必要性。探究可能在某个时刻必须改变结构，特别是因为在这一点上有必要在探究中引入一个新的和不可预料的问题，即一个问题的提出是原初问题并没有预料到的（原初问题开启了探究）。值得注意的是，如果认为探究包含这样一个决定性的关口（juncture），而且由于需要引入新的不可预料的问题，那么，第三，探究线必须表明，探究的终点的逻辑结构；也就是说，指示如何回答这个新问题与回答原初的问题有关。 211

我们可以注意到，很明显，探究方向的任何变化并非都是由于研究中一个决定性的时刻而改变，即结构的变化；当然，探究方向的任何改变并非都是由于必须引入一个新的、不可预料的问题。因此，如果我们对这种呈现方式（this mode of representation）感兴趣，那么，探究线所代表的并不是每一次探究的延伸过程中的每一个转折和转向；甚至没有与引入或多或少有关于原初问题的新问题（开启探究的问题）相关联的转折（twist）和转向（turn）。人们可以在这里想到《普罗泰戈拉》329c ff.。苏格拉底把原初问题，即“德性是否可教”，与一些有关德性统一性的问题联系起来：是否只有一个德性或许多德性；如果有很多德性，它们是相似还是不相似；如果有很多德性，是否可以拥有一个而不拥有所有的德性。从我们目前的兴趣和探究路线来看，这种对话并不代表结构上的变化；相反，只有对话结束才能这样做，当苏格拉底第一次在对话中要求对德性进行定义时，并且敦促这是他们在对德性是否可教进行探究方面取得进一步进展的唯一途径。因此，我们在这里感兴趣的只是探究方向的这些变化，如果认为有这样的变化，那么可能会被认为是结构性的。

在这种探究路线的概念中,探究结构的变化与我们在探究中称为决定性的关头有关。考虑到戏剧性语言的元素,这样的关头可能被认为仅仅是探究中的危机点(a crisis point);也就是说,询问的人出于好的理由显然极其怀疑,询问探究如何能够取得进一步的进展。如果我们向前看,那么我们可以得出结论:在早期对话中,柏拉图关于探究结构概念的独特之处,在于他相信并深受这种危机点的困扰;并且充分地感到困惑,认为探究中的这样一个点需要引入一个新的和不可预料的问题,他提出这是一个"是什么"的问题和对定义的需求。别的各种各样的哲学家或多或少都对这种危机点的探究想法不以为然(我们可能期望皮浪比其他两类哲学家会更受到触动)。因此,对这样一种说法并没有留下深刻的印象:声称探究的某个特定点可能需要引入一个新的和不可预料的问题,例如,特别是对定义的需求。

212

现在,我们可以通过图1所示的探究路线来代表柏拉图早期对话中典型的探究结构。

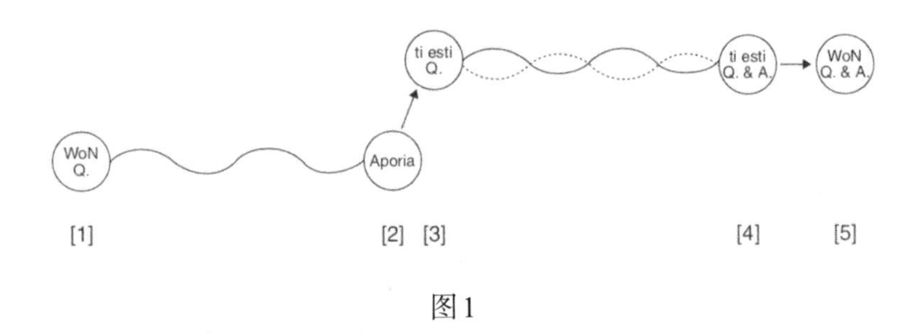

图1

图1的内容如下。[1]表示探究的起点,并且表明这是一个"是否"问题。[1]和[2]之间连续的连续线表示,探究的初

始部分仅仅针对原初问题,或者是针对与此问题多少有直接联系的“是否”问题;并表明这部分探究不包含任何结构性变化。[2]表明了探究中一个决定性的关头,并且表明,这与认识到原初的“是否”问题表述的*aporia*重叠(coincide)。探究线在[2]的连续性断裂了,[3]紧接其后,表明探究方向发生了结构性变化,这就需要引入一个“是什么”的问题和一个对定义的需求(如箭头所示)。在[3]之后,我们有两条并行的探究线,以实线和新的虚线表示。从[3]开始,整个探究有两个并行元素,一个处理原初的“是否”问题(或与此问题或多或少有直接关系的“是否”问题)以及另一个涉及“是什么”的问题和对定义的需求。将这两条线呈现为一个连续的网络(如双螺旋或十字形)表明整体调查中的这两个要素并不是相互分离的(或是彼此独立的),相反,二者相互依存。[4]和[5]表示整体探究的(假设)终点:[4]表示发现相关定义;[5] 213 指出*aporia*的解决方案以及对原初的“是否”问题的答案的发现;从[4]到[5]之间的箭头表明定义是解决问题的基础,因为它是解决问题的一个必要条件、一个充分条件和一种方法。

那么,我们可以使用一条竞争性的探究线(a competing enquiry line)来表示与柏拉图的论述相反的探究结构的论述,并且,这样做是在愿意承认探究通常由“是否”问题驱动,甚至愿意承认,在对其进行探究的过程中,这样一个问题可能会形成一个*aporia*。这一条探究路线如图2所示;鉴于我们对图1的解释,图2是不言自明的。

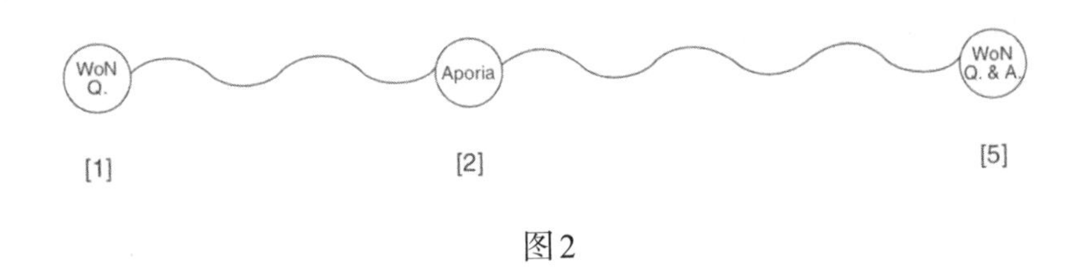

图2

现在我们可以回到我们最初的，也是至关重要的问题：如果事实上确实在*aporia*与“是什么”的问题和对定义的需求之间存在一个连接——而且，我们已经看到，这是很大的假设 (a big if)——那么，这个连接是否可以直接建立？当然，如果我们想要与各种否认连接的哲学家进行交流并有所回应（并且如果我们想要说出一些东西，而不是无意义地声称*aporia*是一种症状概念上的问题），那么，我们最好不要认为这个连接是直接的。我们是否需要担心柏拉图不仅可能会认为存在联系（这从他维持主张Ω即可以看清楚）而且这一联系是直接的？当然，幸运的是，柏拉图没有在这个方向上做出指示：通过诉诸*aporia*成为概念问题的症状等等。尽管如此，我们仍然需要考虑是否有理由认为柏拉图不认为*aporia*与“是什么”的问题和对定义的需求之间的联系是直接的。

有充分的理由认为柏拉图不认为*aporia*和“是什么”的问题之间有直接联系。因为，有明确的证据表明，他并不认为每个以“是否”问题所表达的*aporia*都需要定义来解决；的确，有明确的证据表明，他认为某些*aporiai*可以在没有定义的情况下得到解决。在《欧绪德谟》中（见 275d2-278c1），柏

214

拉图笔下的两位智者，欧绪德谟和他的兄弟迪奥尼索多鲁斯（Dionysodorus），向一个年轻人克利尼亚斯提出了一个特定的“是否”问题：学习的人是否是智慧的或是相反的，即无知的（275d3-4）。在回应两兄弟一步步的提问中，这位年轻人首先反驳了这个困境的一面（一开始他认为这一面更加合理），然后，在第一面已经由于兄弟俩的问题和他的回应变得无法理解时，他反对困境的另一面（275d5-277c7）。这个年轻人确实已经深感迷惑（bamboozlement），但对我们的目的来说重要的是，他同样也处于一个可以被恰当地描述为一种 *aporia* 的状态；*aporia* 不仅仅是一种初期的（inchoate）混乱状态，而且是由于人们在双边问题的两边上都有明显同等有力的理由来论证，而引起的困惑状态。因此，根据Ω命题，我们可以期望对话接下来会转向提出相关的“是什么”的问题——特别是“什么是学习？”（*ti esti to manthanein;*）并开始对这个问题进行探究，或者结合最初的“是否”问题研究这个问题；我们希望探究的这一转变能够回答“是否”问题，并能解决这一 *aporia*。然而，柏拉图在文本中继续做的事情不仅非常不同，而且与命题Ω所要求的解决问题的方法不相容。因为他笔下的苏格拉底论证道（277d1-278c1）：解决克利尼亚斯陷入的 *aporia*，只需要注意到词语的正确使用（参见 *peri onomatōn orthotētos mathein dei*，277e4）。他解释说，为了解决克利尼亚斯的难题，所需要的只是识别——就像克利尼亚斯未能做到的那样（278a5-6：*se de touto dialelēthen*）——人们用两种不同的方式使用“学习”这个词[*manthanein*（即“学习”一词）

hoti hoi anthrōpoi kalousi men epi tō(i) toiō(i) de, hotan ..., kalousi de tauton touto（i.e. 同一词）*kai epeidan ...*; 277e5-278a5］。苏格拉底指出这两个词的用法和适用情境；他立即毫无顾虑地这样做了；而且他没有提出“是什么”的问题或对定义的需求。

来自《欧绪德谟》的这段话极为重要。因为它清晰明确地表明了，柏拉图并不认为每一个*aporia*（每一个通过“是否”问题表述的问题）不论其个体特征（individual character）如何，都需要在解答中提出一个“是什么”的问题和对定义的需求。相反，他认为一些*aporiai*（某些这样的问题）所需的解决方案，只不过是澄清词语的日常用法；并且可以容易地做出澄清，不需要进行探究，也不需要提出“是否”问题或对定义的需求。我们还应该注意到，正如在研究文献中所认为的那样，在这些对话中对定义的需求所要求的并不是，或者不简单是，对词语的含义和用法的论述——评论者认为柏拉图所要求并不是名义上的（nominal）定义，而是真正的定义；根据《欧绪德谟》的那段话，为了解决这个特定问题，需要做的是单纯的对日常意义和词语使用的澄清。

215

在命题Ω中，柏拉图认为*aporia*的解决方案需要一个定义，并且这个定义不仅仅是名义上的，但同时在《欧绪德谟》的段落中，他暗示一个*aporia*可能需要的解决方案只不过是澄清某些词语的含义和用法。为何柏拉图能同时持有这两个观点呢？在我看来，明确的答案是，他认为命题Ω只是适用于某些*aporiai*，其原因是这些*aporiai*所具有的个性特征。而在《欧绪德谟》中的论述，柏拉图认为适用于其他*aporiai*；尽管两者都是通过“是否”问题来表述的*aporiai*。在我看来，这一点在《欧绪德谟》的结尾处已有暗示，当苏格拉底认为(278b2-c2)兄弟两人在进行的两难的论证，还有通过暗示表明的他们练习的那种疑难式的(aporetic)论证，只不过是：运动(sport)、游戏(game)和玩闹(play)——在这短短的篇章中，*prospaizein*(玩闹)和*paidia*(游戏)这些词反复被使用。根据苏格拉底的观点，这就是这种两难的论证所处的状态；因为这样的论证所引起的是“颠倒”(*anatrepein*)人们的观点——相对于特定的难题，它把人们首先引向一个方式，然后又引向相反的方式，就像在克利尼亚斯身上发生的那样——并且通过词语在使用上的差异来做到这一点(参见*prospaizein de hoios t' an eiē tois anthrōpois dia tēn tōn onomatōn diaphoran huposkelizōn kai anatrepōn*, 278b5-7)。苏格拉底认为，在这种两难的、疑难的论证中，没有什么是严肃的(*spoudaion*, *paignion/paidia*的反义词；参见278c3)；之所以没有什么是严肃的，是因为没有任何实质性的东西[参看，*ta men pragmata ouden an mallon eideiē pē(i) echei*，人们不会(通过这种论证)知道事情是如何的，278b5]。当然，我们可以假设，Ω适用于的一些*aporiai*：例如，通过“是否”问题表述的*aporia*(《理想国》第一卷)，正义是否对另一个人是好的。此时，这个*aporia*是实质性的，并且因为这种实质性而是严肃的。 216

这在我看来便给了我们充足的理由，认定柏拉图并不认为*aporia*和“是什么”的问题以及对定于的需求之间存在着直接联系。柏拉图区分了那些由于其个体特征而需要在解决的时候提出“是什么”的问题和对定义的需求,以及不需要类似解决方案的问题,或者任何具有类似重要性的问题。这意味着,尽管他认为,通过命题Ω,*aporia* 和“是什么”的问题之间存在着联系并且有对定义的需求,但他并不认为这种联系是直接的。因此,我们可以设想,柏拉图认为,如果有这种联系的话,是由于所涉及问题的特殊性质造成的;这一特性不被所有的*aporiai*所共享。因此,我们必须设法识别这个特性 ,即,我们称之为“桥接原则”或“连接”的东西。

8.3 彻底的 *aporia* 的概念

根据柏拉图的论述,为什么为了解答一些*aporiai*(而不是全部),就需要提出“是什么”的问题呢?我认为,这是因为彻底的*aporiai*所具有的彻底性。让我现在开始介绍“彻底的*aporia*”这一概念。一个“彻底的”*aporia*,我指的是:一个*aporia*是由Φ是否是Ψ的形式来表述;这一问题使通常被认为是一个事物Φ(或者Ψ)的范例的具体事物是否真的是事物Φ(或者Ψ)的范例变得可疑。例如,如果“德性是否可以被教授”的问题可以表述一个*aporia*,那么,可以说,它表述了一个对于“德性的教师”这一概念来说是彻底的*aporia*。因为,如果有理由认为德性不能被教导,那么这就是质疑的原因(即,怀疑通常被认为是德性教师典范的特定事物,无论是伯里克利、普罗泰戈拉还是谚语的发明者,是否是真正的德性教师的典范)。当然,还有一个进一步的问题,这个*aporia*是否对于德性这个概念也是彻底的，也就是说，它使得人们通常认为的是有德性的人或者行为的范例的地位(the status)变得可疑。我们可以立即回想起Φ事物的范例的概念与事物Φ的标准(*paradeigma*)的概念密切相关。因为，事物Φ的范例并不简单是一个事物任意古怪的例子，而是一个具有典范意义的范例(即，一个典型的例子，它是一个非常明显而且没任何疑问的事物Φ，并且被普遍承认是这样的；换言之，通过指向它可以作为一个事物成为Φ的标准)。我们或许还记得，一个事物Φ的标准恰恰是“是什么”这一问题要问的：在柏拉图和希腊语的用法中，“是什么”这一问题一般都是对一个事物的标准(*paradeigma*)的寻求；这个标准就是通过引用它，人们就能够确定某一事物是否是Φ。 217

一个假设的例子和范例可以被一个特定的*aporia*质疑是不难理解的。假设一个人认为“德性是否可教”(《普罗泰戈拉》和《美诺》)的问题，或者“知道知识的范围和限度是否是可能的和有益的”(来自《卡尔米德》)，表述了一个*aporia*；人们认为这个双边问题的两边都有充分的理由来支持，而且根本不知道如何解决这种冲突。在这种情况下，人们会思考(如果一切进展顺利)，任何一个假定的德性教师的例子和范例，或者知道她的知识的范围和限度的人，是否真的是一个例子和范例。人们会认为，这个例子作为一个范例是有问题的；并不在于人们认为它能被证明不是一个范例，而是因为人们有理由认为它不是，并且完全不知道这个理由是否是确凿的，或者相反，是否有更好的理由支持所假设的范例是真实的。那么,以这种方式,这个范例将是很不可靠的;它不可靠,不是因为人们预设了某一特定的知识理论或者任何理论,更不是因为人们承诺了抽象哲学应该优先于日常生活的具体考虑,而是作为人们发现特定的*aporia*内容的后果。因此,表述关于一个假设的"例子和范例"如何被特定的*aporia*质疑的一般模式并不困难;大致如下:

> 假设有一个特定的*aporia*由"Φ是否是Ψ"来表述,也就是说,似乎有一组很好的理由(R1)来支持肯定的答案,并且有一组好理由(R2)支持否定的答案,并且认识到很难说明这种理由的冲突该如何解决。这个*aporia*使得某个特定的事物O到底是不是一个事物Φ(或者Ψ)的"例子和范例"变得可疑,如果存在这样一组理由(R1)来支持肯定的答案(或者这组原因,R2,来支持否定答案),这意味着,有充分的理由来拒绝,对于任何一个特定的事物O,或者O是Φ(或者Ψ)或者即使承认O是Φ(或者Ψ),O可以作为衡量一个事物是否是Φ(或者Ψ)的标准。

218

困难的任务是要确定一个特定的由"是否"问题("Φ是否是Ψ")来表述的*aporia*,究竟对于概念Φ,或者对于Ψ,或者对于这两个概念,是不是彻底的;并就我们在对话中遇到的特定的*aporiai*来确定这一点,以及柏拉图关于这个问题的看法。我将在下一部分针对两个对话,即《普罗泰戈拉》和《游叙弗伦》,进行这一尝试。

我们或许还记得,在《普罗泰戈拉》开篇不久,普罗泰戈拉不仅认为德性的教与学的全部事务是建立在对例子和范例的基础上(特别是在《普罗泰戈拉》325d2-5中)，而且，他认为，一般来说，过很有条理的(well-regulated)生活，也是要依赖例子和范例(参见*zēn kata paradeigma*，326c6-8)。我们现在可以对这个问题提出一个答案：柏拉图为何认为，“依据例子来生活”(living by example)的想法是错误的？我们所得到的答案当然并非是：对于柏拉图而言，无论是在我们的教学和学习中的例子，还是在我们对日常的“是什么”问题的回应中的例子，或者一般的在我们的生活中的例子，依赖这些例子是可疑的，因为这意味着，对日常生活具体事务的过度依赖，或者对错误的知识理论的承诺。[①] 相反，对于柏拉图而言，依赖事物的例子(比如说Φ)并且这样做是为了提供一个事物是否是Φ的标准的问题就在于：这些例子(同时被认为是范例的例子)可能证明对某些特定的*aporiai*是经不起检验的；而这样的*aporiai*，即彻底的*aporiai*，可以说是真正的哲学思维的根源。

8.4 两个彻底的*aporia*的案例研究：《普罗泰戈拉》和《欧绪德谟》[②]

《普罗泰戈拉》

一个明显的例子就是《普罗泰戈拉》中关于“德性是否可

① 伯恩耶特暗示了这一答案(1984，p. 245)，我们之前已经引用过。

② 如果读者不希望被转到彻底的*aporia*概念如何在*aporia*和“是什么”问题之间建立所需的连接——桥接原则，则可以跳过本节。

教”的讨论。(类似的情况也适用于《美诺》中相似的*aporia*,特别是,在《美诺》的第二部分中关于德性可教性的支持和反对的论证是在《普罗泰戈拉》的类似论证背景下对照阅读的。)
219 苏格拉底关于德性不能被教授的这一主张的第二个论证(参见319d7-320b3)是在缺乏可靠的例子和范例——教师和德性的教学(the teaching of virtue)——的情况下展开的。这就是普罗泰戈拉在直接回应中,理解苏格拉底的论证的方式:他认为,我们可以很容易地指出众多情景,从我们坐在父母腿上接受教育的那一刻开始,就是明显的德性的教导的范例(特别参见325c-326e)。值得注意的是,在他对苏格拉底论证的总结中(324d2-6),普罗泰戈拉把这一论证描述为明确表述了一个*aporia*。

那么,在《普罗泰戈拉》中,我们有一个明确提出的问题:“是否有可靠的教师以及德性教育的例子和范例。”对于问题的双方,我们都可以找到支持的理由:苏格拉底主张针对这一问题的答案是“否”,普罗泰戈拉则认为答案是“是”。但是,苏格拉底是否认为这个问题表述了一个*aporia*呢?这是一个困难的问题,对此的恰当考量将需要全面考察苏格拉底是如何回应普罗泰戈拉关于德性可教性的论述。让我在此简单地谈几句。当普罗泰戈拉结束他冗长且复杂的论证时(328d),苏格拉底在论证方向即将扭转的时刻宣称,普罗泰戈拉的论证实际上让他相信——除了一个小问题妨碍了(*plēn smikron ti moi empodōn*):他关于德性不可教的观点是错误的(328e1-5)。这里出现的“小”问题,无非是关于德性统一性的问题：是否有一个德性还是有许多德性（329c6-d1）；如果有很多德性，它们是否相似（329d4-8）；而且，如果有很多德性，是否有可能拥有一个而不拥有全部（329e2-4）。这些问题以这种或那种方式成为对话剩余部分论证的主题，虽然中间有明显的间断和看似的离题。然而，并不是立即能看到德性教育问题和德性统一问题之间的关系是什么。

我认为，对普罗泰戈拉论证中的两个不同元素，以及元素之间似乎处于紧张关系的回应中，苏格拉底认为这显然需要从有关德性可教性的问题转向德性统一性的问题。普罗泰戈拉的论证中的一个元素（324d-328c）是诉诸他对教师以及德性的教导的例子和范例；因此，正如我们可以说的那样，220 他的整体论证有一个基于例子的（example-based）一面。他的论证（320c-324d）中的一个不同的元素（主要由神话组成），一直是以相反的方式进行彻底的抽象的和理论的辩护，以此来论证德性和人的独特功能。根据这一论述，一般而言的德性，或者像普罗泰戈拉所说的“共同体生活的技能”（*politikē technē*；参见“如果城邦要存在的话，所有公民都应该分享的特性”，324d8-e1）以及例如“尊重”和“正义”这些关键的涉及他人的德性（*aidōs kai dikē*，322c）之所以是德性，是因为它们具有单一的功能：提供一种必要而有效的人类满足的方式，如普罗泰戈拉所假定的那样（他并未真正为这个基本前提辩护！）——它是人类最强烈和最重要的欲望，就像它在所有的生物中一样——保护个人生活或者所属种类生活的欲望，至少在人类这个物种里，是保护个人所属的共同体。

令人惊讶的是,尽管普罗泰戈拉的论证中以例子为基础(example-based)的因素援用了教师和德性的教导(即,他援用了具体的这个或者那个德性的教师和教导,或者一般被认为是如此的事物)。但他论证中的一般性的、理论性的要素涉及一种统一的德性概念:德性作为统一整体目的的手段。通过援用普遍公认的教师以及德性的教导的"例子和范例",捍卫这种或那种个人德性(或者通常被认为是这样的)的可教导性是可能的并且的确容易。是否以这种方式可以为人类的特殊功能做出一般性的说明,或者从这个论述中得出一个统一的德性概念却是可疑的。因为很难看出简单地援用实际的德性教育的"例子和范例",或者被普遍认为是好的实践和有德性的人的"例子和范例",可以证明这些实践和人们被恰当地设计成(或者它们已经发展到实际上适应于)可以用来满足普罗泰戈拉对德性和人类独特功能的理论中关于德性的目的做出的规定。

因此,苏格拉底应该承认,普罗泰戈拉的论证(最终以对教师的例子和范例的充分论证,以及对德性的教导作为结束)具有相当大的力量(正如他在328e中所做的),并且认为,正如他明显所做的那样,它不是确凿的,因为它引起了一个关于个体德性和德性整体之间关系的问题。这种方式很好地表明了,对于苏格拉底来说,"是否有可靠的教师和德性的教导的例子和范例"表述了一个*aporia*;正如我们在对话结束时所知道的,"德性是否可教"这个问题也表述了一个*aporia*。

此外,还有一个引人注目的并且我认为是一个充分的证据，表明对于苏格拉底来说，这一问题确实表述了一个*aporia*。苏格拉底最初提出了一个基于例子的论证，得出德性无法被教导的结论(319d7-320b3)。但是，在对话的最后一个论证中，他以一种相反的方式进行辩护(即完全抽象的和理论上的对德性一般性的描述)，根据这种论述，德性是对“善”的知识；若此，就像他继续指出的那样，德性便是可教的。而且，我们并不认为，这种理由的冲突(也就是说，他最初的基于例子的理由反对德性的可教性，以及他最终认为的德性可教的理论化的理由)是虚假的，或者解决这个问题是一件容易的事情。苏格拉底总结了对话，认为它相当于一个解决方案，要求在探究中有一个全新的转变。

我们可以得出这样的结论：在《普罗泰戈拉》中，不仅“德性是否可以被教导”的问题应该被表达为一个*aporia*，而且另一个与此有关的问题，即，“是否存在可靠的教师和德性的例子和范例”，同样应该被表达为一个*aporia*。这表明，“德性是否可以被教”的问题所表达的*aporia*，被认为是对于德性的教师这一概念和德性的教学和学习都是彻底的，也就是说，它应该使得其他通常明显的教师和德性教育的例子和范例变得不再可信。

这个*aporia*对于德性这个概念本身也是彻底的吗？显然，如果一个*aporia*对于德性概念是彻底的话，那么对于德性的教师和德性的教与学也就是彻底的。因为，如果人们怀疑德性实践以及有德性之人的例子和范例的话，那么人们也会怀疑关于如何才能确认是德性实践以及如何成为一个有德性的人的教与学的例子和范例。但是,反之亦然吗？即：(A)如果人们怀疑关于如何才能确认是德性实践以及如何成为一个有德性的人的教与学的例子和范例,那么人们就会怀疑德性实践以及有德性之人的例子和范例吗？这取决于质疑理由的性质(A中的前一句)。如果怀疑是由于对某些特定教师的考虑,或者某些具体的教与学的情况,那么显然A不必为真。例如,即使德性实践以及有德性之人的例子和范例很明显,但是,人们仍会质疑像希庇亚这样(在《大希庇亚》中他在场,并且在《普罗泰戈拉》中也有其身影)只是盯着自己收入的教师,是否可以成为值得信赖的教授德性的教师。因此,值得注意的是,苏格拉底基于例子而反对德性可教性的论证似乎在费力地说明,论证并不取决于这种偶然或间接的考虑。我们记得,这个论点(319d7-320b3)可以概括如下。我们期待,如果一个人能够通过教学使得其珍视的后代在一些不太重要的事情中变好,并且在这些事情中得到教师指导是容易的,而且通过教学成为好的是明显可能的(如在骑马或军事中),那么,这个人同样可以通过在最重要的事情中进行教学,使他的后代获得好处:成为好的,并且做得也好。当然,如果这个人,即教师,本人是好的,而且如果他有能力提供有效的教学,并且最后(但同样重要)如果教授这个是可行的话,我们当然会期待这一点。因此,即使是那些好的且知道方法的人(苏格拉底指的是伯里克利)在教授甚至是对他们最珍视的人(其后代)德性时失败了,或者说并不总是成功,那么便有好理由来认为:这是因为德性不可被教授。应

222

该清楚的是，如果这个论证表明潜在的德性教师不是真正的德性教师，那么，这并非出于对某些教师的偶然或间接的考虑。相反，柏拉图竭力设想并强调这一假设，即我们正在考虑的人确实是德性教学任务的理想人选（如果德性是可以教的话）。

《游叙弗伦》

在立即回应苏格拉底的问题“什么是虔敬”时，作为答案，游叙弗伦指出了他打算起诉他父亲的行为，（我认为，我将要做的事情是虔敬的；*legō toinun hoti to men hosion estin hoper egō nun poiō*，5d8-9），我们不需要假设他如此回应一个虔敬行为的例子表明他完全误解了苏格拉底的问题，即没有认识到这是一个针对标准（*paradeigma*）的要求；我们可能会认为，他认为他的特定行为提供了一种虔敬的标准，因为他认为这不是一种虔敬行为的任意古怪的例子，而是一个范例式的例子。苏格拉底刚论述完：即使根据游叙弗伦对案件和他的思考的描述，正如认为此行为是虔敬的一样，也有同样的理由认为，这种行为并非虔敬。（我们早在第6章中已辩护了这种解读。）我们可以总结一下苏格拉底的观点：一方面，虔敬要求游叙弗伦通过起诉其父在家族内犯下的错行；另一方面，虔敬要求他尊重他的父亲，不起诉他。因此，当苏格拉底继续追问“什么是虔敬”时，他应该排除游叙弗伦基于例子的答案，并且应该要求一个普遍的（统一的和解释性的）定 223

义。[1]因为,显然,如果我们假设一个特定的事物O是一个事物Φ的例子和范例,那么这个事物(或者通过指向它)可以作为一个事物成为Φ的标准,那么,我们就必须假设这件事情是显而易见、毫无疑义,并且被普遍认为是这样的。通过论证认为,由于某些特殊原因,人们质疑游叙弗伦针对"什么是虔敬"这个问题所指出的具体行为是否确实是一种虔敬行为而不是相反的不虔敬行为,苏格拉底已经指明,这一行为不能作为虔敬行为的典范,因此不能作为衡量一个行为是否是虔敬的标准。

然而,一个重要的问题是,苏格拉底的论证是否具有普遍意义:即使假设论证表明这一特定行为不能作为虔敬行为的范例,因此也不能作为行为虔敬的标准,它是否提供了通过指出虔敬行为来回答"什么是虔敬"这个问题的理由。苏格拉底的论证是否仅仅质疑了这一显然是虔敬的行为(作为一个假设的范例)?或者说,通过暗示,这也使任一显然是虔敬的行为(作为一个假设的范例)变得可疑?苏格拉底继续要求一个普遍的定义,并没有考虑其他明显的虔敬行为或虔敬人士的例子和范例,这一事实表明这个论点具有普遍意义。

人们也不能认为,游叙弗伦指出的是一种虔敬的边缘情况(a borderline case),因此,这种质疑可能不会影响作为更中

---

① "在一切行动中的虔敬都与虔敬自身一样,同样地,不虔敬的是与虔敬相反的一切,因为它本身与它本身是一样的,并且有一个单一的特性,只有与之符合,所有不虔敬的事物才是不虔敬的,不是这样吗?"(5d1-5)

心的、清晰和明显的范例的地位。[①]因为，虔敬要求人们接受 224
在家中犯下错误之举的惩罚，或者虔敬要求人们对那些最亲近的人表现出应有的尊重，这二者并非处于边缘。这些相互冲突的现象属于游叙弗伦和他周围的人所共有的虔敬观念的核心。鉴于此，对苏格拉底的论证做出的反应，应该不是认为它不会影响其他明确、显著的虔敬的例子和范例，而是相反，通过思考：“如果这种情况不是一个明确而显著的虔敬（或不虔敬）的例子，那么我一点都不知道什么才是！”

可能会有人反驳说，如果苏格拉底的论证被认为具有普遍意义，那么，这一论证当然不会成功；因为它表明的是，我们需要在虔敬的不同要求中进行等级排序。也许游叙弗伦是一位严格的在虔敬方面的报应主义者（retributivist），这就是为什么他认为，即使做错事的人是他父亲这一事实是反对他起诉的理由，但因其父犯错而提出起诉也是优先的。即使引入这样的等级排序的可能性，但问题在于特定排序是基于什么考虑。特别是，它是否可以基于如下考虑：其自身是通过指向其他虔敬事物的例子和范例来提供的考虑。我想我们可以同意，当柏拉图认为这个论证可能有一般性意义，他是有证据的（Plato has a case）。因为，如果这个虔敬行为的例子和范例（游叙弗伦指出的那个）似乎既是虔敬的又不是虔敬的，那么我们不清楚其他所谓的例子和范例是否可以被用来作为真正的典范，而且可以用来解决这一冲突。我们甚至

① 桑塔斯（Santas，1972，p. 139）认为，这是一个“有争议的案例”，他认为它不会使其他“典型案例”（paradigm cases）变得可疑。

可以认为柏拉图的案例是一个有力的案例。因为,即使假设我们可以指出其他明显的虔敬行为的例子和范例——假定它们是真实的,可以以某种方式解决游叙弗伦的困境(起诉或不起诉)——为什么认为这些案例的地位优先于最初可疑的案例(游叙弗伦所面临的案例)呢?

如果游叙弗伦的困境处于我们可以期待遇到的边缘情况(在此边缘情景中,决定要做什么需要对何谓虔敬的事情进行艰难的思考),那么也许我们可以简单地依靠其他真实的例子和范例,而不会因为它们无法解决那些其他边缘的潜在冲突而过分困扰。因此,或许可以认为,适当的反应是希望(hope)或祈祷(pray)人们不要遇到这种情况;或者恰当的回应是故意避开这种情况("不要去那里!")。但是,游叙弗伦所面临的情况(在其中他不得不思考,并达成一个可辩护而不是彻底可疑的决定),并非处于边缘。

225

8.5 *Aporia* 和"是什么"问题之间的联系之证明

现在我们准备展示一个特定的 *aporia* 和"是什么"的问题之间的联系——这个 *aporia* 由"Φ 是否是 Ψ"这个问题表达出来,并且如果这个 *aporia* 对于概念Φ是彻底的,也就是说,我们要证明:

> (Ω[a]) 如果关于"Φ是否是Ψ"的问题表述了一个 *aporia*,并且如果这个 *aporia* 对于概念Φ是彻底的,那么试图解决 *aporia* 需要提出"什么是Φ"的问题,并且解决

该*aporia*需要回答这个“是什么”的问题。

设想（假设1）：“Φ是否是Ψ”的问题表达了一个*aporia*，而这个*aporia*对于概念Φ是彻底的，也就是说，使得Φ的一个范例究竟是不是真正的Φ变得可疑。让我回顾一下（第1章和第2章）（假设2）：指向或一般性地援引一个假设的Φ 的例子和范例是最基本的、现成的、要求最不高的回答“是什么”问题的方式。而且，这个问题并不是柏拉图式的专业问题，而是通常每天都会遇到的问题；并且是在追问一个事物的标准，也就是说，通过引用它可以确定某事物是否是Φ的标准。那么（C）：试图解决这一*aporia*需要提出问题“什么是Φ”，并且，解决这一*aporia*需要回答“是什么”的问题。当然，如果我们加上疑难式的推理（aporemamtic reasoning）合理的普遍原则和背景，就可以有这样的结论。这便是（假设3）：如果一个*aporia*或问题，即问题1，引起进一步的*aporia*或问题，即问题2，那么（a）追问第一个问题的答案和解决，需要寻找第二个问题的答案和解答；并且（b）知道第一个问题的答案和解决方案需要知道第二个问题的答案和解决方案。在这一问题中，第一个问题由“Φ是否是Ψ”的问题来表述原初的*aporia*；而第二个问题，我们可以称之为彻底问题（the radical problem），这便是：226

如果即使我们最基本的、容易获得、要求最低的知道什么是Φ的方式并且衡量事物是Φ的标准（即，通过诉诸Φ的事物的例子和范例）已经变得可疑，我们是否能够可靠地知道Φ是什么？

8.6 证明“普遍性要求”

暂且不谈吉奇使用“谬误”(fallacy)一词和他对一个苏格拉底式谬误(a Socratic fallacy)的指责，吉奇要求证明“普遍性要求”，即柏拉图在这些对话中明显认为“什么是Φ”的问题可能不会通过援引一个例子和范例来回答，而是必须通过普遍定义来回答。在我看来，吉奇的这一要求是公允和恰当的。尽管一些试图回答吉奇的尝试可能反驳苏格拉底式谬误的指控，但我们(在第1—3章中)认为，没有人成功地指出了柏拉图对普遍性要求的动机(motivation)和理由(justification)。我们现在提供这一证明，表述如下：

> (Ω^b)如果“Φ 是否是Ψ”的问题表达了一个*aporia*，并且如果这个*aporia*对于概念Φ是彻底的，那么试图解决*aporia*需要提出“什么是Φ”的问题，并寻找“什么是Φ”的普遍性描述。解决*aporia*需要回答这个问题，不是通过援引Φ的一个例子和范例来说明，而是相反，要通过对“什么是Φ”的普遍性说明。

当然，如果这种说法表明了柏拉图对“普遍性要求”的动机和理由，那么这种要求就与吉奇和他的批评者认为的“要求”的地位和范围完全不同。因为，Ω^b表明“普遍性要求”变得可操作(operative)，并且，仿佛“普遍性要求”是在“Φ 是否是 Ψ”通过探究已经表述为*aporia*的时候突然生效。我们认为，根据这些对话的文本，我们没有任何理由假设柏拉图希望“普遍性要求”比这更广泛。特别是，我们没有理由假设柏拉图不同意，通过援用一个事物Φ的例子和范例来回答“什么是Φ”的问题的意图，除非需要提出“什么是Φ”恰恰是因为承认了一个*aporia*的问题，这个*aporia*是由“Φ是否是Ψ”来表述，并且对概念Φ来说是彻底的。 227

在我看来，Ω^b是不言而喻的，否认它显然是逻辑不清的（incoherent）。假设一个人认识到存在一个由“Φ是否是Ψ”这个问题所表达的*aporia*，并且这个*aporia*使得一个假设的Φ的范例到底是不是真正的Φ的范例变得可疑。假设有人被问到“什么是Φ”的问题，在这种情况下，可以仅仅通过诉诸所谓的一个事物Φ的范例来回答吗？显然，答案是人们不能这样做。因为人们认识到这个范例已经被*aporia*所质疑。在这种情况下，简单地以这种方式回答这个问题，显然是逻辑不清的，因为它既假设范例是有问题的（由于这一*aporia*），又假设范例是真实的（如果在这个情景中，人们用此来回答“是什么”的问题）。

或许，我们对Ω^b的辩护会遇到如下反对意见。这一反对意见可能并非逻辑不清。因为，可以说，导致对范例质疑的视角和对范例真实性考量的视角，可能是两个截然不同的视角，我们不能简单地认为它们在逻辑上可能发生冲突。因此，可以说，导致对范例质疑的考虑是哲学的观点，而将范例看作是真实的是日常的观点；而我们不能简单地认为哲学观点和日常观点在逻辑上可能发生冲突。也就是说，可以说，就我们所表明的,N在哲学上认为范例是有问题的,而N在日常观点中相信这个范例是真实的,这二者并不导致逻辑上的矛盾。[①]

一般而言,我们或许会,也可能不会,认为哲学观点和日常观点在逻辑上会发生冲突,这不是我们目前关心的问题。当然,假设柏拉图可能对这种冲突的可能性产生了普遍的怀疑,这将是非常牵强的。对于我们目前的目标来说,观察到228 我们已经在*aporia*(关于范例的哲学考虑)和"是什么"问题(关于其地位的日常考虑)之间建立了联系已经足够了。(我们在这里需要明确的是,如果一个Φ的例子被用来回答"什么是Φ"的问题并且被正确地使用,那么,我们可以期望这种用法在日常情况下的重要性;因此我们也可能期望在日常情况下来解决"是什么"的问题。)我们已经建立了充分的联系,也就是说,使如下假设变得没有问题:这两组考虑的结果在逻辑上可以发生冲突。当然,这个联系是由我们刚刚辩护过的假设提供的(参见上文第5节),它恰恰是由"Φ是否是Ψ"的问题所表达的彻底的*aporia*,由于它对于概念Φ是彻底的,所以要求提出"什么是Φ"的问题。这意味着,如果我们完全想区分这两种视角,即所谓的日常视角和哲学视角,我们就可以明确地把它们联系起来;并且有足够的联系来驳斥认为这两种观点不能够产生逻辑冲突的质疑。

对我们对Ω^b的辩护的另一反驳如下。因为可以说,即使

① 关于这一思路,参看伯恩耶特(Burnyeat,1977b)。

*aporia*使得Φ的一些范例变得可疑，并且因此不能仅仅通过诉诸这些范例中的任何一个来回答“什么是Φ”的问题，但是可能这一*aporia*并不能使得其他范例变得可疑，因此，“什么是Φ”的问题依然可以通过援用一部分这些例子来得到解答。[①]

这当然是一个好的并且是有效的反驳。然而，它的力量可能会被削弱。针对这一反驳，我们需要问，如果不积极参与到*aporia*中并试图解决它，是否可以确定*aporia*使得哪些范例变得可疑，而哪些没有？如果对这个问题的回答是否定的，那么很显然，反对意见就没有什么力量。因为，人们诉诸某个事物Φ的范例，这完全没有任何问题，并且这样做是为了回答“什么是Φ”的问题，而且，确实在一个情境中回答了这个问题，这一情境承认对于概念Φ存在一个彻底的*aporia*（如果诉诸范例是基于一个人正确地参与并提供了解决方案的话）。那么，人们是否可以确定这一点（即哪些范例可能会引起疑问，哪些不会？），而不参到*aporia*中呢？我能想到的唯一可能的方式是通过人们坚持认为，使得事物的范例变得可疑的*aporia*（正如一些哲学家所说的那样）是事物的边缘情况（borderline cases），即在该事物概念的边缘。但是，如果是这样，我们可以立马回应这个反驳。因为，如果我们想到，例如，在《游叙弗伦》开篇处的*aporia*，那么很显然，我们没有理由认为这个例子是一种边缘情况（我们可以独立于*aporia*来 229

① 感谢莱斯莉·布朗（Lesley Brown）的这一反驳。

确定其介于明显的虔敬行动和明显的不虔敬的行动之间):这一范例,使人质疑对父亲在某些特定情况下导致某人死亡或不阻止某人死亡行为的起诉,这当然在游叙弗伦看来是虔敬行为的典范。相反,我们已经看到,正如游叙弗伦在他的讨论中所描述的那样,对于它的哪些反应是虔敬的,哪些不是;这种情况是虔敬概念的核心。我倾向于认为举证责任在反对者那里。他们要论证,在这些对话中,通过*aporiai*质疑的范例一般是边缘情况;我不认为这样的论点能够产生任何明确的,更不用说是成功的结果。

《大希庇亚》中反对通过例子和范例来定义的一个论证

柏拉图是否对反驳的这一回应提供了说明呢?所谓的回应指针对反对者对边缘情景的论述。我想他是可能的;但要正确表明这一点,需要对《大希庇亚》中的一个特殊论证进行全面分析,而这超出了我们目前的计划。在这篇对话中,当苏格拉底问"什么是美"时,希庇亚坚持通过诉诸一系列美丽事物的例子来回答这个问题:首先是女孩,然后是马,最后是一架里拉琴。让我们假设(先不论证,因为这将需要一个全面的分析),希庇亚打算诉诸的是一个具体的女孩(比如说他的妹妹索菲娅)、一匹特定的马、一架特定的琴;而且,他认为这种诉诸具体例子的方法是回答"是什么"问题的恰当方式。因为他认为这不是诉诸一个任意古怪的美丽事物的例子,而是一个典范的例子,即一个*paradeigma*(标准)。显而易见,在不短的一段时间内(286c3-288e9),苏格拉底尽管很努力，但在向希庇亚或我认为的读者展示上（这不是一个回答“是什么”问题的适当方式）几乎没有成功。直到他诉诸一个特别的漂亮陶罐（*chutra*），并问希庇亚它是否是一件美丽的东西（288c10-11；*ō beltiste su, tí de chutra kalē; ou kalon ara;* 但是一个美丽的陶罐，我的好兄弟，这不是一个美丽的事物吗？）[①]希庇亚的回应非常具有启发性。一方面（*men*），他承认这个陶罐确实很漂亮（288e6-7）；另一方面（*alla*），他拒绝赋予其与美丽的女孩、里拉琴和马相同的地位（288e7-9）。他说道：“但是，一般来说，与马、女孩和所有其他美丽的东西相比，这件东西（即这个陶罐）不值得被认为是美的。”（*alla to holon touto ouk estin axion krinein hōs on kalon pros hippon te kai parthenon kai talla panta ta kala*）希庇亚怎么能没有矛盾地断言陶罐是美丽的，而又认为与他认为美丽事物的典范相比，它不应该被认为是美丽的东西呢？对我来说，这似乎是合理的答案（我在这里也不能辩护），是因为希庇亚认为这个陶罐很漂亮，但是不像女孩、马和里拉琴那样，它不应该被赋予一件美丽事物的典范地位；也就是说，它不应该被认为是一种特别的美丽的东西，它不可以作为确定其他东西（例如其他罐子，或者一般的其他厨具等）是否美丽的标准（或者美丽的同类产品，例如厨具）。

230

正是这种观点和看法的结合，苏格拉底显然成功地强调了（论证在289c8结束，希庇亚被说服），“什么是美”这个问题

---

① 我们可以忽略这一点，严格来说，这个问题不是苏格拉底对希庇亚提出的，而是苏格拉底的替身（Socrates’ double）对苏格拉底提出的问题！

不能用例子来回答,而需要一个普遍的答案(见 289c9-d5);此时,希庇亚直接提出这样一个一般性的答案(289d6 ff.)。论述苏格拉底的论证(288c9-289c8)究竟是如何进行的,超出了我们目前的研究范围。让我简单地说一下我认为柏拉图这个重要论证中的基本观点。因为我认为这个论证的基本观点是,希庇亚观点的组合意味着他不仅要在美丽的事物(例如那个女孩,索菲亚)的范例和其他任何通过诉诸那个范例的事物之间进行比较,这个范例旨在确定别的事物是否美丽(让我们把这种比较称之为,在范例及其应用之间的垂直比较)。他还希望在不同的假设的美的范例之间进行美的比较,例如女孩、马和里拉琴与陶罐做比较(让我们把这类比较称之为,在不同的候选的美的范例中进行水平比较)。根据我的理解,柏拉图在这个论证中的基本观点是,尽管在垂直比较中(例如美),基于一个纯粹的例子和范例是极为可能的,在不同的候选的例子和范例中,显然需要一个标准(*paradeigma*),它本身并不仅仅是一个事物的另一个例子和范例。

231

这个论证能否成功是一个很困难的问题。然而,假设它是成功的,或者柏拉图认为它是成功的,那么它表明柏拉图在我们回应反对边缘情境中提供了一些帮助。因为根据柏拉图在《大希庇亚》(288c9-289c8)中的这个论证,似乎确实可以区分一个事物Φ的核心情境和一个只是Φ的事物的边缘情况——如果人们对Φ的解释不是简单地诉诸对Φ的例子和范例。当然,似乎是这样的:根据可能的假设,将“边缘情况”和

“核心情况”这两个术语的隐喻性特征置于一边，区分事物的边缘情况和事物的核心情况，与柏拉图论证（正如我们所理解的）中的以下区别一样（或者相当于）：一方面即使承认它是Φ（正如希庇亚承认陶罐确实是美丽的），也不应该承认它为一个Φ事物的范例，而另一方面，这个事物被承认是Φ并且可以被承认为是一个Φ事物的范例。

8.7 证明“解释性要求”和“统一性要求”

到此，我们已经完成了一些主要目标：首先，我们已经确定并评估了柏拉图提出的“是什么”的问题的动机和理由，并赋予它在构成这些对话的问题中一个显著的位置；其次，我们已经确定并评估了柏拉图的动机和理由，认为“是什么”的问题可能无法用例子和范例来回答，必须用“一般性的定义”来回答。我们的下一个，即倒数第二个目标是确定和评估柏拉图认为必须用一个不仅是“一般的定义”，而是“解释性和统一性”的定义来回答这个问题的动机和理由。 232

解释性要求的证明

出于明显的原因，让我们从解释性要求开始；这一要求认为：对问题“是什么”的答案，必须要通过一个事物Φ之所以是Φ恰恰是因为某物（that because of which）的方式来回答。有人可能会问，柏拉图这个要求的来源是什么？我们需要在柏拉图思想的哪个方向去寻找这个要求的动机和理由呢？一些评论者认为，我们需要关注柏拉图一般的知识理论，特别是他认为,知识本身不仅需要知道事情是这样,而且知道事情为什么是这样。我们已经反驳了这个假设。然而,为了实现我们目前的目标,重要的是要看到,在这个关键的假设中,涉及解释性要求的解释概念并非就其本身就与“是什么”的问题相关联;相反,它是一个完全一般的解释概念,即简单地与知道为什么是这样的概念相关联。与之相反,我想提出柏拉图解释性要求中的解释概念从一开始就与“是什么”的问题有关。为了说明我的这个提议的意义,回忆一下亚里士多德关于形式因的看法是有帮助的。我认为,当评论者们想到亚里士多德关于形式因的看法时,他们一般认为这是一种独特的方式:根据亚里士多德的观点,这种方式是诉诸一种事物的形式,因此诉诸了事物的本质(我们可以假设,对于亚里士多德来说,事物的形式决定了它的本质),这构成了对这个事物为什么是这样的问题的一个回答。评论者不认为亚里士多德的形式因是他将一种普遍的解释概念应用于一个事物形式的概念上。我认为我们应该以类似的方式思考柏拉图对“解释性的要求”。这意味着,假设对于柏拉图而言,诉诸一个事物Φ的标准(我们知道这个问题恰恰是对“是什么”问题的要求)构成了回答为何这个事物是Φ的一个独特方式。

现在回顾一下(第1章和第2章),对于柏拉图而言,在寻求事物Φ的意义上讲,“什么是Φ”不是一个独特的理论或专业性(technical)问题,而是一个日常熟悉的问题;并回想一下,对于柏拉图来说,这个问题在其他条件相同的情况下,可以通过诉诸一个事物的例子和范例来回答。(我们可以观察到，如果关于概念Φ的一个*aporia*是彻底的，那么，这就意味着，确切地说，并非是其他条件都相同。)如果我们将这与我们现在的提议结合起来，那么我们可以得到，对柏拉图来说，诉诸Φ的一个例子和范例O是回答何为O'(被设置在范例O旁边)是否是Φ的一种特别方式。因此，对于柏拉图而言，对于“为什么这个O'是Φ”这个问题的一个答案是：它符合事物成为Φ的标准(*paradeigma*)。这个答案可以采取的一种形式是：“它符合一个东西O——它是事物Φ的一个例子和范例——因此为一个事物成为Φ提供了一个标准。”

233

值得注意的是，在这些对话中有一段话，在其中柏拉图似乎认为：诉诸一个事物Φ的一个例子和范例O，是一种回答为何另一个事物O'恰恰是Φ的方式。这段文字是《大希庇亚》288a9-b3，当时苏格拉底询问希庇亚所提出的美丽女孩是否是一个美丽事物的例子和范例(回忆一下，我们已经理解了希庇亚诉诸一个美丽的女孩)，是因为，由于该事物(*di' ho*来自*dia ho*，288a10)其他的东西才是美的——也就是我们可以想到的，那些和女孩并列的事物，女孩为它们提供标准确定它们是否美丽。[①]而且希庇亚在他的直接回应中，暗示

① 苏格拉底所说的(对希庇亚而言，正在询问他的是他的“替身”)是这样的：“我可以告诉他(他的替身)，如果一个美丽的女孩是美丽的东西，那么她就是那个美丽的东西之所以是美的原因？”(*egō de dē erō hoti ei parthenos kalē kalon, esti di' ho taut' an eiē kala*; 288a9-11)苏格拉底在289c9-d5重复这个问题；但是，在那个时候，显然由于插入的论证，希庇亚现在以否定的方式回答它——他终于屈服了——并且提供了一个普遍而确实统一的答案；尽管答案的内容是错的：任何美丽的东西之所以是美丽的[通过使用解释的与格，*hō(i)*]，因为是金色的，或镀金的，或镶金的！

了对这个问题的肯定答案,那就是,承认美丽的女孩确实是其他事物是美丽的原因,这一点是无可置疑的,甚至是无可辩驳的。这段话(不仅有苏格拉底的问题,而且有希庇亚立即承认肯定答案,此外他也视这一答案为确定无疑)和我们现在的提议相呼应;因此,它也提供了支持。

当然,这不是我们一般思考柏拉图的解释性要求的方式。相反,当苏格拉底说(例如,和希庇亚相反),在回应"什么是Φ"的问题时,他要求的是因为(*di' ho*)或由于(通过使用解释的与格)这些事物,事物Φ才是Φ。他暗示所需的解释,可能不是诉诸事物Φ的例子和范例,而是必须诉诸普遍说明的形式,此外还需要一个既普遍又统一的说明。在各处熟悉的段落中,他阐明了对解释性的要求(例如参见《游叙弗伦》6d9-e2)。在本研究的尾声,应该清楚的是(如希庇亚所提出的),(EX^WEAK^/弱的解释)"什么是Φ"的问题需要一个解释性的答案,这个答案可能是一个例子和范例,不一定是普遍的或统一的;(由苏格拉底所提出的)(EX^STRONG^/强的解释)"什么是Φ"的问题需要一个解释性的答案,而这个答案可能不是一个例子和范例,而必须是普遍的,并且是统一的。以上两个命题未必矛盾。总的来说,如果其他条件相同,前者(即较弱的命题)是无可非议的;而如果存在由"Φ 是否是 Ψ"的问题表达的*aporia*,并且如果*aporia*对于概念Φ 是彻底的话,则后者(即更强的命题)是必需的。

我们现在的问题是普遍性解释的动机和理由是什么(即EX^STRONG^)。现在答案是很明显的。我们已经看到,首先(假设 1)，如果存在一个由“Φ是否是Ψ”的问题表达的*aporia*，并且如果这个*aporia*对于概念Φ是彻底的，那么，回答这个“是否”问题和解决这个*aporia*就需要回答“什么是Φ”，并且这样提出一个关于Φ的论述不是一个例子和范例，而是普遍的；其次(假设2)，柏拉图的解释性要求中的解释概念从一开始就与“是什么”的问题相关联，也就是说，“是什么”问题不是在柏拉图式的意义下来理解，而是在一般意义上理解为某事物是否是Φ的标准；即使该标准是通过诉诸一个事物的例子和范例来提供的。从这两个前提来看，如果存在一个“Φ是否是Ψ”的问题表述的彻底的*aporia*，并且如果这个*aporia*对于概念Φ是彻底的，那么，回答这个“是否”问题并解决这个*aporia*就需要回答“什么是Φ”的问题，并且这样做是为了说明Φ是什么，这一说明不仅是解释性的(无论如何都是如此，而且不管考不考虑*aporia*)，而且是用普遍的解释来解释；这个解释的普遍性的引入，是因为存在一个对于概念Φ而言是彻底的*aporia*。

统一性要求的证明

235

现在，我们已经确定并评价了，柏拉图认为回答“是什么”问题必须不仅是以普遍的说明方式，还需要是解释性的说明方式的动机和理由。我们最终还需要确定，根据柏拉图的观点，为什么对“什么是Φ”的说明不仅是普遍的、解释性的，而且也是统一的。我认为，如果我们暂且转向柏拉图在

《斐多》后半部分(95e ff.)对解释(*aitia*)的一般说明,[①]我们就可以在本研究的结尾相对简要地总结这一点。众所周知,柏拉图认为,对于一个事物O为什么是Φ的任何解释都必须符合解释的某些一般要求,这个要求很容易被描述为对解释一致性的要求。特别是,有以下两个要求。[②](REQ1)如果待解释项(explanandum)相同,则解释项(explanans)也相同。这意味着多个不同的特定事物,如果它们具有相同的特性,就不可能有不同的和不相容的解释项。也就是说,如果E1解释了为什么O是Φ,而E2解释了为何O'为Φ(其中O和O'是在数目上不同的个体),那么E1 = E2。(REQ2)如果解释项(explanans)相同,则待解释项(explanandum)也相同。这意味着,在数目上不同的个体事物,如果具有不同和不相容的特性,不可能具有相同的解释。也就是说,如果E解释为什么O是Φ,E解释了O'为什么是Ψ(这里O和O'是数目上不同的个体事物),那么Φ和Ψ相同。

我想要提出的是,"定义的统一性"要求最好被理解为:首先,对"Φ是什么"问题的答案的要求是解释性的,而不管这个答案是否符合一个事物Φ的一般标准,或者通过诉诸一个事物Φ的例子和范例;其次,如果提出这个问题的原因是由于存在一个*aporia*,而这个*aporia*的存在是由"Φ是否是Ψ"来表

① 让我们不要担心,根据某些论述,《斐多》并不是早期对话。我们也可以回想一下,尽管认为在我们考虑过的一些或大多数对话之后阅读《斐多》是自然的,但有人认为(卡恩[Kahn],1995和2002)通过文体学所区分的早期对话,首先,包含了《斐多》,其次,它并没有许可我们在这一组内将对话进行排序。

② 我已经详尽考察过这一点,参考珀力提(2010)。

述，并且对于概念Φ是彻底的，那么，针对"什么是Φ"的答案不仅仅是一种解释性的，而是一种普遍的解释；第三点是具体针对统一性的要求：一个事物O为什么是Φ的一般性解释必须符合解释一致性的要求。实际上，这个方案的意义在于定义的统一性要求应该被理解为是对解释一致性要求的结果，并因此被理解为解释的一致性要求。换句话说，我提出的是，我们理解定义的统一性要求实际上是一个一致性要求，这个统一性要求，首先是由于一个定义一般而言是解释性的，其次是普遍定义的解释要符合解释一致性的要求。 236

我不会在这里再为这个提议辩护了。然而，需要澄清一两点。首先，解释的一致性的要求只有在假设所涉及的解释是普遍时才有解释的作用；也就是说，假设一个事物O为什么是Φ的解释是依据O的一般性质，或依据Φ，或依据两者来解释的。解释的一致性REQ1和REQ2的要求特别使用了不兼容的关系（the relation of incompatibility）；我认为，这便能最好地理解柏拉图在《斐多》中的对立（*enantiotēs*）概念。[①]但是，显然，只有一般属性可以通过这种关系（即，不兼容）彼此相关；个体事物不能如此相关。因此，即使存在一个解释概念，其中解释项的功能是特定的——我们认为存在这样一种概念，因为我们认为对"什么是Φ"问题的回答，可以通过诉诸一个事物的例子和范例来解释为什么事物（通常不是范例）是Φ——解释一致性的要求不适用于这个概念。其次，可以

① 参看珀力提（2010，pp. 75-76）。

直接得出,柏拉图对定义统一性的要求并不适用于"什么是Φ"问题的任何答案,它只适用于答案是普遍定义的情况。再次,作为进一步的后果,我们可以假设,柏拉图对定义的统一性要求变得可操作(operative),并且仿佛是突然生效,只要存在由"Φ是否是Ψ"来阐明的*aporia*,并且该*aporia*对于概念Φ而言是彻底的。因为我们认为,如果存在这样的*aporia*以致普遍性要求变得有效,并且基于这些对话的文本我们没有理由认为普遍性要求应该进一步延伸。 237

8.8 可能用定义来解决一个彻底的*aporia*是必要的,但为什么认为它是充分的呢?

柏拉图认为,关于一些以"Φ是否是Ψ"的形式来表达的问题,回答它们需要关于"什么是Φ"的普遍的、统一的和解释性的说明。我们已经确定并评估了柏拉图提出这种观点的动机和论证。我们认为,对柏拉图观点的正确理解是:如果"Φ是否是Ψ"的问题表达了一个*aporia*,并且如果这个*aporia*对于概念Φ是彻底的,那么,回答这个问题并解决这个*aporia*需要提出"什么是Φ"的问题,并且要用一个普遍的、统一的和解释性的说明来回答它是什么。正如我们所理解的那样,柏拉图的观点是,关于"Φ是否是Ψ"的问题的知识需要知道关于"什么是Φ"的普遍的、统一的和解释性的说明(如果这个问题表达了对概念Φ而言的彻底的*aporia*)。我们认为这是柏拉图的观点,并且已经考虑过如何用这些对话来辩护这一观点。

现在，即使在几处文本中，柏拉图认为某个“是否”问题与某个相应的“是什么”的问题之间存在着密切联系（即断言评论者通常称之为定义的优先性），他主张说，回答“是什么”的问题是回答“是否”问题所必需的，但在某些地方，他认为，回答“是什么”对于回答“是否”问题是必要和充分的。《普罗泰戈拉》的结束就是一个很好的例子。此外，柏拉图非常清楚地指出，回答“什么是德性”这个问题对于回答“德性是否可教”这个问题来说既是必要的也是充分的，因为它通过深入探究得出了这样一个观点：“是否”问题表达了一个特别棘手的*aporia*（我们认为这一*aporia*对于德性教师的概念和德性这一概念是彻底的）。柏拉图为什么认为，关于“什么是Φ”的普遍性、统一性和解释性说明的知识不仅是必要的，而且足以（sufficient）让我们知道“Φ是否是Ψ”的答案（如果这个问题提出了一个关于概念Φ的彻底的*aporia*）。

我必须承认，这个问题对我来说有些困难。当然，如果充分性主张可以就其自身而被思考，而不依赖于必要性主张的话，那么我根本就不知道我们如何可以在这些对话中，或者一般说来，找到一种证成它的理由。另一方面，如果我们认为它是与必要性主张联系在一起考虑的话，那么，我们可能会更有希望找到柏拉图提出的充分性主张的理由，但这似乎会让我们自己受到指责，说我们犯了一个错误；这个错误就是从“p是q的必要条件”过渡到“p是q的充分条件”。但我没有看到另一种可以前进的方向：如果我们要在柏拉图作品中，或一般而言，找到这种充分性主张，我们就必须考虑结合 238

必要性主张来理解充分性主张。而且,如果我们回想一下必要性主张的理由,那么我认为,我们可以减少对以上指责的担忧。我们回顾一下(从上面第5节和第6节),必要性主张的理由是,彻底的*aporia*的彻底性是为了回答*aporia*而必须提出"是什么"的问题,而且必须不是用一个例子和范例来回答,而是相反的普遍性的论述。这表明,必要性主张所声称的不仅仅是一个实质条件(material conditional)(如果一个人N知道"Φ是否是Ψ"这个问题的答案,并且这个问题阐明了一个关于这个概念Φ的彻底的*aporia*,那么N就知道"Φ是什么",知道了一个普遍的、统一的和解释性的说明),而且是一个特殊的、不完整的或部分的解释性的条件:一个人N能够知道"Φ是否是Ψ"这个问题的答案的一个必要元素是(如果这个问题阐述了一个关于概念Φ的彻底的*aporia*):N知道"Φ是什么"的普遍的、统一的和解释性的说明。这是一个解释性的条件,因为它意味着:如果一个人N能够知道"Φ是否是Ψ"这个问题的答案,那么这个问题的一个必要元素是(如果这个问题表述了一个与概念Φ有关的彻底的*aporia*):N知道普遍的、统一的和解释性的说明。这是一个不完整的或部分的解释性的条件,因为它仅仅解释了一个人如何能够知道"Φ是否是Ψ"这个问题的答案的一个必要元素(如果这个问题阐明了一个对于概念Φ来说是彻底的*aporia*);它没有在解释这个时指明每一个必要的元素(every necessary element),因此它没有详细说明整个解释。

这意味着,我们可能会理解为什么,以及有什么理由认为，柏拉图将充分性主张等同于柏拉图如何能够以正当理由从必要性主张转向充分性主张的问题。这意味着我们可以将后一个问题等同于柏拉图如何能够以正当理由从： 239

> 解释一个人N如何能够知道“Φ是否是Ψ”这个问题的答案时的一个必要元素是（如果这个问题表述了一个与概念Φ有关的彻底的*aporia*）：N知道一个普遍的、统一的和解释性的关于Φ是什么的说明。

过渡到：

> 解释一个人N如何能够知道“Φ是否是Ψ”这个问题的答案是（如果这个问题阐明了一个与概念Φ有关的彻底的*aporia*）：N知道一个普遍的、统一的和解释性的关于Φ是什么的说明。

这样的过渡当然不是直截了当的。但是，它不一定会涉及错误。这一过渡可以被证成：如果柏拉图设定并且有理由认为，在解释中的必要元素（也就是说，一个人知道一个普遍的、统一的和解释性的关于“什么是Φ”的说明）不是任何古怪的必要元素（any odd necessary element），而是至关重要的（crucial）[从精确的意义上讲，与症结（crux）有关]，尽管不一定是解释这个问题的唯一必要元素（也就是说，一个人N能够知道“Φ是否是Ψ”这个问题的答案，如果这个问题阐明了一个关于概念Φ的彻底的*aporia*）。

解释中的这个关键要素不一定是解释中的唯一要素；只

要解释中的任何其他元素可能被认为是直接与这个关键元素相关联。这一点可能意义重大。例如,认为如果Φ的定义是为了解决由“Φ是否是Ψ”的问题所表达的*aporia*,那么对这个定义的探索可能就不是孤立进行的,而是必须相反,要与探索*aporia*一起进行。一个有趣的观点是,一个探究的终点(例如,探究“是什么”的问题)提供了唯一途径来完成——知道、证成——另一项探究的终点(例如,探究“是否”问题)。这并不意味着前一项探究应当或可以在后者之前进行并独立于后者进行。这两种探究必须一起进行,需要认为它们必须是相互依存和适当结合在一起的。那么,这可能被认为是解释一个人是否能够知道“Φ是否是Ψ”的问题的答案的另一个要素,如果这个问题阐明了关于概念Φ的彻底的*aporia*:人

240 们必须进行这两项探究,即对“是否”问题以及对“是什么”问题进行探究,并且以适当结合的方式进行。然而,显然这个元素直接与解释问题的关键因素有关,也就是说,为了解决彻底的*aporia*并因此开始了解它的答案,这一因素就在于一个人知道一个普遍的、统一的和解释性的关于Φ的说明。

在我看来,正如我们已经理解了这些对话中的必要性主张的动机和理由,我们可能认为柏拉图有理由假设:在解释一个人N如何能够知道关于Φ是否是Ψ时(如果这个问题阐明了关于概念Φ的彻底的*aporia*),一个不仅是必要的而且是关键的因素是:N知道一个普遍的、统一的、解释性的关于Φ是什么的说明。一个人知道关于Φ是什么的普遍的、统一的和解释性的说明不仅是一个必要的元素,而且是解释他如何

能够知道“Φ是否是Ψ”这一问题的答案的关键因素(如果这个*aporia*对于概念Φ是彻底的话)。因为,正如我们所论证的(参见上文第5节),在解释这个问题时,这个要素直接被待解释项决定:我们如何才能知道一个特定的由“Φ是否是Ψ”所表述的*aporia*的答案(如果这个*aporia*对于概念Φ是彻底的话)?

以上就是我们试图确定并评价柏拉图之所以持有如下观点的动机和理由。这一观点是:柏拉图认为关于“什么是Φ”的普遍的、统一的和解释性的说明的知识不仅是必要的,而且是“Φ是否是Ψ”的充分答案(如果这个问题表述为一个对于概念Φ而言的彻底的*aporia*)。

参考文献

Adam, J. and Adam, A. M. (1893) *Platonis Protagoras*, Cambridge: Cambridge University Press.

Allen, J. (2006) "Dialectic and Virtue in Plato's *Protagoras*", in B. Reis (ed.) *The Virtuous Life in Greek Ethics*, Cambridge: Cambridge University Press, 6-31.

Allen, R. E. (1970) *Plato' Euthyphro and the Earlier Theory of Forms*, London: Routledge and Kegan Paul.

Annas, J. (1992) "Plato the Sceptic", *Oxford Studies in Ancient Philosophy: Methods of Interpreting Plato and his Dialogues* Supplementary Volume: 43-72.

Apelt, O. (1912) *Platonische Aufsätze*, Leipzig and Berlin: B.G. Teubner.

Benson, H. H. (1990) "The Priority of Definition and the Socratic Elenchus", *Oxford Studies in Ancient Philosophy* 8: 19-65.

—— (2000) *Socratic Wisdom: The Model of Knowledge in Plato's Early Dialogues*, Oxford: Oxford University Press.

Beresford, A. (2005) *Plato. Protagoras and Meno*, London: Penguin.

Beversluis, J. (2000) *Cross-Examining Socrates: A Defense of the Interlocutors in Plato's Early Dialogues*, Cambridge: Cambridge University Press.

Bluck, R. S. (1956) "*Logos* and Forms in Plato: A Reply to Professor Cross", *Mind* 65: 522-529.

Bonitz, H. (1886) "Zur Erklärung des Dialogs Protagoras", in his *Platonische Studien*, Berlin: Franz Vahlen.

Bordt, M. (1998) *Platon. Lysis*, Göttingen: Vandenhoeck & Ruprecht.

Brickhouse, T. C. & Smith, N. D. (2000) *The Philosophy of Socrates*, Boulder, CO: Westview.

Brittain, C. (2006) *Cicero: On Academic Scepticism*, Indianapolis, IN: Hackett.

Burnyeat, M. F. (1977a) "Socratic Midwifery, Platonic Inspiration", *Bulletin of the Institute of Classical Studies in London* 24: 7-16.

—— (1977b) "Examples in Epistemology: Socrates, Theaetetus and G. E. Moore", *Philosophy* 52: 381-398.

—— (1984) "The Sceptic in his Place and Time", in R. Rorty, J. B. Schneewind and Q. Skinner (eds.), *Philosophy in History*, Cambridge: Cambridge University Press, 225-254.

—— (2012) "Dissoi Logoi", in his *Explorations in Ancient and Modern Philosophy*, Vol. 1, Cambridge: Cambridge University Press, 346-348.

Castagnoli, L. (2010) *Ancient Self-Refutation: The Logic and History of the Self-Refutation Argument from Democritus to Augustine*, Cambridge: Cambridge University Press.

Charles, D. (2010) "Introduction", in D. Charles (ed.), *Definition in Greek Philosophy*, Oxford: Oxford University Press, 1-28.

Cohen, M. H. (1962) "The Aporias in Plato's Early Dialogues", *Journal of the History of Ideas* 23: 163-174.

Cooper, J. M. (2007) "Socrates and Philosophy as a Way of Life", in D. Scott (ed.), *Maieusis: Essays in Ancient Philosophy in Honour of Myles*

Burnyeat, Oxford: Oxford University Press, 20-43.

Crombie, I. M. (1976) *An Examination of Plato's Doctrines*, Vol. 1, *Plato on Man and Society*, London: Routledge.

Cross, R. C. (1954) "*Logos* and Forms in Plato", *Mind* 63: 433-450.

Dancy, R. M. (2004) *Plato's Introduction of Forms, Cambridge*: Cambridge University Press.

—— (2006) "Platonic Definitions and Forms", in H. H. Benson (ed.), *A Companion to Plato*, Maldon, MA: Blackwell, 70-84.

Davidson, D. (1993) "Plato's Philosopher", *Apeiron* 26: 174-194; reprinted in his *Truth, Language and History*, Oxford: Oxford University Press, 2005, 223-240.

Denniston, J. D. (1966) *The Greek Particles*, Oxford: Oxford University Press.

Denyer, N. (2008) *Plato, Protagoras*, Cambridge Greek and Latin Classics, Cambridge: Cambridge University Press.

—— (2014) Review of J. L. Fink (ed.), *The Development of Dialectic from Plato to Aristotle. Notre Dame Philosophical Reviews. An electronic journal*, 2014.03.09.

Dillon, J. M. and Polleichtner, W. (2009) *Iamblichus of Chalcis: The Letters*, Atlanta: Society of Biblical Literature.

Dixsaut, M. (2001) *Métamorphoses de la dialectique dans les dialogues de Platon*, Paris: Vrin.

Erler, M. (2010) *Der Sinn der Aporien in den Dialogen Platons*, Berlin: De Gruyter.

Evans, M. (2012) "Lessons From *Euthyphro* 10A-11B", *Oxford Studies in Ancient Philosophy* 42: 1-38.

Fine, G. (1992) "Inquiry in the *Meno*", in R. Kraut (ed.), *Cambridge Companion to Plato*, Cambridge: Cambridge University Press, 200-226.

—— (1993) *On Ideas: Aristotle's Criticism of Plato's Theory of Forms*, Oxford: Oxford University Press.

—— (2008) "Does Socrates Claim to Know that He Knows Nothing?", *Oxford Studies in Ancient Philosophy* 35: 49-85.

Fine, K. (1994) "Essence and Modality", *Philosophical Perspectives* 8: 1-16.

Forster, M. N. (2006) "Socrates' Demand for Definitions", *Oxford Studies in Ancient Philosophy* 31: 1-47.

—— (2007) "Socrates' Profession of Ignorance", *Oxford Studies in Ancient Philosophy* 32: 1-35.

Frede, M. (1992a) "Introduction to the *Protagoras*", in S. Lombardo & K. Bell *Plato. Protagoras* Indianapolis: Hackett, vii-xxxiv.

—— (1992b) "Plato's Argument and the Dialogue Form", *Oxford Studies in Ancient Philosophy: Methods of Interpreting Plato and His Dialogues* Supplementary Volume: 201-219.

Fujisawa, N. (1974) "Eχειν, Mετέχειν and Idioms of 'Paradeigmatism' in Plato's Theory of Forms", *Phronesis* 19: 30-58.

Geach, P. T. (1966) "Plato's *Euthyphro*: An Analysis and Commentary", *Monist* 50: 369-382.

Gagarin, M. (1969) "The Purpose of Plato's *Protagoras*", *Transactions and Proceedings of the American Philological Association* 100: 133-164.

Gerson, L. P. (2004) "The Possibility of Knowledge According to Plato", *Plato: Internet Journal of the International Plato Society* 4.

—— (2009) *Ancient Epistemology*, Cambridge: Cambridge University Press.

Glucker, J. (1997) "Socrates in the Academic books and other

Ciceronian works", in B. Inwood and J. Mansfeld (eds.), *Assent and Argument: Studies in Cicero's Academic Books* Leiden: Brill, 58-88.

Goldschmidt, V. (1947a) *Le paradigme dans la dialectique platonicienne*, Paris: Presses Universitaires de France.

—— (1947b) *Les dialogues de Platon : structure et méthode dialectique,* Paris: Presses Universitaires de France.

Gonzalez, F. J. (1998) *Dialectic and Dialogue: Plato's Practice of Philosophical Inquiry*, Evanston, IL: Northwestern University Press.

Görler, W. (1997) "Cicero's Philosophical Stance in the *Lucullus*", in B. Inwood & J. Mansfeld (eds.), *Assent and Argument: Studies in Cicero's Academic Books*, Leiden: Brill, 36-57.

Grube, G. M. A. (1935) *Plato's Thought*, London: Methuen.

Guthrie, W. K. C. (1961) *Plato. Protagoras* in E. Hamilton & H. Cairns (eds.), *The Collected Dialogues of Plato*, Princeton, NJ: Princeton University Press, 308-352.

Hare, R. M. (1982) *Plato*, Oxford: Oxford University Press.

Herrmann, F.-G. (2007) *Words and Ideas: The Roots of Plato's Philosophy*, Swansea: Classical Press of Wales.

Hubbard, B. A. F. and Karnofsky, E. S. (1982) *Plato's Protagoras: A Socratic Commentary*, London: Duckworth.

Ildefonse, F. (1997) *Platon. Protagoras*, Paris: Flammarion.

Irwin, T. H. (1977) *Plato's Moral Theory: The Early and Middle Dialogues*, Oxford: Clarendon Press.

—— (1979) *Plato Gorgias*, Oxford: Clarendon Press.

—— (1993) "Say What You Believe", in T. H. Irwin and M. Nussbaum (eds.), *Virtue, Love, and Form. Essays in Memory of Gregory Vlastos*,

Edmonton: Academic Printing (Special issue of *Apeiron* 26): 1-17.

—— (1995) *Plato's Ethics*, Oxford: Oxford University Press.

—— (1998) "Common Sense and Socratic Method" in J. Gentzler (ed.), *Method in Ancient Philosophy*, Oxford: Clarendon Press, 29-66.

Judson, L. (2010) "Carried Away in the *Euthyphro*", in D. Charles (ed.), *Definition in Greek Philosophy* Oxford: Oxford University Press, 31-61.

Kahn, C. H. (1995) "The Place of the *Statesman* in Plato's Later Work", in C. Rowe (ed.), *Reading the Statesman: Proceedings of the III. Symposium Platonicum*, Sankt Augustin: Academia Verlag, 49-60.

——(1996) *Plato and the Socratic Dialogue: The Philosophical Use of a Literary Form*, Cambridge: Cambridge University Press.

—— (2002) "On Platonic Chronology", in J. Annas and C. Rowe (eds.), *New Perspectives on Plato, Modern and Ancient*, Cambridge, MA: Harvard University Press, 93-127.

Kapp, E. (1942) *Greek Foundations of Traditional Logic*, New York: Columbia University Press.

Kerferd, G. B. (1953) "Protagoras' Doctrine of Justice and Virtue in the *Protagoras* of Plato", *Journal of Hellenic Studies* 73: 42-45.

Klosko, G. (1979) "Toward a Consistent Interpretation of the *Protagoras*", *Archiv für Geschichte der Philosophie* 61: 125-142.

Kraut, R. (1984) *Socrates and the State*, Princeton, NJ: Princeton University Press.

Lane, M. (2011) "Reconsidering Socratic Irony", in D. R. Morrison, *The Cambridge Companion to Socrates*, Cambridge: Cambridge University Press, 237-259.

Lee, D. C. (2010) "Dialectic and Disagreement in the *Hippias Major*", *Oxford Studies in Ancient Philosophy* 39: 1-36.

—— (2013) "Drama, Dogmatism and the 'Equals' Argument in Plato's *Phaedo*", *Oxford Studies in Ancient Philosophy* 44: 1-40.

Lesher, J. H. (1987) "Socrates' Disavowal of Knowledge", *Journal of the History of Philosophy* 25: 275-288.

—— (2002) "Parmenidean Elenchos", in G.A. Scott (ed.), *Does Socrates Have a Method?: Rethinking the Elenchus in Plato's Dialogues and Beyond*, University Park, PA: Pennsylvania State University Press, 19-35.

Lombardo, S. & Bell, K. (1992) *Plato. Protagoras*, Indianapolis: Hackett.

Longo, A. (2000) *La tecnica della domanda e le interrogazioni fittizie in Platone*, Pisa: Scuola Normale Superiore.

Macleod, C. (1983) *Collected Essays*, Oxford: Clarendon Press.

Manuwald, B. (1999) *Platon Protagoras*, Göttingen: Vandenhoeck & Ruprecht.

Marion, M. and B. Castelnérac (2009) "Arguing for Inconsistency: Dialectical Games in the Academy", in G. Primiero and S. Rahman (eds.), *Acts of Knowledge: History, Philosophy and Logic*, London: College Publications.

Matthews, G. B. (1999) *Socratic Perplexity and the Nature of Philosophy*, Oxford: Oxford University Press.

—— (2006) "Socratic Ignorance", in H. H. Benson (ed.), *A Companion to Plato*, Maldon, MA: Blackwell, 103-118.

McPherran, M. L. (1985) "Socratic Piety in the *Euthyphro*", *Journal of the History of Philosophy* 23: 283-309.

Morris, M. (2006) "*Akrasia* in the *Protagoras* and *Republic*", *Phronesis* 51:

195-229.

Natorp, Paul (1903/1921) *Platos Ideenlehre. Eine Einführung in den Idealismus*, Hamburg: Felix Meiner Verlag, 1994.

Nehamas, A. (1975a) "Confusing Universals and Particulars in Plato's Early Dialogues", *The Review of Metaphysics* 29: 287-306.

—— (1975b) "Plato on the Imperfection of the Sensible World", *American Philosophical Quarterly* 12: 105-117.

—— (1990) "Eristic, Antilogic, Sophistic, Dialectic", *History of Philosophy Quarterly* 7: 3-16.

—— (1998) *The Art of Living: Socratic Reflections from Plato to Foucault*, Berkeley and Los Angeles, CA: University of California Press.

Nightingale, A. W. (2004) *Spectacles of Truth in Classical Greek Philosophy: Theoria in its Cultural Context, Cambridge*: Cambridge University Press.

O'Brien, D. (2003) "Socrates and Protagoras on Virtue", *Oxford Studies in Ancient Philosophy* 24: 59-131.

Opsomer, J. (2001). "Platon. *Aporía, euporía* et les mots étymologiquement apparentes: *Hippias mineur, Alcibiade I, Apologie, Euthyphron, Criton, Hippias majeur, Lysis, Charmide, Lachès, Protagoras, Gorgias, Ménon, Ion, Ménéxène, Euthydème, Cratyle*" in A. Motte and C. Rutten (eds), *Aporia dans la Philosophie grecque. Des origins à Aristote*, Louvain-la-Neuve: Peeters, 37-60.

Osborne, C. (1999) "'No Means Yes': The Seduction of the Word in Plato's *Phaedrus*", in J.J. Cleary and G.M. Gurtler (eds.), *Proceedings of the Boston Area Colloquium in Ancient Philosophy* 15: 263-281.

Owen, G. E. L. (1957) "A Proof in the ΠΕΡΙ ΙΔΕΩΝ", *The Journal of Hellenic Studies* 77: 103-111.

Penner, T. (1973) "The Unity of Virtue", *The Philosophical Review* 82: 35-68.

Peterson, S. (2011) *Socrates and Philosophy in the Dialogues of Plato*, Cambridge: Cambridge University Press.

Petty, R. (2012) *Fragments of Numenius of Apamea*, Wiltshire, UK: Prometheus Trust.

Politis, V. (2004) *Paul Natorp. Plato's Theory of Ideas. An Introduction to Idealism.* (Edited with an Introduction by Vasilis Politis. Translation by Vasilis Politis and John Connolly. Postscript by André Laks), Sankt Augustin: Academia Verlag.

—— (2006) "Aporia and Searching in the Early Plato", in L. Judson & V. Karasmanis (eds.), *Remembering Socrates*, Oxford: Oxford University Press, 88-109.

—— (2007) "Is Socrates Paralyzed by his State of *Aporia? Meno* 79e7-80d4", in L. Brisson & M. Erler (eds.), *Gorgias-Menon*, Sankt Augustin: Academia Verlag, 268-272.

—— (2008) "The Place of *Aporia* in Plato's *Charmides*", *Phronesis* 53: 1-34.

—— (2010) "Explanation and Essence in Plato's *Phaedo*", in D. Charles (ed.), *Definition in Greek Philosophy*, Oxford: Oxford University Press, 62-114.

—— (2012a) "What do the Arguments in the *Protagoras* Amount to?", *Phronesis* 57: 209-239.

—— (2012b) "What is behind the *ti esti* question?", in J. L. Fink (ed.), *The Development of Dialectic from Plato to Aristotle*, Cambridge: Cambridge University Press, 199-223.

Prior, W. J. (1998) "Plato and the 'Socratic Fallacy'", *Phronesis* 43: 97-113.

Rickless, S.C. (2007) *Plato' s Forms in Transition. A reading of the Parmenides*, Cambridge: Cambridge University Press.

Robinson, R. (1953) *Plato' s Earlier Dialectic*, Oxford: Oxford University Press.

Robinson, T. M. (1984) *Contrasting Arguments: An Edition of the Dissoi Logoi*, New Hampshire: Ayer Company.

Ross, D. (1951) *Plato' s Theory of Ideas*, Oxford: Clarendon Press.

Rowe, C. (2007) *Plato and the Art of Philosophical Writing*, Cambridge: Cambridge University Press.

Rowett, C. (2018) *Knowledge and Truth in Plato*, Oxford: Oxford University Press.

Ryle, G. (1954) *Dilemmas*, Cambridge: Cambridge University Press.

—— (1965) "Dialectic in the Academy", in R. Bambrough (ed.), *New Essays on Plato and Aristotle*, Oxford: Routledge, 39-68.

—— (1966) *Plato' s Progress*, Cambridge: Cambridge University Press.

Santas, G. X. (1972) "The Socratic Fallacy", *Journal of the History of Philosophy* 10: 127-141.

—— (1979) *Socrates: Philosophy in Plato' s Early Dialogues*, London: Routledge.

Schofield, M. (1992) "Socrates versus Protagoras", in B.S. Gower and M.C. Stokes (eds.), *Socratic Questions: New Essays on the Philosophy of Socrates and its Significance*, London: Routledge, 122-136.

Scott, D. (2006) *Plato' s Meno*, Cambridge: Cambridge University Press.

Sedley, D. (1989) "Is the Lysis a Dialogue of Definition?", *Phronesis* 34: 107-108.

—— (2002) “Socratic Irony in the Platonist Commentators”, in J. Annas and C. Rowe (eds.), *New Perspectives on Plato, Modern and Ancient*, Cambridge, MA: Harvard University Press, 37-57.

—— (2009) “Myth, Punishment and Politics in the *Gorgias*”, in C. Partenie (ed.), *Plato's Myths*, Cambridge: Cambridge University Press, 51-76.

Shorey, P. (1933) *What Plato Said*, Chicago: The University of Chicago Press.

Smyth, H. W. (1920) *Greek Grammar*, Cambridge, MA: Harvard University Press.

Taylor, A. E. (1911) “The Words, *eidos, idea,* in Pre-Platonic Literature”, in his *Varia Socratica*, Oxford: Oxford University Press, 178-267.

—— (1937) *Plato. The Man and his Work*, London: Methuen (revised fourth edition).

Taylor, C. C. W. (1991) *Plato: Protagoras*, Oxford: Clarendon Press.

Vasiliou, I. (2008) *Aiming at Virtue in Plato*, Cambridge: Cambridge University Press.

Vlastos, G. (1956) “Introduction to the Protagoras”, in his edition of the *Protagoras*, Bobbs-Merrill.

—— (1972) “The Unity of the Virtues in the ‘Protagoras’”, *The Review of Metaphysics* 25: 415-458.

—— (1983) “The Socratic Elenchus”, *Oxford Studies in Ancient Philosophy* 1: 1-26.

—— (1991) *Socrates. Ironist and Moral Philosopher*, Cambridge: Cambridge University Press.

—— (1994a). "The Socratic Elenchus: Method Is All", in his *Socratic Studies*, ed. M. Burnyeat, Cambridge, Cambridge University Press, 1-38.

—— (1994b) "Socrates' Disavowal of Knowledge", in his *Socratic Studies*, ed. M. Burnyeat,, Cambridge, Cambridge University Press, 39-66.

—— (1994c) "Is the 'Socratic Fallacy' Socratic?", in his *Socratic Studies*, ed. M. Burnyeat, Cambridge, Cambridge University Press, 67-86.

Vogt, K. M. (2012) *Belief and Truth: A Skeptic Reading of Plato*, Oxford: Oxford University Press.

White, N. (2009) "Definition and Elenchus", *Philosophical Inquiry* 31: 23-40.

Wolfsdorf, D. (2003) "Socrates' Pursuit of Definitions", *Phronesis* 48: 271-312.

—— (2004a) "Socrates' Avowals of Knowledge", *Phronesis* 49: 75-142.

—— (2004b) "Interpreting Plato's Early Dialogues", *Oxford Studies in Ancient Philosophy* 27: 15-40.

—— (2004c) "The Socratic Fallacy and the Epistemological Priority of Definitional Knowledge", *Apeiron* 37: 35-67.

—— (2008a) *Trials of Reason: Plato and the Crafting of Philosophy*, Oxford: Oxford University Press.

—— (2008b) "The Method *ex hupotheseōs at Meno* 86e1-87d8", *Phronesis* 53: 35-64.

Woodruff, P. (1982) *Hippias Major*, Oxford: Blackwell.

—— (1986) "The Skeptical Side of Plato's Method", *Révue International de Philosophie* 156-157: 22-37.

—— (1990) “Plato’s Earlier Epistemology”, in S. Everson (ed.), *Greek Epistemology*, Cambridge: Cambridge University Press, 60-84.

Wright, C. (1992) “The Euthyphro Contrast: Order of Determination and Response Dependence”, in C. Wright (ed.), *Truth and Objectivity*, Cambridge, Mass: Harvard University Press, 108-139.

Young, C. M. (2006) “The Socratic Elenchus”, in H.H. Benson (ed.) *A Companion to Plato*, Malden, MA: Blackwell Publishing, 55-69.

Zeller, E. (1922; originally 1888) *Die Philosophie der Griechen in ihrer geschichtlichen Entwicklung: II.1. Sokrates und die Sokratiker — Plato und die alte Akademie*. Leipzig.

一般索引*

* 索引页码为原书页码，即本书边码。——译者注

引文索引